Kevin und Alex Malarkey

Der Junge, der aus dem Himmel zurückkehrte

Über die Autoren:

Kevin Malarkey ist christlicher Therapeut mit Privatpraxis im U.S.-Staat Ohio. Er und seine Frau Beth haben vier Kinder (Alex, Aaron, Gracie und Ryan).

Alex Malarkey ist 1998 geboren und das erste Kind, das die „Christopher Reeve Operation" erhalten hat und dadurch wieder frei atmen kann. In einem speziellen Rahmen kann er für jeweils eine Stunde stehen. Er glaubt fest, dass er eines Tages wieder laufen wird.

Kevin und Alex Malarkey

Der Junge, der aus dem Himmel zurückkehrte

Aus dem Amerikanischen
von Bettina Hahne-Waldscheck

Verlagsgruppe Random House FSC-DEU-0100
Das für dieses Buch verwendete FSC®-zertifizierte Papier
Munken Premium Cream liefert Arctic Paper Munkedals AB, Schweden.

Die amerikanische Originalausgabe erschien im Verlag
Tyndale House Publishers, Inc., Carol Stream, Illinois
unter dem Titel „The Boy Who Came Back from Heaven.
A Remarkable Account of Miracles, Angels, and Life beyond This World"
© 2010 by Kevin Malarkey
© der deutschen Ausgabe 2011 by Gerth Medien GmbH, Asslar,
in der Verlagsgruppe Random House GmbH, München

Die Bibelzitate wurden der folgenden Bibelübersetzung entnommen:
Neues Leben. Die Bibel, © 2002 und 2006 SCM R. Brockhaus
im SCM-Verlag GmbH & Co. KG, Witten.

1. Auflage Juni 2011
2. Auflage August 2011
3. Auflage September 2011
Bestell-Nr. 816 637
ISBN 978-3-86591-637-2
Umschlaggestaltung: Michael Wenserit
Umschlagfoto: Shutterstock
Übersetzung: Bettina Hahne-Waldscheck
Lektorat: Nadine Weihe
Satz: Die Feder GmbH, Wetzlar
Druck und Verarbeitung: GGP Media GmbH, Pößneck
Printed in Germany

Inhalt

Einleitung 7

Kapitel 1: An der Wegkreuzung 11
Von Alex: Ich war im Himmel 25

Kapitel 2: Drei Reisen 29
Von Alex: Ich schaue von der Decke aus zu 43

Kapitel 3: 72 Stunden 45
Von Alex: Innerhalb des Tores 64

Kapitel 4: Ein Team macht sich bereit 67
Von Alex: Himmel und Erde 84

Kapitel 5: Wunder, Chaos und noch mehr Wunder ... 85
Von Alex: Engel 105

Kapitel 6: Wir begegnen einer anderen Welt 107
Von Alex: Engel helfen mir...................... 135

Kapitel 7: Heimkehr 137
Von Alex: Anderen davon erzählen 169

Kapitel 8: Bedrohliche und friedliche Situationen 171
Von Alex: Dämonen 196

Kapitel 9: Ende und Neubeginn 199
Von Alex: Ich besuche den Himmel immer noch 219

Kapitel 10: Der Weg, den wir noch vor uns haben 221

Nachwort:
Alex beantwortet Fragen über den Himmel 241

Dank 245

Anhang: Bibelstellen 247

Einleitung

Wir sind für so viel mehr geschaffen als für die Dinge dieser Welt.

Manchmal ahnen wir das. Wir haben das Gefühl, dass wir trotz unserer größten Bemühungen nicht ganz hierher gehören, dass dies nicht unsere letzte Bestimmung ist. Wir verspüren großen Hunger und Durst nach mehr, doch beides kann nicht gestillt werden.

Wenn wir dann doch versuchen, diese Welt zu unserem Zuhause zu machen, zu einem Ort, an dem wir uns wirklich sicher fühlen und Trost finden, fühlen wir uns letztendlich einfach oft enttäuscht oder leer. Deshalb sah sich ein großer Heiliger der Kirche bemüßigt zu schreiben: „Unruhig ist unser Herz, bis es ruht in dir."

Unser Zuhause ist der Himmel. Aber was ist der Himmel? Der Himmel strahlt mit dem Glanz von Gottes Herrlichkeit. Er ist erfüllt von der Musik der anbetenden Engel und der Schönheit einer unverdorbenen Landschaft. Weil es der Wohnort Gottes ist, erleben diejenigen, die durch das Himmelstor kommen, nur Frieden, Hoffnung, Glauben und Liebe – das Wesen Gottes selbst.

Sosehr wir uns auch nach dem Himmel sehnen, es gibt da ein Problem: Wir wissen sehr wenig über diesen Ort, für den wir geschaffen wurden. Kennen Sie jemanden, der dort war? Haben Sie irgendwelche Fotos gesehen? Sicherlich haben Sie Geschichten von weißem Licht und Tunneln gehört, von Menschen, die dem Tod ins Auge sahen und dann wieder zurück ins Leben kamen. Was aber, wenn es eine Person gibt, die im Himmel war, die wirklich durch das Himmelstor gegangen ist – und genug Zeit dort zugebracht hat, um einiges darüber zu erfahren? Würde es Sie interessieren, was derjenige zu erzählen hätte?

Nun, ich kenne eine solche Person. Es ist mein Sohn: William Alexander Malarkey. Wir nennen ihn Alex.

Im November 2004 hatten Alex und ich einen Autounfall. Der Unfall war so entsetzlich, dass man Alex, der zu dem Zeitpunkt sechs Jahre alt war, keine Überlebenschance einräumte und ein Sanitäter schon vorschlug, den amtlichen Leichenbeschauer zu rufen.

Später im Krankenhaus lag Alex dann zwei Monate lang im Koma. Während dieser Phase verbrachte er Zeit im Himmel, und als er wieder bei uns war, hatte er uns viel mitzuteilen.

Ich weiß jetzt, was Sie denken: *Ein Kind macht Erfahrungen im Himmel und kehrt dann zurück, um uns davon zu erzählen? Ich bitte Sie!*

Ich bin nicht hier, um Sie oder sonst jemanden von einer bestimmten theologischen Meinung zu überzeugen oder Sie dazu zu bringen, Alex' Erfahrungen zu glauben. Aber ich biete Ihnen ganz bescheiden eine Herausforderung an: Halten Sie sich mit Ihrem Urteil nur für die nächsten paar Kapitel zurück.

Ich denke, dass Ihr Leben sich für immer verändern kann.

Manchmal habe ich selbst keine Ahnung, wie ich Alex' übernatürliche Erlebnisse deuten soll – ich habe keine theologische Schublade, in die ich das alles hineinpacken könnte. Aber jeder, der sich die Zeit genommen hat, Alex kennenzulernen, stimmt mit mir überein: Er ist ein außergewöhnlicher Junge, über den Gott seine Hände hält und durch den Gott etwas bewirken möchte.

Auf den folgenden Seiten werden Sie einige äußerliche Beschreibungen von Teilen des Himmels lesen, eine Schilderung, wie Gott mit Alex spricht, und Details über Alex' konkrete Erfahrungen mit Engeln, Dämonen und ja, dem Teufel selbst.

Der Himmel ist real. Eine unsichtbare Welt existiert um uns – sogar hier auf der Erde sind wir von einer höchst lebendigen geistlichen Dimension umgeben. Und vieles von diesem Treiben hält uns davon ab, uns auf unseren späteren Bestimmungsort zu konzentrieren, den Ort, an dem wir die Ewigkeit verbringen werden.

Alex war dort. Und falls Ihr Herz unruhig ist, falls Sie sich nach mehr sehnen, als diese Welt bieten kann, dann lade ich Sie ein, Alex auf seiner Reise in den Himmel und zurück zu begleiten.

Kapitel 1

An der Wegkreuzung

Die gerade, leere Straße war eine tödliche optische Täuschung.

Die Blätter klammerten sich an diesem kühlen Novembermorgen mit letzter Kraft an die alten Eichen, die die Landstraße säumten. Als Alex und ich in meinem alten Honda Civic zur Kirche fuhren, wurde ich langsam ruhiger und fühlte mich nicht mehr so gehetzt. Kurz zuvor war ich noch gestresst gewesen, als ich meinen ältesten Sohn anzog und aus dem Haus scheuchte.

Wie in vielen anderen Familien ist es auch bei uns: Das Fertigmachen für den Gottesdienst ist ein Kampf gegen das Chaos. Wir waren sowieso schon spät dran, als Alex noch splitternackt durchs Haus lief, um sich im Fernsehen eine Natursendung anzuschauen, statt sich anzuziehen, wie wir es ihm gesagt hatten.

Nicht angezogen zu sein, nicht gefrühstückt zu haben und einfach nicht auf die Eltern zu hören – all das führte zu angespannten Nerven und gereizter Stimmung. Aber unsere Familie hatte noch weitaus mehr zu bieten.

Am Tag zuvor war unser Neugeborenes, Ryan, vom Krankenhaus nach Hause gekommen. Das ergab eine Summe von vier Kindern – im Alter von sechs Jahren und darunter. Kann überhaupt irgendjemand vier kleinen Kindern gewachsen sein? Um wenigstens ein Minimum an Normalität zu wahren, schien es das Beste, wenn sich wenigstens zwei von uns an diesem Tag zum Gottesdienst aufmachten.

Als ich in den Rückspiegel blickte und Alex mir zublinzelte, lächelte ich.

„Hey, Kumpel, ich bin froh, dass du heute bei mir bist!"

„Ich auch, Daddy. Das ist Daddy-Alex-Zeit, nicht wahr?", sagte Alex strahlend.

„Genau, Alex. Nur du und ich!"

Alex war mein Kumpel. Von Anfang an hatten wir alles gemeinsam gemacht, waren überall zusammen hingegangen. Und ein paar von Alex' Stofftüchern waren nie weit entfernt. Einige Kinder haben ein Kuscheltier, andere Kinder haben eine Schmusedecke. Alex hatte seine kleinen Stofftücher, auf denen er gern herumkaute. Der sechs Jahre alte Alex war mein Ältestes von vier Kindern – *vier!* Was für eine unglaubliche Zahl! Daran würde man sich erst gewöhnen müssen.

In einvernehmlichem Schweigen fuhren wir weiter. Meine Augen blieben am Horizont hängen, so als ob ich unfreiwillig in die Zukunft blickte – in eine Zukunft, die von einem ähnlich erfüllten Leben, aber, ehrlich gesagt, auch von Unsicherheit geprägt schien. Die Verantwortung, Vater von vier kleinen Kindern zu sein, lastete schwer auf mir. Nach einem tiefen Atemzug, den ich unwillkürlich einsog, stieß ich einen lauten Seufzer aus. Ich konnte es nicht vermeiden, an die Arztrechnungen zu denken.

Wir hatten kürzlich die Krankenkasse gewechselt und so war die Schwangerschaft und Geburt nicht abgedeckt gewesen; wir mussten alle Kosten selbst tragen. Dass er ohne Versicherungsschutz auf die Welt gekommen war, machte unseren kleinen Jungen nicht weniger wunderbar, aber man konnte nicht drum herumreden – es hatte seine Ankunft schrecklich teuer gemacht.

Blätter flogen über die Landstraße – Anzeichen für eine auffrischende Brise. Die Jahreszeit änderte sich. *Alles* änderte sich: ein neues Zuhause, eine neue Gemeinde, ein neues Baby. Jahreszeiten – sie sind natürlich und gut. Auch unsere Familie brach in eine neue Zeit auf. Ein weiteres Kind. Das war ebenfalls natürlich und gut. Das Geld würde schon irgendwie reichen. So war es immer gewesen. Die kurze Rückbesinnung vermittelte mir ein beruhigendes Gefühl und half mir, bewusst auszukosten, was erst gestern passiert war: Meine wunderbare Ehefrau Beth und ich hatten die Stunden damit zugebracht, abwechselnd unser Neugeborenes zu halten, zu berühren und zu liebkosen.

Alex wollte da nicht mitmachen.

„Komm her, Alex", hatte ich gesagt. „Du bist sein großer Bruder. Komm und halte das Baby."

„Daddy, ich mag nicht. Kann ich nicht nur die Kamera halten? Ich halte nicht so gern Babys."

Ich schaute meinen ältesten Sohn einen Moment an und tauschte Blicke mit Beth aus.

„Klar doch, hier hast du die Kamera."

Wer versteht schon, was im Kopf eines kleinen Jungen vorgeht? Er würde schon zu seiner Zeit mit dem Baby vertraut werden. Warum sollten wir ihn dazu zwingen?

Die Abzweigung auf den Parkplatz der Kirche brachte mich in die Gegenwart zurück. Beth und das neue Baby würden sich jetzt zusammen mit der zweijährigen Gracie und dem vierjährigen Aaron zu Hause ausruhen, während Alex und ich ein paar neue Leute kennenlernten. Wir hatten diese Gemeinde erst einige Male besucht.

Bevor ich das Auto verließ, ging mir erneut durch den Sinn, wie viele Dinge es gab, für die ich dankbar sein konnte, wie sehr ich gesegnet war, wie viel mir gegeben worden war: Wir hatten unser neues Familienmitglied genau zur der Zeit bekommen, als wir Mitglieder einer neuen „Gemeindefamilie" wurden, weil wir kurz zuvor in ein neues Haus auf dem Land gezogen waren. Obwohl meine private Praxis als christlicher Therapeut in letzter Zeit etwas schleppend lief, hatte ich zumindest einen Job – anders als viele unserer Bekannten, die schwer zu kämpfen hatten.

Aber war ich wirklich dankbar? Ja, irgendwie schon – allgemein gesehen. Der permanente Druck von sich ständig anhäufenden Rechnungen fesselte auf gewisse Art meine Aufmerksamkeit, verschleierte den Blick für alle guten Dinge und verzerrte die Schönheit, die uns umgab und unser Leben bereicherte. Es war wie das störende Tropfen des Wasserhahns, der sich nicht reparieren lässt, oder – in meinem Fall – wie das durchdringende Pfeifen des Rauchmelders, der vor den kleineren Rechnungen warnt, die noch nicht bezahlt sind, und vor der seit zwei Monaten überfälligen Hypothekenzahlung. Die drohende Wolke dieser finanziellen Belastungen verdunkelte für mich den schönen, frischen Sonnenschein von Gottes Wahrheiten. Und das, obwohl es Sonntag war, und sonntags besuchte man in unserer Familie den Gottesdienst.

Nachdem Alex zu seiner Kindergottesdienst-Gruppe gegangen war, nahm ich im Gottesdienstraum Platz. Ich lächelte höflich alle an, deren Blicke mich trafen, während sie nach freien Plätzen Ausschau hielten. Aber im Geiste übermannte mich wieder das Bild von dem Korb mit den Rechnungen, der mich jedes Mal, wenn ich zu Hause durch die Eingangstür trat, durchdringend anzublicken schien. Das Singen endete, und plötzlich war ich wieder in der Gegenwart bei Pastor Gary Brown, der seine Bibel auf der Kanzel öffnete und zu sprechen begann:

„Wir haben uns mit verschiedenen Aspekten von Gottes Charakter beschäftigt. Gott hat sich selbst in der Bibel zu erkennen gegeben, indem er viele Namen benutzte. Heute betrachten wir, wie Gott sich selbst in Bezug auf unsere Bedürfnisse offenbart hat: *Jahwe Jireh*. Gott übernimmt die Verantwortung dafür, dass wir das haben, was wir brauchen.

Dies vermittelt er durch seinen Namen, der wörtlich bedeutet: ‚Der Herr wird für uns sorgen.' Lasst es mich ganz deutlich sagen: Gott sagt nicht, dass er alle unsere Wünsche erfüllen wird, aber er wird für das sorgen, von dem er weiß, dass wir es brauchen. Wenn Gott gesagt hat, dass unsere Bedürfnisse seine Angelegenheit und Verantwortung sind, warum verbringen wir dann so viel Zeit damit, uns Sorgen zu machen?"

Es fühlte sich an, als hätte ein Pfeil mich mitten auf die Stirn getroffen. Genau hier hätte die Predigt enden können. Das eben noch deutlich spürbare Gewicht all meiner Sorgen wich plötzlich einer Leichtigkeit, wie ich sie den ganzen Morgen über nicht empfunden hatte. Dies war erst mein fünfter Besuch in dieser Gemeinde, also konnte Pastor Brown seine Predigt keineswegs bewusst auf meine Situation abgestimmt haben. Ich stützte meinen Kopf erleichtert auf meine Hände und musste darüber schmunzeln, dass ich diese Erinnerung genau zur richtigen Zeit bekommen hatte. Gott ist der Versorger. Er weiß, was ich brauche. Ich dachte wieder an den Korb mit all unseren Rechnungen. *Wenn ich nach Hause komme, will ich gleich als Erstes ein großes Schild an seine Vorderseite kleben: „Gott sorgt für uns."*

Nach dem Gottesdienst kam ich mit dem Kindergottesdienst-Leiter ins Gespräch. Wir spazierten in der inzwischen angenehmen Spätherbstluft über den Rasen und redeten über die Vision, die der Pastor und seine Mitarbeiter für diese Gemeinde hatten. Alex versuchte, während dieses Gesprächs zwischen den Erwachsenen geduldig zu sein. Wir tauschten Blicke aus und lächelten einander zu, aber es war schwer für meinen kleinen Jungen, diese ihm endlos erscheinende Unterhaltung auszuhalten.

Ich beugte mich zu ihm hinunter und flüsterte: „Alex, du bist so ein braver Junge. Lass uns auf dem Weg nach Hause nach einem Spielplatz Ausschau halten, in Ordnung?"

Ein breites Grinsen signalisierte mir sein Einverständnis.

Als Alex und ich ein paar Minuten später zurück zum Auto gingen, waren wir so gut wie allein auf dem Parkplatz. Ich schnallte ihn auf dem Rücksitz des Autos an. Bevor ich mich ans Steuer setzte, wanderte mein Blick über den gepflasterten Platz zur Eingangstür der Kirche. Ich war mit Sorgen gekommen und ging mit Hoffnung. Ich sollte wirklich dankbar sein.

„Denk dran, Daddy, wir wollten noch zu einem Spielplatz fahren!", rief Alex, als ich mich vorn ins Auto setzte.

„Klar doch, Alex. Aber du musst mir dabei helfen, einen zu finden. Halt Ausschau aus deinem Fenster."

Wir fuhren die Straße entlang und spähten wie Jäger auf der Pirsch nach einem Spielplatz.

Während der kurzen Fahrt erblickten wir einen Friedhof. Ich hatte Friedhöfe oft als Gelegenheit gesehen, um Alex zu erklären, dass jeder von uns eine Seele hat. „Schau mal, Alex, ein Friedhof. Was befindet sich dort?"

„Nur Körper, Daddy. Auf Friedhöfen sind keine Menschen, denn wenn sie sterben, verlassen ihre Seelen den Körper und gehen in ihr neues Zuhause."

„Du hast es verstanden. Wo gibt es denn jetzt hier einen Spielplatz?"

Nach kurzer Zeit schrie Alex: „Da ist einer, da drüben!"

Das Auto hatte kaum angehalten, als Alex schon wie ein Verrückter zum Klettergerüst und zu den Rutschen rannte. Erst vor einigen Monaten war Alex bei einem Fastfood-Restaurant eine erschreckend steile Röhrenrutsche hinuntergesaust. Ich war ihm mit meinen knapp 1,90 Meter vorsichtshalber gefolgt – durch den Tunnel – Daddy, der Retter! Nie wieder! Irgendwie war Alex seitdem ziemlich tollkühn geworden. „Alex, sei vorsichtig", warnte ich. „Du machst mir Angst! Guck, wo du deine Hände und Füße hinsetzt."

Normalerweise war Beth dabei, um ihn zu mäßigen. Ohne sie ging er für mein Gefühl jetzt viel zu viele Risiken ein.

Meine Sorge kam nicht von ungefähr. Alex war schon zweimal mit Verletzungen beim Notdienst gelandet. Sein letzter Stunt war zeitlich ganz passend gewesen. Während Alex genäht wurde, wartete ich in der Notaufnahme. Als der Arzt fertig war, lieferte ich Alex bei seiner Tante ab und eilte rüber zur Geburtsstation – genau rechtzeitig, um wieder bei Beth zu sein, bevor Aaron zur Welt kam! Die Art und Weise, wie Alex gerade schaukelte, hangelte und balancierte, gab mir Anlass, mir einen weiteren Besuch dort vorzustellen.

„Schau mal, Daddy, freihändig!"

„Du bist ein Held, Alex. Jetzt sei aber vorsichtig." Wo war mein schüchterner kleiner Junge geblieben?

Nach etwa 15 Minuten wurde ich unruhig. Ich wusste, dass Beth sich Gedanken machen würde, wo wir so lange blieben.

„Komm, Kumpel. Wir fahren besser nach Hause. Mama fragt sich bestimmt schon, ob uns etwas passiert ist."

Zwischen Himmel und Erde

Nachdem ich Alex im Sitz hinter mir angeschnallt hatte, zog ich am Gurt, um sicherzugehen, dass er auch fest saß. Die nächste Herausforderung war, in dieser unbekannten Gegend den Weg nach Hause zu finden. Nicht, dass ich nicht wusste, wie ich zur Kirche gekommen war, aber Abkürzungen zu entdecken und neue Straßen auszuprobieren gehört zu den Dingen, die Spaß machen, wenn man in einer neuen Gegend wohnt. Ich fuhr zurück auf die Straße. Nicht weit von uns war eine Kreuzung in Sicht. Ich wählte mit meinem Handy unsere Telefonnummer, um Beth zu sagen, wo wir waren.

„Hey, Alex, ich wette, diese Straße bringt uns nach Hause. Komm, wir testen das mal." Es war eine ländliche Straße, gesäumt von Bungalows mit großen Vorgärten.

Tut … Tut …

Nachdem ich, mit meinem Handy am Ohr, an der Kreuzung angehalten hatte, blickte ich wie immer in beide Richtungen. Kein Verkehr in Sicht – auf eine Entfernung von bestimmt einem Kilometer. Allerdings war mir nicht klar, dass ich an dieser unbekannten Kreuzung keinen völlig geraden Straßenabschnitt betrachtete. Mehrere Hundert Meter entfernt, kurz bevor die Straße nach links abbog, gab es eine große Senke, die alles verdeckte, was sich darin befand. Die gerade, leere Straße war eine tödliche optische Täuschung.

„Hallo, Beth, wie läuft es zu Hause? … Ich war nach dem Gottesdienst in ein längeres Gespräch verwickelt, und dann haben wir noch einen Spielplatz gefunden, aber jetzt kommen wir nach Hause. Wir sind bestimmt …"

„Daddy, ich hab Hunger. Wann sind wir zu Hause?"

Ich drehte mich zu Alex, um zu antworten, während ich gleichzeitig noch mit Beth telefonierte. Dabei fuhr ich auf die Kreuzung und dann …

Für einen kurzen Moment war ein ohrenbetäubendes Krachen von aufeinanderprallendem Metall zu hören, das dann zu absoluter Stille verebbte.

* * *

Als ich wieder zu Bewusstsein kam, war ich völlig verwirrt, wollte aber sofort Ordnung in das Chaos bringen. Ein zunächst nur sehr undeutlicher Gedanke wurde immer klarer: *Warum liege ich in einem Graben neben meinem Auto?* Meine Gedanken rasten. *Was ist los?* Als mein Verstand in meinem noch vernebelten Kopf langsam wieder zu arbeiten begann, setzte ich mich verwirrt auf. Was war passiert? Warum war ich hier? Alex – er war doch bei mir, oder nicht? *Wo ist Alex? Wo ist mein Junge?*

Ich weiß nicht, wie lange ich bewusstlos gewesen war, aber es waren bereits mehrere Menschen aus den nahe gelegenen Häusern zur Unfallstelle gekommen. „Bleiben Sie ruhig liegen. Nicht bewegen", sagte jemand zu mir. Unmöglich. Jede Nervenfaser in mir schrie: *Wo ist Alex?* Jetzt, da ich auf meinen Füßen stand, hörte sich alles ganz gedämpft an. Ich bewegte mich wie in Zeitlupe, so als ob ich durch das Wasser eines Schwimmbads liefe. Immer wieder schrie ich: „Alex! Alex? Alex!!!!" Keine Antwort. Mein Herz schlug wild vor Angst. Die Stille war bedrückend, wurde aber bald durch das Heulen der Sirenen durchbrochen.

Gerade als ich vor Angst durchzudrehen drohte, legte sich ein Arm sanft um meine Schultern. Ich drehte mich um und blickte in die freundlichen Augen eines Fremden.

„Sie hatten einen Autounfall. Da sitzt noch ein kleiner Junge auf dem Rücksitz des Autos."

Feuerwehrleute und Polizisten rannten jetzt überall herum und konzentrierten sich auf das, was einmal mein Auto gewesen war. Bevor ich überhaupt darüber nachdenken konnte, was ich auf dem Rücksitz finden würde, rannte ich schon zum Wagen, um nachzusehen. Ein beißender, übler Geruch vernebelte mir die Sinne. Zwischen Tausenden von Glassplittern, zerrissenen Polstern und verbogenem Metall saß mein Junge, mein erstgeborener Sohn, dem die Träume seiner Eltern galten – immer noch angeschnallt, immer noch in seiner Sonntagskleidung. *Es geht ihm gut. Es geht ihm gut. Er ist bewusstlos und hat wahrscheinlich eine Gehirnerschütterung, aber sonst ist er in Ordnung.* Aber in diesem verzweifelten Moment passte das, was ich so verzweifelt hoffte, keineswegs mit der bitteren Realität zusammen. Während ich Alex weiter anstarrte, ging die Hoffnung in Angst über. Blut rann aus einer Wunde an seiner Stirn. Und was war nur mit Alex' Kopf los? Er hing in einem komischen Winkel nach links herunter; auf bizarre Weise befand er sich an einer viel tieferen Stelle als der, an die er gehörte. Leere, schrecklich blutunterlaufene Augen starrten nach unten.

Alex, mein Sohn … Er sieht tot aus! Ich habe meinen Sohn getötet.

Eine unbeschreibliche Welle aus Fassungslosigkeit, Entsetzen und überwältigender Trauer baute sich auf und drohte mich zu überrollen. Auf der anderen Seite des Autos arbeiteten die Rettungssanitäter mit aller Kraft daran, Alex aus dem Auto herauszubekommen, während sie gleichzeitig versuchten, ihn an ein Beatmungsgerät anzuschließen, um ihn mit Sauerstoff zu versorgen.

Hinter mir beriet sich der leitende Sanitäter mit dem Polizisten, der zuerst am Unfallort eingetroffen war, und sagte: „Wir müssen den amtlichen Leichenbeschauer rufen und den Rettungsdienst abbestellen."

„Ja, aber der Hubschrauber landet schon."

Panik befiel mich; ich spürte ein Stechen in der Brust und mein Atem ging in kurzen Zügen, während meine Gedanken unkontrolliert die Tragödie zu erfassen suchten: *Das alles hatte ich verursacht. Hatte ich meinen Sohn getötet? Was ist mit den Menschen im anderen Auto? Woher kam das Auto überhaupt? Muss ich jetzt ins Gefängnis? Ist Alex wirklich tot?*

*** Ich hörte einen entsetzlichen Knall an der Kreuzung, die sich etwa hundert Meter von meiner Eingangstür entfernt befindet. Ich bin mal Feuerwehrmann gewesen und dachte, dass ich vielleicht helfen könnte. Also rannte ich zur Unfallstelle. Als ich dort ankam, war Kevin, den ich zu der Zeit noch nicht kannte, ganz benommen. Die Leute drängten ihn, sich hinzusetzen, weil er offenbar keinerlei Orientierung hatte. Ich ging erst zum anderen Auto, aber die Leute dort schienen unversehrt. Dann lief ich zu Kevins Auto und konnte sehen, dass ein kleiner Junge auf dem Rücksitz saß. Ich kletterte auf die Rück-

bank, so gut es ging, aber ich konnte nicht sagen, ob der kleine Junge tot war oder noch lebte. Ich wusste, dass ich seinen Kopf nicht anfassen durfte, aber ich legte meine Hand auf seine Brust. Da war keine Atmung zu spüren. Ich bin Christ, deshalb begann ich, für den kleinen Kerl zu beten. Ich sprach auch mit ihm, so als ob er mich hören könnte, obwohl da keine Reaktion kam. Ich sagte: „Hey, Kleiner, mach dir keine Sorgen."
 Und ich betete weiter.
 „Du wirst wieder gesund werden."
 Und ich sprach weiter mit Gott.
 „Hab keine Angst. Halt einfach durch."
 Erneut begann ich zu beten.
 „Du schaffst das, Kumpel. Es ist schon Hilfe unterwegs."
 Nichts wies darauf hin, dass Alex lebte, aber ich betete weiter für ihn und seinen Vater.

Dan Tullis ***

Während sich die Schaulustigen versammelten, um in dem organisierten Durcheinander den Rettungsversuch zu beobachten, überkam mich Scham. Ich war der Vater, der so viel Zerstörung in so vielen Leben angerichtet hatte. Verurteilten mich alle diese Leute insgeheim? Sie kamen zu spät. Übermächtige Schuldgefühle hatten sich bereits im tiefsten Innern meines Herzens breitgemacht. *Oh Gott, was habe ich getan?* Wie ein Stromschlag durchfuhr die Panik meinen Körper. Als ich verwirrt überlegte, was nun zu tun sei, unterbrach eine Hand auf meiner Schulter meine Gedanken, und ich drehte mich um.

 „Entschuldigen Sie, wir haben dieses Handy in Ihrem Auto gefunden. Möchten Sie damit jemanden anrufen?"

 Beth! Oh nein! Sie war am Telefon, als der Unfall passierte. Sie war immer noch zu Hause mit dem zwei Tage alten Ryan und Aaron und Gracie. Was dachte sie jetzt nur? Was hatte sie wohl gehört? Während ich die Nummer wählte, versuchte ich, den Kloß im Hals zu bezwingen.

„Beth."
„Hallo?! Kevin?"
In dem Moment, als ihre Stimme mein Ohr erreichte, brachen Kummer und Scham in lauten Schluchzern aus mir heraus.
„Oh Beth, oh Beth, wir hatten einen schrecklichen Unfall!" Die Tränen liefen mir über das Gesicht.
„Ist er tot?", fragte sie mit leiser und ruhiger Stimme.
„Ich weiß es nicht. Ich weiß es nicht. Sie laden ihn gerade in den Hubschrauber und bringen ihn ins Kinderkrankenhaus. Es tut mir so leid, Beth."
„Ich habe die Kinder bei mir. Lass uns jetzt auf das konzentrieren, was wir tun müssen. Ich treffe dich im Krankenhaus."
Mitten in dem Chaos des Rettungsversuchs hörte ich jemanden sagen: „Da ist ein Herzschlag – ganz schwach, aber er ist da." Zu der Zeit hatte Beth schon aufgelegt und machte die Kinder fertig für die eineinhalbstündige Fahrt zum Columbus-Kinderkrankenhaus.
Ich rannte zum Hubschrauber, entschlossen, mitzufliegen, aber ein starker Arm hielt mich auf.
„Sind Sie der Vater?", fragte ein Sanitäter.
„Ja, das bin ich", sagte ich, während ich versuchte, vorwärts zu drängen und in den Hubschrauber einzusteigen.
„Sie können gern mit uns fliegen." Aber dann zögerte er für einen Moment und sah zurück zum Unfallort.

* * *

Ich erinnere mich, wie ich während der Fahrt zu Gott sagte: „Alex gehört dir. Wenn du ihn zu dir nach Hause nehmen willst, dann ist das in Ordnung, aber du musst mir die Kraft geben, das durchzustehen."

BETH MALARKEY, ALEX' MUTTER

„Entschuldigen Sie, waren Sie auch am Unfall beteiligt?"
„Ja, ich saß am Steuer, aber mir ist nichts passiert."

*** Zeit spielt immer eine wesentliche Rolle, aber besonders in Alex' Fall. Als wir Alex am Unfallort untersuchten, waren seine Pupillen starr (sie reagierten nicht auf Licht), er konnte nicht selbstständig atmen und es war schwer, seinen Puls zu fühlen. Mein Kollege und ich wussten, dass er schwer verletzt war, und wir dachten, dass er wahrscheinlich an seinen Verletzungen sterben würde, auch wenn wir unser Bestes taten. Auf dem Weg zum Unfallort hatte ich das Gefühl, dass ich beten sollte. Also habe ich still gebetet, während wir zum Einsatzort flogen.
Heute verstehe ich den Grund dafür besser.

Als wir Alex auf die Trage gelegt hatten, brachten wir ihn zum Hubschrauber. Kevin fragte, ob er für seinen Sohn beten könne, bevor wir abflogen. Wir sagten ihm, das könne er tun, aber er solle schnell machen, weil wir wirklich losfliegen mussten. Kevin brach zusammen, und wir waren besorgt, dass sein Gebet zu lange dauern könnte. Ich fragte ihn, ob er Christ sei, und er sagte Ja. Die Krankenschwester und ich seien ebenfalls Christen, antwortete ich ihm. Ich wollte noch wissen, ob er glaube, dass Gott seinen Sohn heilen könne, und er bestätigte es. Wir würden das auch glauben, erklärte ich ihm. Danach fragte ich ihn, ob er einverstanden sei, wenn ich im Hubschrauber für seinen Sohn betete. Seine Antwort war ebenfalls Ja. Wir bedankten uns und flogen los. Sobald wir im Helikopter waren, legte ich schnell meine Hand auf Alex' Kopf und betete, dass er im Namen Jesu geheilt werde. Dann dankte ich Gott einfach dafür, dass er Alex heilen würde und vertraute darauf, dass Gott tun würde, was er in der Bibel versprochen hat.

Ich bete oft für Patienten während des Fluges – nicht jedes Mal, aber häufig.

Dave Knopp, Sanitäter ***

„Es tut mir leid, aber dann können Sie nicht mit uns kommen. Sie müssen im örtlichen Krankenhaus untersucht werden."

Erneut überkam mich Panik. Alex nicht begleiten? Unmöglich! Ich musste betteln, aber es war mir egal. „Sie müssen mich mit meinem Sohn mitfliegen lassen. Ich bin wirklich unverletzt. Ich muss mitkommen. Bitte lassen Sie mich Alex begleiten! Bitte!"

„Ich verstehe, wie Sie sich fühlen. Aber das Beste, was Sie jetzt für Ihren Sohn tun können, ist, sich im Krankenhaus untersuchen zu lassen und sicherzustellen, dass Sie unverletzt sind. Wir tun unseren Teil. Alex steht für Sie an erster Stelle, genauso wie für uns."

„Aber ich fühle mich gesund!", protestierte ich. „Schauen Sie, ich kann doch normal laufen. Sie müssen mich mitfliegen lassen!"

Bestimmt, aber respektvoll sagte der Sanitäter: „Es tut mir leid. Ich muss jetzt die Türen schließen und abfliegen."

„Oh Gott, oh Gott!", schrie ich, während ich verzweifelt betete: „Bitte rette meinen kleinen Jungen, bitte!" Das war alles, was ich herausbekam, während mich meine Gefühle übermannten und Schluchzer schüttelten.

Der erste Sanitäter schaute seinen Partner an und sagte mit angespannter Miene: „Wir müssen jetzt los."

Von Alex

Ich war im Himmel

Lasst die Kinder zu mir kommen. Hindert sie nicht daran!
Denn das Reich Gottes gehört Menschen wie ihnen.

MARKUS 10,14

Daddy sah das Auto nicht kommen, aber ich sah es. Ich schaue gern aus dem hinteren Seitenfenster aus Daddys Auto, und genau das tat ich, als wir abbogen. Ich wollte ihm noch sagen, dass da ein Auto war, da wurden wir schon gerammt.

Für eine Sekunde, bevor das ganze Durcheinander begann, war da ein Moment der Stille. Ich erinnere mich, wie ich dachte: *Jemand wird sterben.* Als die Stille endete, hörte ich das Geräusch von zerberstendem Glas, und ich sah, wie Daddy mit seinen Füßen zuerst aus dem Auto geschleudert wurde.

Jetzt dachte ich, ich wüsste, wer sterben würde. Aber dann sah ich etwas unglaublich Schönes: Fünf Engel trugen Daddy aus dem Auto. Vier trugen seinen Körper, einer stützte seinen Nacken und Kopf. Die Engel waren groß und muskulös wie Ringkämpfer, und sie hatten Flügel am Rücken, die von der Hüfte bis zu den Schultern reichten. Ich dachte, Daddy ist tot. Aber irgendwie wusste ich auch: *Das ist in Ordnung, weil die Engel ihm helfen.*

Dann guckte ich zum Beifahrersitz, und der Teufel sah mir in die Augen. Er sagte: „Ja, richtig, dein Daddy ist tot, und es ist deine Schuld." Ich glaubte, dass ich an dem Unfall schuld sei, weil ich Daddy etwas gefragt und er sich zum Antworten zu mir umgedreht hatte – kurz bevor das andere Auto in uns reinfuhr. Ich bin nicht sicher, ob ich Daddy vom Auto oder vom Himmel aus sah. Kurz nachdem wir mit dem anderen Auto zusammengestoßen waren, kam ich in den Himmel, aber weiß nicht, wann ich nun genau meinen Körper verließ. Ich weiß, dass alles perfekt war, als ich im Himmel war.

Was passierte in unserem Auto, nachdem das andere Auto in uns reingefahren war? Das alles schien innerhalb von ein paar Sekunden zu geschehen. Ich hörte ein komisches Klirren, als wenn ganz viel Glas zerbricht. Deshalb versuchte ich, mich zu ducken, um mich zu schützen. Als ich mich zusammenkauerte, sah ich eine Glasscherbe in meinem Daumen. In dem Moment wurde mir klar, dass das alles Wirklichkeit war. Ich versuchte, auf mein Stofftuch zu beißen, aber in meinem Mund fühlte ich einen Schmerz, so als ob ich mir auf die Zunge gebissen hätte. Mein ganzer Körper tat weh und ich dachte, ich sei der Nächste, der stirbt. Auch mein Rücken fühlte sich komisch an, als ob alles brennt. Deshalb dachte ich, hinter mir ist irgendein Feuer. Ich versuchte, meinen Kopf nach hinten zu drehen, aber da war kein Feuer, sondern nur ein großer schwarzer Kreis, und irgendetwas stank ganz doll. Mein Hinterkopf tat schrecklich weh. Es fühlte sich so an, als ob ein Messer in mein Genick sticht. Dann merkte ich, dass mein Kopf zur einen Seite herunterhing und ich ihn nicht anheben konnte.

Ich versuchte, meinen Daddy zu rufen, aber ich konnte meine Stimme nicht hören. *Vielleicht funktionieren meine Ohren nicht mehr*, dachte ich. Dann meinte ich, in meinem Kopf das Echo von dem Auto zu hören, das uns angefahren hatte. Mit meinen Lippen formte ich die Worte: „Ich liebe dich, Daddy."

Ich dachte, das Dach des Autos würde über mir einkrachen. Ich fühlte mich wie in einem Flugzeug, das über die Straße fliegt, und es klang, als ob ein Vulkan ausbrechen würde und in meine Richtung käme. Kurz bevor die beiden Airbags aufgingen, flog Daddy aus dem Auto. Die Frontscheibe zersprang in tausend Scherben. Die Rücksitzbank wurde von durch die Luft fliegendem Glas aufgerissen. Überall spürte ich Glasscherben in meine Haut schneiden. Ich wusste, dass meine Augenbraue aufgeschlitzt sein musste, weil Blut heruntertropfte. Es fühlte sich außerdem so an, als ob der Anschnallgurt irgendwas in meinem Bauch kaputtgemacht hätte.

Der Feuerwehrmann zerschnitt meinen Gurt, weil er klemmte. Sie schoben mir etwas in meinen Hals, damit ich atmen konnte. Während ich auf der Trage lag, sagten sie mir, ich solle stark sein. Sie erklärten, dass ich schwer verletzt sei und nun ins Krankenhaus käme. Ich sei ein tapferer Junge, meinten sie.

Ich ging durch einen langen, weißen Tunnel, der sehr hell war. Ich mochte die Musik in dem Tunnel nicht; es war wirklich schlechte Musik, die auf Instrumenten mit sehr langen Saiten gespielt wurde.

Aber dann kam ich in den Himmel, und dort gab es tolle Musik, die mir sehr gefiel.

Als ich im Himmel ankam, waren da die gleichen fünf Engel, die Daddy aus dem Auto geholfen hatten. Sie trösteten mich. Daddy war auch im Himmel. Die Engel blieben bei mir, damit Daddy allein mit Gott sein konnte. Daddy hatte wie ich schwere Verletzungen, aber Gott heilte ihn im Himmel – damit die Menschen Gott die Ehre geben, die ihm zusteht, das erzählte mir Gott später. Daddy fragte Gott, ob er mit mir tauschen könne, aber Gott sagte Nein. Er sagte, er werde mich später auf der Erde heilen, damit noch mehr Menschen ihm die Stellung in ihrem Leben einräumten, die ihm zustehe.

Nachdem Gott Nein zu Daddy gesagt hatte, ging sein Geist zurück in seinen Körper, der neben unserem zertrümmerten Auto war. Ich konnte Daddy vom Himmel aus sehen, wie er im Graben neben unserem Auto lag.[1]

---

1 Kevin: „Ich erinnere mich nicht daran, im Himmel gewesen zu sein, aber Alex betont ausdrücklich, dass es so gewesen sei."

Kapitel 2

Drei Reisen

Ich hatte es kaum abwarten können, zu Alex zu kommen – aber konnte ich mit dem, was mich erwartete, umgehen?

Die Tränen liefen über mein Gesicht, als die Türen des Hubschraubers zuschlugen. Während er in die Luft stieg, sah ich tatenlos zu und fragte mich: *Werde ich meinen kleinen Jungen je lebend wiedersehen?* Ja, das war es. Ich musste sofort zum Kinderkrankenhaus fahren.

„Entschuldigen Sie. Würden Sie bitte mit mir kommen?"

Ich sah mich nach der Stimme um, noch halb benommen und immer noch den Hubschrauber im Blick, der langsam im Blau des Himmels verschwand.

„Entschuldigen Sie", begann der Sanitäter wieder. „Würden Sie mit mir kommen?"

Während er sprach, wurde von irgendwo eine Trage gebracht, und der zweite Sanitäter sagte: „Bitte legen Sie sich hier drauf."

„Warum soll ich mich hinlegen?", protestierte ich. Alle meine Gedanken waren nur darauf konzentriert, so schnell wie möglich zum Kinderkrankenhaus zu kommen.

„Wir müssen Sie ins Krankenhaus bringen."

„Mich? Ins Krankenhaus? Warum soll ich ins Krankenhaus? Mein Sohn muss dorthin, und er ist gerade abgeflogen. Es tut mir leid, aber ich muss sofort ins Kinderkrankenhaus nach Columbus. Alex braucht mich."

Ein kurzer Blickwechsel zwischen den Sanitätern verriet mir trotz aller Höflichkeit ihre Entschlossenheit, mich ins Krankenhaus zu bringen.

„Sie hatten einen schweren Unfall", sagte einer von ihnen. „Sie müssen von einem Arzt untersucht werden. Es ist nicht ungewöhnlich, dass man nach solch einem Vorfall einen Schock erleidet. Danke, dass Sie mit uns kommen." Er lächelte.

Ich war außer mir und fühlte mich wie ein Tier im Käfig. Mein Herz begann wieder zu rasen. *Ich kann nirgendwo anders hingehen. Ich muss zu Alex fahren!* Diese Welle der Verzweiflung brachte mich fast dazu, einfach abzuhauen, aber ich merkte, wie entschlossen sie waren. Ich überlegte mir, dass ich letztendlich am schnellsten zu Alex kam, wenn ich kooperierte und das Ganze so schnell wie möglich hinter mich brachte. Ja, wahrscheinlich hatte ich einen leichten Schock, aber es schien mir, dass es die anderen wären, die sich unvernünftig verhielten. Während ich zum Krankenwagen ging, merkte ich zum ersten Mal, dass ich mein rechtes Bein nachzog. Ein stechender Schmerz durchfuhr meinen Nacken, als ich mich ein letztes Mal umdrehte, um den Unfallort zu betrachten.

Schließlich ließ ich zu, dass die Sanitäter mich auf die Tragbahre und in den Krankenwagen hievten. Wir fuhren in Richtung irgendeines Krankenhauses in der Umgebung. Die Sirenen heulten, und wir bewegten uns mit ungefähr 6 km/h vorwärts – so schien es mir zumindest. Während ich auf dem Rücken lag und an die Decke des Krankenwagens starrte, stürmten die Emotionen aus verschiedenen Richtungen auf mich ein: Wut, Scham, Hoffnung, Verzweiflung; dann wieder versuchte ich, alles Geschehene zu leugnen. Am Ende hatten Angst und Scham die Oberhand gewonnen. Würde ich Alex das nächste Mal in einer düsteren Leichenhalle sehen? Wie könnte Beth mich nicht für das hassen, was ich Alex angetan hatte? Was für ein Leid hatte ich unserer Familie zugefügt! Sollte ich mich nicht selbst hassen? Es war allein meine Schuld! Wie konnte ich so unachtsam sein?

Inmitten dieser psychischen Flutwelle verschwamm langsam alles zu einem Grau. Dann war alles schwarz. Der Schock umhüllte mich wie undurchdringlicher Nebel, der mein gequältes Herz vor einer Realität schützen wollte, die zu schrecklich war, um sie zu begreifen.

* * *

Kurz darauf saß ich auf einer Liege in der Notaufnahme eines örtlichen Krankenhauses. Eine Krankenschwester nahm mir unbeteiligt Blut aus meinem linken Unterarm ab – eine Prozedur aus gesetzlichem, nicht aus medizinischem Anlass. Die Blutprobe sollte über meine Nüchternheit Auskunft geben. Hatte der Vater seinen Sohn umgebracht, weil er nicht von der Flasche lassen konnte? Zumindest war ich in dieser Hinsicht unschuldig.

Sie brachte die Blutprobe weg und schloss die Tür hinter sich, sodass ich das erste Mal, seitdem ich mein Bewusstsein wiedererlangt hatte, allein war. Alles war still, abgesehen von gedämpften Stimmen, die aus dem Nebenraum drangen. Es verursachte mir einen stechenden Schmerz, wenn ich mir über den Nacken rieb. Und plötzlich kam die Erinnerung an das andere Auto in mir hoch. Was war mit den Unfallgegnern passiert? Ich hatte das Auto nicht gesehen, sein Kommen nicht erwartet. Nun machte ich mir zu allem anderen auch noch Gedanken über die Leute, die darin gesessen hatten.

Plötzlich ging die Tür auf.

„Was ist mit dem anderen Auto passiert? Die Menschen im anderen Auto – wie geht es ihnen?", platzte ich heraus.

„Es geht ihnen so weit ganz gut. Sie sind übrigens nebenan", sagte der Krankenpfleger und deutete mit seinem Daumen zur Wand. Ich konnte seine Worte nicht richtig aufnehmen und versank in einer neuen Welle der Verzweiflung. Meine Nachlässigkeit hatte Unglück über Menschen gebracht, die ich noch nicht einmal kannte. Die Scham drückte wie ein großer Schraubstock auf meine Rippen und zwang mich, in kurzen, heftigen Zügen zu atmen. Zwei Impulse in mir konkurrierten nun miteinander: Konnte ich nicht einfach unsichtbar werden, aus dem Fenster schweben und diesem ganzen Tag entfliehen? Und gleichzeitig wollte ich nach nebenan rennen, auf meine Knie fallen und um Vergebung, um Gnade bitten und dem anderen Fahrer und den Beifahrern sagen, wie leid es mir tat, und ihnen zeigen, dass ich kein verantwortungsloses Monster war.

Am Ende starrte ich nur die Wand an, durch die die Stimmen zu mir drangen. Wenn ich in das andere Zimmer ginge, dann nur, um mein eigenes Gewissen zu erleichtern. Ich war doch die letzte Person, die sie nun sehen wollten. War es ihnen nicht egal, wer den Unfall verursacht hatte und wie derjenige nun darüber dachte?

In der Zwischenzeit hatte eine andere Krankenschwester den Raum betreten und bat um meine Aufmerksamkeit: „Würden Sie mir bitte folgen? Wir müssen ein paar Röntgenaufnahmen machen."

Ich ging hinter ihr her und saß dann unruhig in einem anderen Wartezimmer. Als ich ein Geräusch hörte, drehte ich mich um und blickte in die Augen von Pastor Brown, der durch ein Gemeindemitglied von dem Unfall gehört hatte – eine Krankenschwester dieses Krankenhauses. In diesen turbulenten Momenten, in denen ich nichts mehr kontrollieren konnte, erfüllte mich seine Anwesenheit mit Frieden. Er setzte sich neben mich und legte mir tröstend den Arm um die Schultern.

„Kevin, ich weiß, dass du dir Sorgen um deine Familie machst. Sie sind alle auf dem Weg ins Kinderkrankenhaus. Man hat ihnen gesagt, dass du unverletzt bist."

„Pastor Brown, ich muss hier jetzt raus und zum Kinderkrankenhaus. Ich muss Alex sehen. Die halten mich so lange auf. Wie lange dauert es noch, bis ich hier weg kann?"

Der Pastor, der verstand, wie ich mich fühlte, nickte. „Ein Freund von dir ist im Warteraum in der Eingangshalle", sagte er. „Er ist bereit, dich nach Columbus zu fahren, sobald du hier entlassen wirst."

„Danke. Es ist schön, dass ihr euch um mich kümmert."

* * *

Das Röntgenbild zeigte keine ernsthafte Verletzung. Man schickte mich zurück in die Notaufnahme – um zu warten. Die Gedanken an Alex verstärkten in mir das dringliche Gefühl, hier endlich wegzumüssen. Die Tür öffnete sich erneut. Ich blickte auf.

„Mr Malarkey", sagte der Arzt, der in Begleitung zweier Krankenschwestern war.

„Ja, Doktor?"

„Wir müssen Sie über Nacht zur Beobachtung hierbehalten. Meine Mitarbeiterinnen hier werden sich um Ihr Wohlergehen kümmern."

Die Schwestern lächelten und nickten mit dem Kopf. Ihr Lächeln verschwand, als ich aufsprang und allen direkt in die Augen sah, angefangen beim Arzt. Genau eine Sache würde ich nämlich nicht tun: auch nur einen Moment länger von Alex getrennt zu bleiben. Das machte ich klar – auf höfliche Art, wie ich hoffte. Sie schienen zu verstehen, dass ich fest entschlossen war, und gaben nach einigen halbherzigen Protesten schließlich nach.

Ich suchte schnell meine Sachen zusammen und rannte zur Eingangshalle – nur das durch den Unfall beeinträchtigte Bein verlangsamte mein Tempo.

Als ich um die Ecke bog, sah ich Kelly, bevor er mich sah.

Ich kannte ihn nicht gut, da wir noch nicht lange in dieser Gegend wohnten. Aber ich konnte sehen, dass er den Eindruck machte, etwas zu wissen, was er lieber nicht gewusst hätte. Seine Miene hellte sich jedoch auf, als er mich erblickte.

„Oh, hallo, Kevin. Ich kann dich zum Kinderkrankenhaus fahren."

„Super", sagte ich. „Danke."

Kelly sah mich etwas fragend an. „Möchtest du zu Hause vorbeifahren, um dich umzuziehen?"

Weil ich so fokussiert darauf war, endlich bei Alex zu sein, hatte ich vergessen – oder war es der Schock? –, dass ich nur einen Krankenhauskittel anhatte – die offene Sorte mit eingebauter Lüftung am Rücken. Meine Kleidung war von meinem Körper geschnitten worden und befand sich in einer Tüte unter meinem Arm.

„Hier", bot Kelly mir seine Lederjacke an. Krankenhauskittel und Lederjacke – jetzt war ich gerüstet für den Weg nach Hause.

Als ich zu Hause ankam, lief mir ein Schauer über den Rücken. Ich wusste, dass niemand da sein würde. Gerade deshalb schien mir das Haus besonders dunkel, still und leer. Als ich auf die über den Raum verteilten Spielsachen blickte, fiel mir ein, dass ich gar nicht mit meinen Kindern geredet hatte und nur kurz mit Beth. Wie fühlte sie sich wohl? Was hatte sie den Kindern gesagt? Was wussten sie?

Ich bin der Mann in der Familie. Es ist meine Aufgabe, meine Frau und Kinder zu beschützen. Doch ich war nicht bei ihnen, ich beschützte sie nicht und tröstete sie nicht. Ich hatte das alles verursacht. Die Dunkelheit, die meine Seele umgab, fiel wie ein schwarzer Schatten über mein Inneres. Die Stimme der Angst flüsterte: *Beth wird dich für das hassen, was du deiner Familie angetan hast.* Die Scham über die gegenwärtigen Ereignisse und die Angst vor der Zukunft durchbohrten wie von dunklen Kräften gesteuert mein Herz. Die spottende innere Stimme schien alle anderen zu übertönen. Doch Gott hatte durch Kellys Anwesenheit gesorgt.

Während mich Kelly nach Columbus fuhr, spielten sich die Szenen des Unfalls – oder zumindest das, woran ich mich erinnern konnte – wie ein sich ständig wiederholendes Video in meinem Kopf ab. Es gab so viele Lücken, dass ich nach jedem neuen Versuch, das Ganze zu verstehen, nur noch verwirrter war. Die erste Zeit schwieg Kelly taktvoll, aber schließlich durchbrach er die Stille.

„Weißt du, Kevin, der Unfallort befindet sich von meinem Haus aus auf dem Weg zum Krankenhaus."

„Also bist du dort vorbeigefahren, als du mich hier abholen wolltest?"

„Ja", sagte Kelly ernst.

„Und was denkst du?"

Nach einer kurzen Weile fuhr Kelly mit feuchten Augen fort: „Es war wirklich schlimm, Kevin."

„Was denkst du wegen Alex?", fragte ich und erwartete verzweifelt eine beruhigende Antwort.

„Das ist schwer zu sagen. Lass uns abwarten, was wir im Krankenhaus erfahren."

Kelly wollte mich auf das vorbereiten, was sein könnte, ohne präzise zu werden. Das reichte mir nicht. Ich brauchte eine Antwort.

„Ich muss wissen, was du denkst, Kelly. Meinst du, dass Alex durchkommt?" Irgendwie war es mir wichtig, ihn sagen zu hören, was sein Gesicht bereits verriet.

„Kevin, ich glaube nicht, dass Alex es schafft. Ich glaube, dass Alex von uns gegangen ist, um bei Jesus zu sein. Es tut mir leid, mein Freund."

Ich sah aus dem Fenster, weil sich meine Augen mit Tränen gefüllt hatten, und versuchte, den Stachel dieser Worte herunterzuschlucken. Mein Herz brach. *Gott, das schaffe ich nicht. Bitte lass mich nicht Abschied nehmen müssen – nicht auf diese Weise. Nicht, weil ich einem Auto die Vorfahrt genommen habe. Oh Gott, bitte rette meinen Jungen. Bitte rette meinen erstgeborenen Sohn, meinen kleinen Kumpel Alex.*

Während Kelly die nächsten paar Kilometer schweigend weiterfuhr, überfluteten Wellen von Schmerz und Kummer mein Herz. Währenddessen argumentierte eine einsame, leise Stimme irgendwo tief in mir, dass Kelly über Alex' Zustand nicht sicher Bescheid wissen konnte. *Hör nicht auf, für Alex zu beten. Hör nicht auf.*

Wir fuhren am Kinderkrankenhaus vor. Kelly parkte, schaltete den Motor aus, hielt kurz inne und blickte mich an.

„Meinst du, du schaffst das?"

„Es ist hart, Kelly", sagte ich mit verzerrtem Gesicht, während ich tief Luft holte. „Weißt du, Beth und ich sind hier hundertmal vorbeigefahren. Wir haben oft darüber gesprochen, was für ein trauriger Ort dies ist – dass wir hoffen, nie hierherkommen zu müssen. Und jetzt sind wir hier …"

In ein paar Minuten würde ich Beth innerhalb dieser Mauern gegenüberstehen. Mir kamen all die unzähligen Male in den Sinn, in denen mich Beth ermahnt hatte, langsamer zu fahren und aufmerksamer die Straße zu beobachten. Sie hatte mich dutzendmal gewarnt, vorsichtiger und umsichtiger mit den Kindern zu sein, besonders wenn Alex und Aaron ins Spiel vertieft waren. Ich hatte immer geglaubt, sie sei übervorsichtig und bringe zu viel Zeit damit zu, sich zu sorgen. Es war noch gar nicht lange her, dass ich gesagt hatte: „Hey, entspann dich. Ich hab sie ja nicht umgebracht." Wie sehr verfolgten mich nun diese Worte, als ich mich darauf gefasst machte, Beth zu begegnen!

Stark sein bei Belastung

Meine Beth ist eine erstaunliche Frau. Obwohl sie nach der Geburt unseres vierten Kindes erst einen Tag zu Hause war und sich eigentlich ausruhen und erholen sollte, hatte sie nach meinem Anruf den Hörer aufgelegt und war auf Hochtouren gekommen, um die Kinder für die eineinhalbstündige Fahrt ins Krankenhaus nach Columbus fertig zu machen, das 100 Kilometer von uns entfernt war. Viele Leute brechen unter Druck zusammen. Nicht so Beth. Inmitten des größten Chaos ist sie die Gelassenheit in Person. Es mag zwar ein Feuerwerk aus Emotionen in ihrem Inneren wüten, aber mehr als jeder andere, den ich kenne, hat sie die Gabe, diese natürlichen Gefühle in Schach zu halten und zu tun, was getan werden muss – ohne den leisesten Hinweis auf das Trauma, das sie gerade erlitten hat. Was für ein unglaublicher Segen diese Eigenschaft jetzt war!

Beth hatte sich nicht viel dabei gedacht, als die Leitung bei unserem ersten Telefonat plötzlich unterbrochen war; wir leben in einer ländlichen Gegend, da passiert das ziemlich oft. Der zweite Anruf war jedoch eine andere Sache. Gott hatte Beth in gewisser Weise auf diesen Moment vorbereitet, indem er ihr durch einige andere vorangegangene Schwierigkeiten geholfen hatte. Kurz gesagt, meine Frau ist in der Lage, in schwierigen Situationen zur Höchstform aufzulaufen.

Beth musste unserem zwei Tage alten Sohn und unserer zwei Jahre alten Tochter nichts weiter erklären; sie hätten ohnehin nicht begreifen können, wovon sie sprach. Dem vierjährigen Aaron sagte sie, dass es einen Unfall gegeben habe und dass sie ins Krankenhaus müssten, um seinen Bruder zu besuchen. Aaron weinte, aber sie konnte ihn für den Moment trösten. Dann packte sie die Kinder ins Auto und machte sich auf zum Krankenhaus.

* * *

Ich war zu Tode erschrocken, als Mama mir erzählte, dass Alex schlimm verletzt war. Ich wusste nicht, was ich tun sollte. Ich dachte, dass Mama lügt, als sie sagte, dass Alex auch sterben könnte, denn ich glaubte nicht, dass das wahr sein konnte.

Aaron Malarkey, Alex' Bruder

Während sie unterwegs war, erhielt Beth einen Anruf von der Notaufnahme des Kinderkrankenhauses.

„Sind Sie Mrs Malarkey, die Mutter von Alex Malarkey?"

„Ja, das bin ich."

„Mrs Malarkey, können Sie uns sagen, ob Alex auf irgendwelche Medikamente allergisch ist?"

Zum zweiten Mal stellte Beth eine existenzielle Frage: „Wird mein Sohn überleben?"

Und zum zweiten Mal war die Antwort, die sie erhielt, unerträglich vage. „Es ist sehr ernst, Mrs Malarkey."

Kurz danach rief Beth ihre Schwester Kris an und erzählte ihr das Wenige, das sie über die Situation wusste. Kris ist eine staatlich geprüfte Krankenschwester und eine Person, die andere Menschen immer unterstützt und sehr mitfühlend ist. Nach einem kurzen Gespräch fuhr Beth wieder weiter. Sie sagt, dass sie während der Fahrt nie die Geschwindigkeitsbegrenzung überschritten habe, und ich glaube ihr. Tatsächlich habe ich sie nie mit dem Auto rasen sehen. Beth ist einfach ein Fels in der Brandung.

Als Beth auf den Krankenhausparkplatz fuhr, sah sie einen Mann in einer Uniform, die ihr sagte, dass er zu dem Hubschrauber-Rettungsteam gehörte. Sie fuhr schnell ein Stück rückwärts, ließ das Fenster herunter und rief zu ihm hinüber: „Ich habe einen sechs Jahre alten Sohn, der gerade mit dem Hubschrauber hergebracht wurde. Waren Sie bei dem Flug dabei?"

Der Mann kam auf sie zu. „Ja. Ich heiße Dave."

„Wie geht es ihm? Wie schlimm ist es?"

Dave blickte ihr in die Augen und sagte: „Ich muss Ihnen ein paar Fragen stellen."

„Ja?" Beth sah ihn fragend an.

„Sind Sie Christin?"

„Ja, das bin ich", antwortete Beth, während sie überlegte, was nun kommen würde.

„Dann hören Sie mir zu", fuhr Dave fort und sah Beth intensiv in die Augen. „Wenn Sie jetzt in die Notaufnahme gehen, werden Sie einige furchtbare Dinge hören. Die werden Ihnen wahrscheinlich sagen, dass Ihr Sohn sterben wird. Aber ich habe Gott um seinen Segen für Ihren Sohn gebeten und für ihn im Namen Jesu ein Gebet gesprochen. Ich bin mir sicher, dass er nicht sterben wird.

Sie jedoch spielen dabei eine große Rolle. Gott beginnt bereits mit der Heilung, aber wenn Sie den Raum betreten, werden Sie Angst bekommen. Ich sage nicht, dass Sie dort drinnen eine Szene machen sollen. Bleiben Sie höflich und hören Sie den Ärzten zu; sie wissen schließlich, wovon sie reden. Aber so wahr auch alle ihre Informationen sind, Gottes Macht kann das alles ändern. Ich habe für Ihren Jungen im Namen Jesu gebetet, und er wird nicht sterben. Jedes Mal, wenn Sie Angst bekommen oder von einer schlechten Prognose hören, danken Sie Gott für seine Heilung. Er wird seinen Teil tun!"

„Ja", antwortete Beth und nickte. „Ich habe verstanden."

„Gut", sagte Dave anerkennend. „Gott segne Sie."

Mit diesem Gespräch im Hinterkopf machte sich Beth auf den Weg zur Unfallstation.

Sie eilte mit unseren drei Jüngsten im Schlepptau zur Rezeption. „Entschuldigen Sie, mein Name ist Beth Malarkey. Mein Sohn William Alexander wurde gerade aufgenommen. Kann ich ihn sehen?"

„Nein. Ich fürchte, das ist gerade nicht möglich."

„Falls er sterben muss, will ich ihm Auf Wiedersehen sagen, solange er noch lebt. Sie müssen mich zu meinem Sohn lassen!"

*** Als ich mit Beth redete, erfüllte mich plötzlich eine ungewohnte Kühnheit. Ich sagte ihr, dass die Ärzte und Krankenschwestern ihr mitteilen würden, dass Alex sterben würde. Dass ich jedoch im Namen Jesu für Alex gebetet hätte und dass ich zuversichtlich sei, dass er überleben würde. Ihre Aufgabe sei es, weiterhin Gott zu vertrauen und ihm fortwährend für Alex' Heilung zu danken. Ich verbrachte mehrere Minuten damit, sie daran zu erinnern, dass Gott sein Wort hält und dass Alex geheilt werden würde, wie wir gesagt hatten. Als ich wegging, wich diese Kühnheit von mir, und ich dachte bei mir selbst: *Was habe ich getan? Jetzt habe ich mir aber was eingebrockt.* Ich nahm aber nicht zurück, was ich über Alex' Heilung gesagt hatte. Ich dankte Gott einfach weiter.

Dave Knopp, Sanitäter ***

Beths Flehen nützte nichts, die Antwort blieb Nein. Traurigkeit und Angst verwandelten sich in Verzweiflung und Wut. „Das ist unglaublich! Wie können die mich nicht zu meinem Sohn lassen?"

Ich kam etwa 90 Minuten später an. Beth hatte immer noch keine Informationen über Alex' Zustand erhalten und nichts Konkretes über seine Aussichten gehört.

In den nächsten paar Stunden wurde uns wiederholt gesagt, dass die Lage ernst sei und dass die Ärzte unseren Sohn behandelten. Wir würden Alex nicht sehen oder irgendwelche Informationen über ihn bekommen, bis er auf die Intensivstation verlegt würde.

Keine Verurteilung

Als ich ins Krankenhaus kam, hatte sich bereits eine Gruppe von 40 Leuten versammelt, um zu beten und uns zu unterstützen. Einige von ihnen gehörten zu unserer Familie, andere waren Freunde aus unserer ehemaligen und aus unserer jetzigen Gemeinde, einige wiederum kannten wir gar nicht. Alle wollten wissen, ob es mir gut ging, zumindest körperlich. Aber als ich den Wartesaal der Intensivstation betrat, gab es nur ein Gesicht, das ich in der Menge sah.

Als Beths Augen die meinen trafen, überkamen mich wieder die Erinnerungen an die vielen Male, die sie mich ermahnt hatte, doch vorsichtiger zu fahren, der Straße mehr Aufmerksamkeit als dem CD-Spieler zu schenken. Und was war mit den vielen Gelegenheiten, bei denen ich im Garten oder Wohnzimmer mit Aaron und Alex gespielt hatte, als wir lachten und immer toller und wilder wurden, während Beth fragte, ob wir auch vorsichtig seien. „Entspann dich", hatte ich ihr immer geantwortet. „Ich habe alles unter Kontrolle. Sei nicht so überängstlich." Ich war sicher, dass sie daran jetzt auch dachte. Als ich in ihr Gesicht blickte, war ich gleichzeitig erleichtert, getröstet, berührt und zutiefst traurig. Erneut stieg Scham in meinem gequälten Herzen auf. Beth umarmte mich herzlich und liebevoll, aber tief innen fühlte ich, dass ich das nicht verdiente.

„Beth! Lebt Alex?"

„Ja, ich glaube schon. Ich glaube, dass er durchhält, aber ich habe ihn noch nicht gesehen, und sie haben mir fast nichts gesagt."

In dem Moment nahm der Schmerz so erbarmungslos überhand, dass ich in Beths Armen zusammenbrach.

„Oh, Beth", schluchzte ich, während ich mich Hilfe suchend an sie klammerte, „bitte vergib mir. Bitte vergib mir! Es tut mir so leid. Ich habe unsere Familie zerstört."

Schluchzer schüttelten meinen Körper, als der Kummer in einer Flut aus mir herausbrach, die nie mehr abzuebben schien. Für einen Moment sah ich Beth in die Augen, in der Erwartung, darin die Verurteilung zu sehen, die ich verdiente. Aber nein – als ich in ihre dunklen Augen sah, fand ich darin nur Barmherzigkeit. Beth hielt mich fest an sich gedrückt und war freundlich, sanft und liebevoll zu mir.

Keine Wut, kein Zorn, nur Liebe.

„Kevin, das hätte jedem von uns passieren können. Es war ein Unfall. Natürlich gibst du dir die Schuld. Das ist menschlich. Aber wenn sich die Dinge beruhigen, wird dir klar werden, dass das nicht wahr ist. Liebling, bitte verurteile dich nicht selbst. Gott macht das nicht und auch keiner von uns anderen."

Ich war nicht sicher, ob sie damit in irgendeiner Weise recht hatte, aber ich war überzeugt, dass sie es ehrlich meinte. Wenn Beth mir gegenüber Bitterkeit empfunden oder mir die Schuld für das Geschehene gegeben hätte, dann hätte ich es an ihrer Stimme gehört oder an ihrer Körpersprache gesehen. Ihre Annahme war der Rettungsanker, den ich in diesem Moment so verzweifelt brauchte.

„Also verbann das alles aus deinem Kopf", sagte sie. „Ich will nur wissen, ob du unversehrt bist. Bist du sicher, dass du keine Verletzungen hast?"

„Mir geht es gut. Seitdem ich dich gesehen habe, sogar noch viel besser. Danke."

Alex, Beth und ich waren auf getrennten Wegen in dieses Krankenhaus gekommen. Zu diesem Zeitpunkt wussten wir: Alex' Leben hing am seidenen Faden …

Von Alex

Ich schaue von der Decke aus zu

*Denn er wird mich aufnehmen, wenn schlechte Zeiten
kommen, und mir in seinem Heiligtum Schutz geben.
Er wird mich auf einen hohen Berg stellen,
wo mich niemand erreichen kann.*

PSALM 27,5

Als wir im Krankenhaus ankamen, beobachtete ich alles, was passierte, aus der Ecke der Notaufnahme – nahe der Zimmerdecke. Jesus war neben mir.

Ich hatte keine Angst, ich fühlte mich sicher.

Die Ärzte waren damit beschäftigt, sich um meinen Körper zu kümmern, der zu der Zeit irgendwie blau aussah. Sie redeten viel über mich, und es war nicht viel Gutes, was sie zu sagen hatten.

Sie dachten alle, ich würde es nicht schaffen. Ein Arzt sagte jedoch: „Vielleicht kommt er wieder zu sich." Größtenteils aber waren die Mediziner traurig und sprachen davon, dass ich nicht überleben würde.

Während alle davon redeten, dass ich nicht durchkommen würde, sagte mir Jesus, dass ich den Unfall überleben würde. Er meinte auch, dass ich wieder selbstständig atmen würde, nachdem einige Zeit vergangen sei.

Dann blickte ich hinab und beobachtete, wie sie einen Stahlbolzen an meinem Kopf befestigten und sagten, dass es wehtun werde. (Später hörte ich, dass dieses Ding den Druck in meinem Gehirn messen sollte.) Dann begannen sie, mir etwas den Hals hinunterzuschieben, und Jesus brachte mich in den Himmel.

Jesus wollte nicht, dass ich weiter mit ansah, was sie taten, weil er nicht wollte, dass ich mich später daran erinnern und Angst bekommen würde.

Ich sah 150 reine, weiße Engel mit fantastischen Flügeln, die alle meinen Namen riefen. Wenn man nicht wüsste, dass sie freundliche Wesen sind, könnten sie einen richtig erschrecken. Nach einer Weile sagten sie alle: „Alex, geh zurück." Ich tat es, aber Jesus kam mit mir und hielt mich während der Zeit auf der Unfallstation fest.

Kapitel 3

72 Stunden

Die Ärzte hatten gesprochen ... nun hofften wir auf Gott.

Endlich führte ein Assistenzarzt Beth und mich in einen kleinen Tagungsraum. Der Chefarzt wollte mit uns ein persönliches Gespräch führen. Es schienen Stunden zu vergehen, bis er dort eintraf. Nachdem wir ein paar Höflichkeiten ausgetauscht hatten, zog er eine Röntgenaufnahme von der verletzten Stelle an Alex' unterem Schädel heraus. Es war kein medizinisches Wissen notwendig, um die furchtbare Wahrheit zu verstehen, die das verdunkelte Bild preisgab. Etwas in mir konnte nicht akzeptieren, dass dies ein Bild von Alex' Wirbelsäule war. Instinktiv blickte ich auf die untere linke Hälfte der Folie: WILLIAM ALEXANDER MALARKEY. Diese drei Worte waren so endgültig, so eindeutig. Jeder Gedanke daran, dass die Lage vielleicht gar nicht so schlimm sein könnte, löste sich in Luft auf.

Der Arzt ging durch das Zimmer zu einer Leuchttafel. Er skizzierte eine gesunde Wirbelsäule und heftete daneben ein Röntgenbild von Alex' Wirbelsäule. Es war leicht zu sehen, was nicht stimmte: Der erste Wirbel unterhalb seines Schädels war vom zweiten getrennt und um fünfundvierzig Grad verschoben.

Der Arzt drehte sich zu uns um und sagte: „Ich will ganz offen zu Ihnen sein. Alex' Zustand ist extrem ernst. Solche Verletzungen in der Halswirbelsäule enden so gut wie immer tödlich. Tatsächlich ist es so, dass Alex im Moment nur künstlich am Leben gehalten wird. Seine jugendliche Konstitution ist für ihn von Vorteil, aber wenn er überlebt, werden diese Verletzungen schwerwiegende Folgen haben, und darüber sollten Sie sich im Klaren sein. Sieht man sich das Ausmaß der Verletzung an – also die Nähe zum Hirnstamm und die Verletzung der Großhirnrinde –, dann kann man für den Fall, dass Alex überlebt, medizinisch betrachtet keine normale Gehirnfunktion mehr erwarten. Alex wird nie wieder selbstständig atmen können, und vom Hals abwärts wird er sich nicht bewegen können. Diese Verletzung wird Alex auch daran hindern, normal zu essen. Im Moment erhält er intravenös flüssige Nahrung, aber falls er überlebt, müssten wir ihn künstlich ernähren und eine PEG-Sonde legen, sodass er die Nahrung direkt in seinen Magen bekommt. Und schließlich wird er, falls er überlebt, nie mehr in der Lage sein zu sprechen … Ich weiß, das sind furchtbare Dinge, die Sie da zu hören bekommen. Es tut mir aufrichtig leid."

PEG-Sonde, keine normale Hirnfunktion, gelähmt – ich richtete meinen Blick starr auf den Boden, quälende Gefühle erfüllten mich. Es war alles so überwältigend, dass ich die Nachrichten eigentlich erst einmal Stück für Stück hätte verarbeiten müssen. Aber der Arzt war sehr deutlich gewesen. Wir würden damit klarkommen müssen.

Die Informationen waren so erschreckend, ihre Bedeutung so schwerwiegend, dass mein Verstand sie nur halb aufnahm. Ich würde über die Details erst später wirklich nachdenken können.

Dank der Dinge, die Dave Beth auf dem Parkplatz gesagt hatte, erlebte sie dagegen diesen Moment ganz anders. Sie hatte nicht solche Gedanken wie ich. Ich sah immer noch auf den Boden, als sie das Wort ergriff. Sie blickte dem Arzt direkt in die Augen und sagte voller Zuversicht drei Worte: „Sie irren sich."

Ich zog scharf die Luft ein. Dieser Arzt war der Chef eines Teams von erstklassigen Chirurgen, die alle Alex' Fall von allen Seiten beleuchtet hatten. Wir waren in einer der besten Unfallkliniken des Landes. Wie konnte sie die Ärzte infrage stellen?

*** Die Tragweite von Alex' Verletzungen zu erfassen war überwältigend. Es ist, als ob man über den Rand des Grand Canyon blicken würde: Dein Verstand ist nicht in der Lage, die Größe von dem, was du siehst, zu erfassen.

Erst später wurde uns erklärt, warum es medizinisch gesehen so unwahrscheinlich war, dass Alex überleben würde. Er hatte quasi eine Enthauptung im Inneren des Körpers erlitten – sein Schädel war von seiner Wirbelsäule getrennt worden. Nur Haut, Muskeln und Bänder hielten seinen Kopf an seinem Körper, aber Knochen und Rückenmark waren durchtrennt.

Monate später gab uns ein Experte ein Röntgenbild, das etwa eine Stunde nach dem Unfall aufgenommen worden war. Auf dem Bild waren der untere Teil von Alex' Schädel und der obere Teil seiner Wirbelsäule zu sehen.

Die Röntgenaufnahme zeigt klar, wie weit seine Wirbel von seinem Kopf getrennt waren.

Nicht nur, dass dies meiner Frau oder mir gegenüber nie erwähnt wurde, es gab auch keine medizinische Behandlung, um seinen Schädel wieder mit der Wirbelsäule zu verbinden.

Kevin Malarkey ***

Ich legte eine Hand auf ihren Arm und versuchte, sie davon abzuhalten, weiterzusprechen. Sie sollte sich setzen und die Realität so akzeptieren, wie sie war – wie ich es tat. Beth entzog sich meiner Berührung. Sie hatte nicht die Absicht, nachzugeben.

„Alex wird es bald wieder gutgehen. Er wird wieder ganz gesund werden. Seine Geschichte wird im Land eine große Wirkung haben und Tausenden Menschen Hoffnung geben."

Na gut, sagte ich zu mir selbst, *jetzt geht sie zu weit*. Ich schaute den Arzt an und war mir sicher, was er gerade dachte. Trotzdem musste ich ihm die Angelegenheit überlassen. Er hörte Beth mit ernster Besorgnis zu und nickte mitfühlend mit dem Kopf. Ich dachte nicht im Geringsten daran, dass Alex anderen helfen könnte. Ich wollte einfach, dass mein Junge wieder gesund wurde, dass meine Schuldgefühle verschwanden und dass mein Sohn sein Bewusstsein wenigstens so lange wiedererlangte, dass ich ihn um Vergebung bitten konnte – ein Gespräch, das ich seit dem Unfall vor einigen Stunden bereits Tausende Male in meinem Kopf durchgespielt hatte.

Aber Beth hatte gerade erst angefangen.

„Ich weiß, dass Sie mir nicht glauben, aber es wird ihm bald besser gehen, und ich meine damit, dass er ganz gesund werden wird."

Ich lehnte mich zurück, zu geschockt, um der Tragödie Einhalt zu gebieten. Der gute Arzt nickte weiterhin respektvoll. Ich war sicher, dass ich seine Gedanken lesen konnte: *Noch so eine arme Frau mit einem irrationalen Ausbruch – ausgelöst durch eine schockierende Nachricht, die sie nicht wahrhaben will, wie man es schon Tausende Male gesehen hat. Ich werde versuchen, ihr mitfühlend zu begegnen.*

Aber ich wusste auch, dass der Arzt falschlag, zumindest was Beth betraf. Sie flüchtet in einer Krise nie vor der Realität. Sie bleibt unter größtem Druck ruhig und sachlich. Ihre an den Arzt gewandten Worte waren eine zuversichtliche Ankündigung, nicht kopfloses Wunschdenken. Es war, als ob sie etwas wüsste, über das der Rest von uns noch nicht informiert war. Ich konnte nicht ganz nachvollziehen, was für eine

Zukunft voller Wunder sie im Blick hatte. Alles, was ich wahrnahm, waren die Röntgenaufnahme und die entsetzliche Prognose, die damit einherging.

„Warten Sie es nur ab. Es wird ein medizinisches Phänomen sein. Alex' Geschichte wird die Leute im ganzen Land bewegen. Sie wird Menschen, die alle Hoffnung verloren haben, neue Hoffnung geben."

Wovon auch immer sie erfüllt war – ich spürte davon nichts. Der Arzt hatte schließlich genug davon und entschuldigte sich.

* * *

Was jetzt geschah, schien so surreal zu sein. Erinnerungen kamen von tief unten an die Oberfläche. Ein paar Monate vor Alex' Geburt hatte ich ein Gedicht für ihn geschrieben, von dem einige Passagen jetzt merkwürdig relevant schienen:

Kostbares Kind

Es gibt so viel,
was ich dir erzählen will,
dich lehren möchte,
mit dir erleben will.
Doch zunächst möchte ich dir
etwas von meinem Kummer erzählen.
Die Welt, in die du kommst,
ist ganz anders als der Mutterleib ...
Gesegnetes Kind,
was ich dir unbedingt erzählen möchte,
ist, woher du kommst
und wohin du zurückgehen kannst ...

Beth und ich vertrauten Gott und glaubten, dass er schon vor Alex' Geburt einen wunderbaren Plan für sein Leben gehabt hatte. Jetzt, in der Stille des Krankenhauses, wurde ich mit dem Ende dieses Plans konfrontiert, zumindest auf der Erde.

* * *

Als wir ins Wartezimmer zurückkehrten, hatten sich noch mehr Leute eingefunden. Einige redeten, andere beteten. Wir teilten ihnen mit, was wir vom Arzt erfahren hatten. Daraufhin hielten sich alle an den Händen und begannen zu beten. Viele sprachen in diesem Moment hörbare Gebete.

In diesen ersten dunklen Tagen wendeten wir uns immer wieder an Gott. Ich erinnere mich nicht an meine eigenen Gebete oder die der anderen. Aber ein Gebet gab es, das meine Dunkelheit nach dem Unfall erhellte.

Unser Pfarrer, Pastor Brown, hatte gewartet, bis jeder gebetet hatte. Dann, nach einem Moment der Stille, erhob er seine Stimme: „Oh Herr, wir wissen, dass Alex bei dir ist, auch in diesem Moment. Die Ärzte haben ihre Diagnose mitgeteilt. Und jetzt, Herr, warten wir auf dein Wort in dieser Angelegenheit."

Einfach und kraftvoll. Ja, was hatte Gott zu Alex' Lage zu sagen? Pastor Browns Gebet war ein großer Trost. Nichts würde außerhalb von Gottes Kontrolle geschehen. Ich musste mich an dieser Wahrheit festhalten. Und das tat ich auch – für kurze Zeit.

* * *

Während Beth und ich darauf warteten, Alex an diesem ersten Tag im Krankenhaus zu sehen, wanderten meine Gedanken zurück zu dem Tag, an dem Alex geboren wurde. Ein anderes Krankenhaus, ein Tag der Freude. Ich war während der Geburt bei Beth, hielt mir allerdings meine Hände vor die Augen, um den Kaiserschnitt nicht mitansehen zu müssen – ich wollte nicht ohnmächtig werden. Und dann dieser unbeschreibliche Moment, als er in unsere Welt kam. Die Krankenschwester schnitt die Nabelschnur durch, schaute zu mir herüber und sagte: „Würden Sie gern William Alexander halten?"

„Ist das sein Name?"

Beth sah zu mir auf. „Ach, Kevin, das ist doch der Name, den wir ausgesucht hatten, falls es ein Junge würde – erinnerst du dich?" Sie lächelte.

„Oh ja, richtig", stimmte ich zu. „William Alexander, nach meinem Vater."

* * *

Mein Vater, Dr. William Malarkey, ein Internist und Chef des *Clinical Research Center* der *Ohio State University*, war irgendwo in Europa unterwegs, um Vorträge zu halten. Hatte ihn irgendjemand über den Unfall informiert? Während ich im Wartesaal saß, umgeben von betenden Freunden und Familienmitgliedern, prasselte eine neue Serie von Fragen wie Hammerschläge auf mich ein.

Falls Alex stirbt, muss ich dann wegen fahrlässiger Tötung ins Gefängnis?

Haben sich die Menschen im anderen Auto verletzt?

Werden wir unser Haus verlieren?

Denkt Beth jetzt: „Ich wusste, dass Kevin so etwas passieren würde, weil er immer so leichtsinnig ist. Wenn er mehr auf mich gehört hätte, wäre das alles nicht geschehen!"?

Ist jeder hier und an dem Unfallort einfach nur nett, denkt aber in Wahrheit, was für ein mieser Mensch ich bin – was für einen erbärmlichen Vater Alex hat?

An diesem ersten Tag überkamen mich immer wieder

Angst, Zweifel und Abscheu vor mir selbst – verständlich unter den gegebenen Umständen, aber auch zwecklos und zerstörerisch. Ich wusste, dass diese Gedanken nicht von Gott kamen – sie kamen direkt von seinem Gegenspieler, dem Teufel.

*** Ich war als Redner auf einer medizinischen Konferenz in Europa, als der Unfall passierte. Ich fotografierte in einem Pariser Park sogar gerade einen Jungen im Rollstuhl, der querschnittsgelähmt war und ein Beatmungsgerät hatte. Was ich nicht wusste: dass zur selben Zeit Tausende Kilometer entfernt mein Enkelsohn in Ohio in einem Rettungshubschrauber lag und mit ähnlichen Folgen zu rechnen hatte. Jedes Mal, wenn ich ein Bild vom Eiffelturm sehe, werde ich daran erinnert, dass ich gerade auf seine beleuchtete Silhouette schaute, als mich der Anruf mit der Nachricht von dem Unfall erreichte.
Dr. William Malarkey, Kevins Vater ***

Aber es reichte nicht zu wissen, wie sich in Wahrheit alles verhielt. Ich wurde von meinen Gefühlen fast überwältigt und musste dagegen ankämpfen. Ich musste die falsche Stimme zurückweisen und mich an der Wahrheit festhalten. Ich begann, mich auf die einzige Hoffnung zu stützen, die ich hatte: *Gott liebt mich. Gott liebt Alex. Gott liebt Beth und unsere anderen Kinder.* Gott wollte mir seinen Frieden schenken; ich musste ihn nur annehmen, indem ich den Teufel zurückwies und der Stimme der Wahrheit zuhörte. *Ich werde darauf hören, was die Stimme der Wahrheit sagt.*

* * *

Eine andere Erinnerung kam in mir hoch – eine glückliche. Alex war gerade ein paar Tage alt gewesen, und um ihm einen guten Start ins Leben zu geben, hob ich ihn hoch, damit er das Ohio-Stadion sehen konnte.

„Schau, kleiner Kerl", sagte ich und hielt sein Gesicht von mir weg, „dort spielen die Buckeyes *American Football*."

Ja, ich hatte diese Szene gut im Voraus geplant. Bei der Anmeldung auf der Entbindungsstation, kurz vor Alex' Geburt, hatte ich ein Zimmer ergattert, das den besten Blick auf das Stadion bot. Während ich also nun im Wartesaal saß, überlegte ich: *Warum denke ich jetzt ausgerechnet daran?*

* * *

Endlich erschien ein Krankenpfleger, um uns zu Alex' Zimmer zu führen. Wir gingen in Richtung eines ganz anderen Krankenhauszimmers als des Raumes aus meiner Erinnerung. Ich war noch nie auf einer Intensivstation gewesen. Als wir den Flur entlanggingen, dachte ich, wie seltsam es sei, dass keines der Zimmer Türen hatte. Nur lose herabhängende, schäbige Vorhänge trennten uns von den vielen anderen Familien und ihren furchtbaren Schicksalen. Trotz ihrer Einfachheit übten diese Vorhänge eine enorme Macht aus, indem sie die Vorübergehenden vor dem Leid schützten, das in jedem Zimmer wütete. Die hoffnungslose Qual, die sich in leeren Blicken widerspiegelte, drang über die Türschwellen, an denen die Vorhänge geöffnet waren. Die Kinder, die ich erblickte, sahen so verzweifelt aus. Alex würde ganz anders aussehen, versicherte ich mir selbst – viel besser.

Als wir um die Ecke gingen und Alex' Zimmer betraten, holte ich tief Luft. Die Szene war erdrückend. Es war, als ob wir in die Kommandozentrale eines grässlichen Krieges getreten wären. Alex lag reglos in einem Bett in der Mitte des Zimmers, die Augen geschlossen. Er war umgeben von einer

Unmenge von Monitoren, Drähten, Schläuchen und unzähligen anderen medizinischen Utensilien. Ein Beatmungsgerät pumpte laut Luft in seine Lungen.

Abgesehen von seinen offensichtlichen Unfallverletzungen und den Schläuchen an seinem Körper, die hinein- und herausführten, sah er ziemlich normal aus, zumindest auf den ersten Blick. Große Wunden, die auf einen Unfall hinwiesen, gab es glücklicherweise kaum – nur ein paar Schrammen und eine tiefe Schnittwunde, die genäht worden war.

Einen Moment später jedoch umklammerte die eisige Hand der Angst erneut mein Herz – er schien so … leblos zu sein. Wie soll man das Gefühl beschreiben, wenn mal als Vater hilflos vor dem zerbrochenen Körper des eigenen Kindes steht? Doch im selben Moment glaubte irgendetwas tief in mir, dass Alex durchkommen würde – in was für einer Verfassung, daran wagte ich nicht zu denken. Aber von dem Moment an setzte sich in mir eine nicht mehr zu erschütternde Gewissheit fest, dass er leben würde.

Bitte, Gott, hilf unserem Sohn.

* * *

Ich erinnere mich, wie ich mit Alex zusammen gebetet hatte, als er Jesus einige Jahre zuvor in sein Leben eingeladen hatte. Er war so jung und schon so aufrichtig. Was für ein wunderbares Privileg! Alex wusste, dass er eines Tages in den Himmel kommen wollte, und er verstand, dass er da nicht einfach hinkam, wenn er nur „ein braver Junge" war. Den Himmel konnte man sich nicht wie andere Dinge verdienen. Alex wusste, dass er jemand anders brauchte, der für seine Fehler geradestehen würde – für die falschen Dinge, die er im Leben tun würde –, sodass er das Geschenk Gottes, in den Himmel zu kommen und bei Gott zu sein, annehmen konnte.

Ich muss zugeben, dass ich die Ernsthaftigkeit seines

Gebets hinterfragt hatte. Wie kann ein Kind in diesem Alter schon die Tiefe des Glaubens begreifen? Vermutlich wiederholten Kinder nur die Worte und Ideen, die sie von den Erwachsenen hörten, ohne wirklich die Wahrheit zu verstehen.

Einige Wochen, nachdem Alex Jesus in sein Leben eingeladen hatte, testete ich seinen Glauben.

„Alex, wohnt Jesus in deinem Herzen?"

„Nein, Daddy."

Mein Herz sank. *Da hast du's*, dachte ich. Sein Gebet war ohne Bedeutung gewesen. Aber dann fuhr Alex fort: „Jesus starb für meine Schuld, aber er lebt nicht in meinem Herzen – er würde da nicht hineinpassen. Der Heilige Geist ist jetzt in meinem Herzen."

Also verstand Alex tatsächlich, woran er glaubte – Jesus war für unsere Schuld gestorben und hatte den Heiligen Geist als Tröster und Helfer zurückgelassen. Ich hatte meine Lektion gelernt: Ein kleines Kind ist in der Lage, so viel vom Glauben zu verstehen, wie Gott es möchte.

* * *

Plötzlich wurde ich zurück in die Realität katapultiert. Dort lag mein kostbarer Sohn vor mir. Ich hielt an der Gewissheit fest, dass der Heilige Geist für immer mit Alex sein würde, aber würde Gott *mir* erlauben, in dieser Welt je wieder mit Alex zusammen zu sein?

Was blieb mir anderes übrig, als Gott um Gnade anzuflehen? Wir wussten es damals noch nicht, aber sogar die besten Ärzte geben gern zu, dass sie sich in solchen Situationen hilflos fühlen. Ich konnte nichts tun, als Gott um Hilfe zu bitten.

Oh Gott, bitte vergib mir, was ich getan habe. Bitte schenke, dass ich mich bei Alex entschuldigen kann. Bitte beschütze ihn und tröste ihn. Sei sein himmlischer Vater, denn sein irdischer

Vater ist völlig hilflos. Ich vertraue dir meinen Sohn an. Ich lasse ihn los. Er ist dein Eigentum. Bitte heile ihn vom Kopf bis zu den Füßen. Ich vertraue auf dich, Gott. In Jesu Namen, Amen.

Irgendwie durchströmte mich am Ende des Gebets ein neues Gefühl der Ruhe – das konnte nur Gott geschenkt haben. Erfüllte mich jetzt die Kraft des Heiligen Geistes? Aus Sicht meines Glaubens war es inzwischen eine abgemachte Sache, dass Gott die Lage komplett unter Kontrolle hatte. Gott hatte bereits seine Arme schützend um Alex gelegt. Aber hatte sich im Himmel grundsätzlich etwas geändert, weil ich Alex im Gebet ganz Gott überlassen hatte, weil ich etwas losgelassen hatte, das ich sowieso nicht festhalten konnte? Irgendwie schien es so.

Beth und ich standen da und blickten still auf unseren Sohn. Wie lange, weiß ich nicht. Schweigend legte ich meinen Arm um sie, wahrscheinlich mehr zu meinem Trost als zu ihrem. Im Koma befand sich Alex an einem Ort, an dem wir ihn nicht erreichen konnten. Ich starrte vor mich hin und überlegte, während sich mein Herz verzweifelt nach meinem verletzten Sohn sehnte. *Kleiner Kumpel, bist du einsam? Hast du Angst? Möchtest du, dass ich dich halte? Wie gern ich dich halten möchte!*

* * *

Ich erinnerte mich daran, wie sehr Alex die Gemeinde liebte. Wir gehörten zu einer Gemeinde, in der Kleidung keine große Rolle spielte. Die Mitglieder zogen sich größtenteils leger an, und die Kinder trugen ihre Alltagskleidung. Nicht so Alex. Er wollte immer im Anzug zum Gottesdienst gehen. Auch wenn sein Vater in Kakihosen und Hemd ging und unser Pastor fast nie im Anzug kam, wollte Alex einen Anzug tragen. Er war nie der Typ gewesen, der sich der Mehrheit anpasste. Er trug sonst nie einen Anzug, doch er wollte sich für Gott fein machen.

Und dann dachte ich an eine andere Seite von Alex – er war ein richtiges Naturkind und immer am liebsten draußen im Freien. Ich erinnerte mich, wie glücklich er ausgesehen hatte, als er barfuß durch den Garten rannte und die Herbstblätter mit seinen Zehen zusammendrückte. „Daddy", fragte er, „magst du das Rascheln der Blätter unter deinen Füßen auch so?"

* * *

Irgendwann an diesem ersten Abend im Krankenhaus wurden wir in ein Zimmer gewiesen, das für Eltern bereitstand, deren Kinder auf der Intensivstation lagen. Unsere anderen drei Kinder übernachteten bei Freunden, und bald lagen wir allein im Bett und starrten still an die Decke. Was war in unserem Leben geschehen? Was würde der morgige Tag bringen? Würde Alex die Nacht überleben? Wo war er jetzt wirklich? Der Unfall hatte seinen Körper beschädigt. Das Koma hatte ihn weit weggebracht. Wann würde er zurückkommen? *Würde* er zurückkommen?

Oh Gott, wir brauchen dich jetzt.

Vor lauter Erschöpfung schliefen wir ein.

* * *

Während der ersten Woche verließen Beth und ich nie das Krankenhaus. Wir wollten nirgendwo anders sein. Zur selben Zeit begann eine wahre Unterstützungswelle anzulaufen. Die erste Gruppe, die sich zum Helfen zusammenfand, bestand aus Freunden, unserer Familie und der Gemeinde von Pastor Brown. Bald war die Gruppe von Männern und Frauen um Alex und unsere Familie eine riesengroße Mannschaft.

Unsere Kinder waren eigentlich die meiste Zeit bei uns, und wenn sie es nicht waren, wurden sie liebevoll von Freunden oder unserer Familie umsorgt.

Zum Beispiel wechselten sich ein paar Frauen damit ab, unser Neugeborenes im Arm zu wiegen, zu füttern und zu wickeln, wann immer Beth nicht bei ihm sein konnte. Irgendjemand organisierte alle unsere Mahlzeiten. Jemand anders brachte immer frische Kleidung, wusch unsere schmutzigen Sachen und versorgte uns außerdem mit anderen persönlichen Dingen, die wir brauchten. Besorgungen erledigte wieder jemand anders. Es wurde so viel Essen geliefert, dass es einmal ein riesengroßes Büfett im Wartezimmer der Intensivstation gab. Es blieb tagelang dort, während die Leute, wenn nötig, immer wieder leere Schüsseln wegnahmen und ersetzten.

Gute-Besserungs-Karten mit persönlichen Zeilen, Gebeten und Bibelversen trafen ein, bis jeder Quadratmeter in Alex' Zimmer damit tapeziert war. Die Ärzte und Krankenschwestern waren sprachlos und sagten oft, dass sie noch nie so viel Anteilnahme und Nächstenliebe gesehen hätten.

Aus jedem Winkel des Staates Ohio kamen Christinnen und Christen – Älteste, Diakone, Pastoren und Laienprediger. Häufig berichteten sie, Gott habe ihnen aufs Herz gelegt zu kommen. Ein Pastor fuhr zwei Stunden lang, nur um Alex zu besuchen. Weil er nach der Besuchszeit kam und keinen Termin hatte, ließ ihn das Krankenhaus nicht in Alex' Zimmer. Unbeirrt fuhr er wieder nach Hause, nur um am nächsten Morgen wiederzukommen und fast den ganzen Tag bei Alex zu sein und zu beten. Während dieser ersten kritischen Tage kamen auch viele Jugendgruppen aus der Umgebung und sangen Lob- und Anbetungslieder in Alex' Zimmer. Während der Besuchszeit waren nie weniger als fünf Leute bei ihm.

Innerhalb kurzer Zeit gab es so viele Besucher, dass jemand

einen Terminplan entwarf, um alle unterzubringen. Noch wichtiger: Jemand organisierte Gebetszeiten während der Nachtwache in Alex' Zimmer. Alle zwei Stunden betete jemand anders für Alex, die ganze Nacht hindurch – jede Nacht, über Monate. Viele dieser Christen trafen wir nie persönlich. Sie waren einfach da und dienten Gott im Verborgenen, um ihm die Ehre zu geben, die er verdient.

Der Dienst an Alex und an unserer Familie erzeugte so viel Aktivität, dass das ganze Krankenhaus anders organisiert werden musste, um den Besucherstrom aufzunehmen. Das Krankenhauspersonal druckte Stapel von „Alex-Pässen" mit seinem Namen und seiner Zimmernummer. Sie erzählten uns, dass Alex mehr Besucher habe als alle anderen Intensivstations-Patienten zusammen. Als die Leute, die für Alex beteten, davon erfuhren, bemühten sie sich sofort um Abhilfe.

Der Gebets-, Besuchs- und Segensdienst, der bei Alex begonnen hatte, erweiterte sich bald auch auf andere Familien auf der Intensivstation. Gott hielt auf diese Weise einen besonderen Segen für Beth und mich bereit. Wir waren von Alex und seiner Betreuung völlig eingenommen gewesen – verständlich, ja, aber als wir uns den anderen anschlossen, die kamen, um Alex zu unterstützen, und dann auf der Intensivstation von Zimmer zu Zimmer gingen, um andere zu trösten und mit ihnen zu beten, bewegte Gott etwas in unseren Herzen. Diese persönlichen Begegnungen mit anderen Familien, die ähnlich schwere Belastungen erlebten, erinnerten uns inmitten unseres eigenen Kummers schmerzlich daran, dass es viele Menschen gab, die so litten wie wir. Es half uns, eine andere Perspektive zu gewinnen, von uns selbst wegzuschauen und den Segen, den Gott uns so reichlich schenkte, im neuen Licht zu sehen.

Falls jemand in diesem November gutes Essen und echte christliche Gemeinschaft suchte, dann gab es keinen besseren Ort dafür als das Kinderkrankenhaus mit dem Fürsorgedienst, der sich rund um Alex entwickelt hatte. Wir können kaum anfangen, diesen Tausenden, die uns mit ihren selbstlosen Gaben gesegnet haben, in ausreichender Weise zu danken. Wenn es je eine Zeit gab, in der die Gemeinschaft der Kinder Gottes bedürftige Seelen mit Armen der Liebe umhüllte, dann haben wir sie erlebt.

Oh, und noch eine Sache: Der Stapel der unbezahlten Rechnungen, der meinen Korb zu Hause überflutete – der, über den ich mir vor dem Unfall so den Kopf zerbrochen hatte –, er verschwand einfach. Ich bekam nie die Gelegenheit, das Schild mit den Worten „Gott sorgt für uns" daranzukleben. Ein wunderbarer Mann, vor dem ich immer größte Achtung gehabt hatte, fuhr während unserer ersten Woche im Krankenhaus heimlich zu unserem Haus. Er nahm den ganzen Korb und bezahlte jede Rechnung bis auf den letzten Cent – eine immense Summe. So lösten sich viele Sorgen einfach in Luft auf. *Danke, Gott, danke für deine wunderbaren Menschen, die an dich glauben.*

Jeweils zu zweit

Am dritten Tag nach dem Unfall gab es eine unerwartete Entwicklung. Eine Krankenschwester kam zu mir und fragte: „Mr Malarkey, kann ich Sie einmal unter vier Augen sprechen?"

„Ja, klar."

Wir gingen in den Flur, und dann begann sie zu sprechen, zögerte und setzte erneut an: „Äh, Mr Malarkey. Ich denke, Sie verstehen – ich bin sicher, Sie sind einverstanden … von jetzt an müssen wir Alex' Besucher auf maximal zwei Personen, die gleichzeitig in seinem Zimmer sind, beschränken."

„Ja, natürlich verstehe ich das, aber ich hoffe, das ist nicht deshalb, weil unsere Freunde das Besuchsrecht überstrapaziert haben. Falls doch, würde ich mich gern dafür entschuldigen, dass ..."

„Oh nein! Das ist es gar nicht, das ... das versichere ich Ihnen", antwortete sie hastig. „Nicht, dass die Besucherzahlen nicht überwältigend wären. Aber jeder hat die Krankenhausregeln absolut respektiert."

„Oh, das ist gut zu hören. Aber warum ändern sich die Regeln dann?"

„Nun", zögerte sie und suchte offensichtlich nach den richtigen Worten. „Es ist keine Änderung – es ist nur eine Richtlinie, an die wir uns halten sollten."

Ich nickte, aber eigentlich verstand ich gar nichts. In diesem Moment standen 20 Menschen auf der Besuchsliste in der Eingangshalle und warteten darauf, jeweils zu fünft in Alex' Zimmer zu gehen, um für ihn zu beten – genau wie in den vergangenen 72 Stunden. Ich nehme selten etwas kritiklos hin, und diese Angelegenheit ergab für mich keinen Sinn. Warum sollte diese Richtlinie heute so wichtig sein, wenn sie es gestern oder vorgestern nicht war? Es gab sicher noch etwas, das sie mir verschwieg.

Dann ging mir ein Licht auf. „Die Ärzte sind jetzt sicher, dass Alex leben wird, nicht wahr?"

Die Krankenschwester nickte ein wenig verlegen und beugte sich dann vor, um einen vertraulichen Ton anzuschlagen: „Ich arbeite seit zwölf Jahren auf dieser Station. Ich habe *niemals* ein Kind erlebt, das eine so schwere Verletzung überlebt hat – *niemals*."

72 Stunden – das war der Zeitrahmen, den die Ärzte ihm gegeben hatten. Sie hatten die Uhr beobachtet. Die Schwestern und Ärzte auf der Station hatten nicht erwartet, dass Alex' Herz an diesem Tag noch schlagen würde.

Mein Herz hüpfte vor Freude, als ich zurück in die Eingangshalle lief, alle Anwesenden zusammenrief, die neue Regel weitergab und den Grund dafür erklärte. Lauter Jubel ertönte, und jeder lobte Gott. Die Besuchsliste wurde umgeschrieben, sodass jeweils nur zwei Leute gleichzeitig Alex besuchen konnten. Wenn sie in seinem Zimmer waren, durften sie beten, solange sie wollten – danach sollten sie Platz für die Nächsten machen. Um dem ständigen Strom von Menschen gerecht zu werden, vereinbarten wir, dass es in Alex' Zimmer keine Unterhaltungen geben sollte … außer mit Gott. Alex würde auf diese Weise ständig zwei Menschen bei sich haben, die neben seinem Bett beteten.

* * *

Als ich in dieser Woche einmal neben Alex saß, kam mir eine andere Erinnerung in den Sinn. Nur ein paar Monate zuvor hatte Alex auf einem BMX-Radsportgelände in der Nähe von uns einen großen Luftsprung mit seinem Rad gemacht. Wir beide waren oben auf dem größten Hügel des Geländes, als ich mich umdrehte, um nach Aaron zu schauen. In diesem Moment schoss Alex den großen Hügel herunter. Als ich sah, wie er immer schneller wurde, fuhren meine Gefühle Achterbahn, doch er legte schließlich eine erstklassige Landung hin! Er hatte außerdem auf dem Trampolin eines Freundes an einem Tag gelernt, wie man einen Salto machte. Einige Wochen später war er am passenden Ort, um den geübten Salto zu demonstrieren, nämlich am Beckenrand eines Schwimmbads! Er erschreckte uns zu Tode, aber erneut landete er ganz sicher. Vor dem Unfall konnte Alex in Gesellschaft recht schüchtern und seinen Eltern gegenüber sehr anhänglich sein; wenn es aber um sportliche Herausforderungen ging, war er völlig angstfrei.

Während ich jetzt an der Bettkante meines Jungen saß, fragte ich mich, wie es nun wohl mit ihm weitergehen würde. Würde er je wieder die Chance haben, sich so unerschrocken zu zeigen?

* * *

*Wenn Alex sich wieder bewegen kann,
werden wir ein Fahrradwettrennen machen.*
Gracie Malarkey, Alex' Schwester

Von Alex

Innerhalb des Tores

Ich kannte dich schon, bevor ich dich im Leib deiner Mutter geformt habe. Schon vor deiner Geburt habe ich dich dazu bestimmt, dass du den Völkern meine Botschaften überbringst.

JEREMIA 1,5

Der Himmel ist nicht die nächste Welt; er ist das Jetzt.
Er befindet sich nicht oben; er ist überall und nirgendwo.
Der Himmel ist ein Ort, der kein Ort ist. Er ist ewig. Alle anderen Orte sind zeitlich begrenzt.
Der Himmel ist eine Zeit ohne Vergangenheit, ohne Gegenwart oder ohne Zukunft – es ist dort immer „jetzt".
Nach dem Unfall versuchte ich im Auto, meine Beine zu bewegen. Mir wurde klar, dass sie sich nicht rührten. Ich ging trotzdem durch ein Licht hindurch und hörte Musik.
Dann war ich in der Gegenwart Gottes. Er hatte einen Körper, der einem menschlichen Körper ähnlich war, aber er war viel größer. Ich konnte nur bis zu seinem Hals gucken, denn, wie die Bibel sagt:
Niemand darf Gottes Gesicht sehen, oder diese Person wird sterben. Er trug ein weißes Gewand, das sehr hell war. Ich sah an meinen Beinen herunter und konnte sie wieder bewegen.
Auch jetzt, wenn ich davon erzähle, fühle ich mich im Herzen wie zu der Zeit, als das geschah.
Alles war perfekt.
Daddy erzählte mir von einem Mann, der ein Buch über die 90 Minuten geschrieben hat, die er im Himmel verbrachte. Er hatte wie ich einen schlimmen Autounfall gehabt, und er kam in den Himmel und hörte unbeschreibliche Musik

und sah prächtige Farben – genau wie ich. Aber dieser Mann traf dort Menschen, denen er während seines Lebens begegnet war und die mit ihm über Jesus gesprochen hatten. Als ich kurz nach dem Unfall im Himmel war, sah ich keine Menschen; nur Gott, Jesus und Engel.

Nachdem ich die Geschichte von dem Mann gehört hatte, sagte ich zu Daddy, dass er nicht im Himmel gewesen sein konnte.

Daddy war erstaunt. Er sagte, dass dieser Mann ein Pastor sei und dass er ihm glaube. Ich antwortete Daddy, dass die Geschichte des Mannes schon wahr sei; es sei nur so, dass dieser Mann rein technisch (eines meiner Lieblingswörter) draußen vor dem Himmelstor geblieben sein musste. Da erklärte mir Daddy, dass der Mann das in seinem Buch auch so geschrieben hatte!

Ich fragte Daddy: „Er hat Gott und die Engel nicht gesehen, nicht wahr?"

Daddy meinte, ja, im Buch stünde nichts von Gott und den Engeln. Ich war mir auch gleich ganz sicher, dass der Mann nicht sehr lange dort gewesen sein konnte; Daddy bestätigte das und fragte mich, woher ich das wisse. Weil er nicht viel von den wirklich tollen Dingen gesehen hatte, erklärte ich ihm. Die ganzen himmlischen Wesen waren hinter dem Tor. Gott hatte ihn wohl gleich wieder auf der Erde haben wollen.

Als ich in den Himmel kam, befand ich mich innerhalb des Tores. Ich war bei den himmlischen Wesen, aber die anderen Leute, die auch zum Himmel kamen, waren alle außerhalb des Tores.

Das Tor ist wirklich groß, und es ist weiß. Es glänzt sehr und es sieht aus, als hätte es Schuppen wie ein Fisch.

Die Dinge außerhalb des Tores sind für mich eine Art äußerer Himmel. Ich war im inneren Himmel, und alles ist noch heller und intensiver da drinnen.

Es gibt ein Loch im äußeren Himmel. Dieses Loch führt zur Hölle.

Später fragte mich Daddy, ob ich ihm noch mehr Unterschiede zwischen dem äußeren und dem inneren Himmel schildern könne, aber ich musste ihm sagen, dass es mir nicht erlaubt war, alles zu erzählen. Gott hatte es mir verboten. Ich weiß nicht, warum; er hat es einfach gesagt. Ich fragte Daddy, ob er deshalb sauer sei, aber er umarmte mich nur und sagte, dass Gott zu gehorchen wichtiger ist als alles andere.

Aber ich kann sagen, dass innerhalb des Tores der Ort ist, den Gott für uns vorbereitet hat. Es ist dort strahlender und bunter als irgendwas auf der Erde. Es ist unmöglich zu beschreiben – es ist herrlich!

Das Äußere vor dem Tor ist wie ein Wartesaal. Die Dinge bewegen sich außen nicht so, wie sie es innen tun. Sie bewegen sich schon, aber es ist nicht das Gleiche. Ich kann es nicht beschreiben.

Der andere Mann, der Zeit im Himmel verbrachte, hat recht: Die Musik dort ist wunderschön. Er sagte, dass es sich wie viele Lieder auf einmal anhörte, die jedoch wie ein einziges Lied geklungen hätten. Ich glaube nicht, dass es mehrere Lieder waren, es war nur sehr intensiv. Es war herrlich. Mir gefielen besonders die Harfen. Die Musik ist überhaupt nicht wie die Musik hier. Sie ist vollkommen!

Vollkommen ist mein Lieblingswort, um den Himmel zu beschreiben.

Kapitel 4

Ein Team macht sich bereit

In Wahrheit war Alex' Geschichte größer geworden als unsere Familie, größer als unsere Kirche, größer als unser Wohnort. Die Menschen spürten, dass es sich hier um eine Angelegenheit des Himmels handelte.

Als ich am dritten Tag nach dem Unfall morgens aufwachte, stand ich auf und ging ins Badezimmer, um zu duschen. Ich hatte in der Nacht unruhig geschlafen. Es fühlte sich gut an, wie das fließende Wasser über mein Gesicht lief, während ich mich fragte, ob Alex wohl so eine Art Schlaf erlebte. Was geschah mit ihm? Wo war er? Er hatte die ersten drei Tage überlebt, auch wenn er im Koma lag – würde er jetzt für immer schlafen?

Medizinisch gesehen gab es so viele unbeantwortete Fragen, so viele Unsicherheiten. Beth und ich hätten alles darum gegeben, etwas Praktisches für Alex zu tun, das seine Heilungschancen verbessert hätte. Das Einzige, was wir machen konnten, war beten, und wir mussten uns gegenseitig daran erinnern, dass dies ein entscheidender Beitrag war.

Aber wir spürten, dass wir noch etwas anderes tun konnten: Wir konnten jeden benachrichtigen, der an die Macht des Gebetes glaubte und der bereit war, sich bei Gott für Alex einzusetzen.

Viele Leute hatten im Krankenhaus angerufen und waren herbeigeeilt, gleich nachdem Besuche bei Alex möglich gewesen waren – wir hätten uns nie träumen lassen, dass wir so viele wahre Freunde und liebe Menschen kannten und dass wir außerdem noch so viele neue Freundschaften schließen würden. Aber wir wollten die Nachricht ganz weit verbreiten; sie sollte Columbus, Ohio und, wenn möglich, die entlegensten Teile der Erde erreichen, sodass überall Menschen für Alex beten würden. Wir hatten Geschichten von Wundern gehört, die geschahen, wenn Christen gewissenhaft ihre Bitten vor Gott brachten. Wir waren jedoch nicht vorbereitet auf die Tiefe der Begegnungen, die wir bald im Gebet haben sollten, als wir von einer Gruppe von Christen umgeben wurden, die wir „Alex' Gebetsteam" nannten.

„Nette" Christen oder fleißige Unterstützer im Gebet?

Wie oft werden Menschen als „nett" beschrieben?

Aber geht es wirklich darum im Glauben? Ist es überhaupt erstrebenswert, einfach als eine angenehme Person mit einem lächelnden Gesicht aufzutreten und dann die richtigen Worte zu sagen, um den Eindruck zu vermitteln, dass man Gott nahesteht? Ist es nicht aufschlussreich, dass Jesus, der Apostel Paulus und all die anderen großen Heiligen in der Bibel *niemals* als nett beschrieben wurden? Gott hatte sich sorgfältig darum gekümmert, wohin er uns stellte – nicht zu den durchschnittlich „netten" Menschen, sondern zu wahren Männern und Frauen Gottes, die vom Tod und der Auferstehung Jesu überzeugt und bereit waren, sich voll einzusetzen. Das waren Menschen, die geistliches Ringen auf eine Art verstanden, die die große Mehrheit von uns niemals erfassen kann.

* * *

Ich habe einen starken Glauben, aber ich bin ein schwacher Junge. Bitte betet, dass Gott mich immer wieder stark macht und dass ich nicht Opfer der feurigen Pfeile des Bösen werde.
PrayforAlex.com, NOTIERT VON ALEX MALARKEY
AM 10. DEZEMBER 2004

Was noch erstaunlicher war: Es waren auch *praktisch* denkende Menschen. Manche dienen Gott mit dem Herzen, andere mit den Händen, aber die Menschen um uns herum zeichneten sich durch ihren Glauben *und* ihre Taten aus. Während Alex im Koma lag und wir einfach nur dastanden und ihn beobachteten, schockiert und benommen – gleichzeitig brauchten uns auch unsere anderen Kinder –, benutzte Gott den Einsatz dieser Menschen, denen das Gebet so wichtig war, um uns zu stärken und das Ringen um Alex' Genesung voranzubringen.

Unser Leben war mit dem der Unterstützer im Gebet bald eng verflochten – und zwar so, dass wir es unser Leben lang nie vergessen werden. Einer von ihnen hatte einen höchst ungewöhnlichen Namen.

Hillbilly Graham

Weder *Hillbilly* („Hinterwäldler") noch *Graham* stand auf seiner Geburtsurkunde. Er hatte die Ehre, einen doppelten Spitznamen bekommen zu haben. Den ersten erhielt er wegen seines unterhaltsamen Südstaatenakzentes, den zweiten wegen seiner bemerkenswerten Leidenschaft dafür, Menschen für Gott zu gewinnen – eine echte Hinterwäldler-Version von Billy Graham. Das Ganze wurde noch amüsanter, wenn man wusste, dass er eigentlich ein erfolgreicher Zahnarzt war, der in einem der wohlhabenden Vororte von Columbus lebte.

Da ich Hillbillys Weisheit im Glauben kannte, war ich hocherfreut, ihn an unserem ersten ganzen Tag im Krankenhaus Alex' Zimmer betreten zu sehen. Hillbilly besuchte uns für einige Minuten und trug einfach mit seiner Anwesenheit zum Trost bei. Er beschrieb Zeiten der Krankheit und Not in seiner eigenen Familie und erklärte, wie Gebet Veränderung bewirkt habe – und dass es das Gleiche bei Alex bewegen könne.

Eine Frage hatte sich mir gestellt, und es kam mir in den Sinn, dass Hillbilly genau die richtige Person wäre, um sie zu beantworten. Aber es war eine Frage, die ich ganz vorsichtig formulieren wollte.

„Hillbilly, kann ich dich etwas fragen?", stieg ich vorsichtig ein. „Ich zögere ein bisschen, es zu sagen, denn ich möchte nicht, dass du eine falsche Vorstellung bekommst."

„Mach dir mal darüber keine Sorgen!", sagte Hillbilly mit seinem lang gezogenen Akzent, der sein Markenzeichen war. „Was hast du auf dem Herzen, Kevin?"

„Nun, weißt du, schon seitdem Alex sehr klein war, hatte ich das starke Gefühl, dass er eines Tages Pastor werden könnte. Ich habe ihn genau beobachtet und ich wusste, dass er sensibel für geistliche Dinge und auf vielerlei Weise sehr besonders war. Ich begann gerade zu glauben, dass er sich eines Tages zum Dienst ins Predigtamt berufen fühlen könnte."

Meine Augen wanderten nach unten, um das Bild meines kleinen Jungen aufzunehmen, den so erhabene Ideen bewegt hatten, die nun durch die Maschinen, die Infusionsnadeln und Schläuche, die chaotisch in jede Richtung liefen, zunichtegemacht schienen. „Nun, nach dem Unfall habe ich angefangen zu überlegen, ob der Teufel hinter der ganzen Sache steckt – ich meine hinter dem, was den Unfall verursacht hat. Denn wenn ich der Teufel wäre und dieses Kind sähe, das so großes Potenzial dazu hat, Gott zu dienen, dann würde ich das gleich im Keim ersticken wollen, oder?"

Hillbilly nickte und lächelte, als ob er genau wüsste, was ich sagen wollte.

„Versteh mich nicht falsch", fügte ich rasch hinzu. „Ich will die Verantwortung für das, was ich getan habe, nicht wegschieben. *Ich* war es, der am Steuer saß, nicht der Teufel. Es war nie mein Ding zu sagen, ‚der Teufel verleitete mich dazu', wenn ich etwas falsch gemacht habe, und ich versuche *nicht*, die Schuld einem unsichtbaren ..."

Hillbilly warf seinen Kopf zurück und lachte schallend. Seine große Hand fiel hart auf meine Schulter: *Klatsch!*

„Hey, ich kann dir genau folgen. Was du wissen willst, ist, ob der Teufel deinen Sohn auszuschalten versucht hat? Und ich meine, *glaubst* du das?"

Dann machte er eine weite Handbewegung durch das Zimmer, wo die Menschen beteten. „Ja, ich glaube, der Teufel hat versucht, deinen Sohn zu töten – aber weißt du was? Wie gewöhnlich ist alles, was er erreicht hat, ein Stich ins Wespennest gewesen!"

Ich hielt inne und hörte dem gedämpften Murmeln der betenden Stimmen zu, die den Raum wie sanfte Musik erfüllten. Hillbilly lag genau richtig. Das Einzige, was der Teufel bewirkt hatte, war eine einzigartige Einheit und liebevolle Selbstlosigkeit unter den Christen hier. Wie schnell sie es geschafft hatten, die Liebe Gottes weiterzugeben und zu vermehren, indem sie sich um uns kümmerten und jedem, der das Kinderkrankenhaus betrat, auf diese Weise ganz ohne Worte von Jesus erzählten! Plötzlich fühlte ich mich durch eine unglaubliche Kraft getragen.

„Der Geist, der in euch lebt", schrieb der Apostel Johannes, „ist größer als der Geist, der die Welt regiert" (1. Johannes 4,4). Seit ich den Hubschrauber mit meinem Sohn hatte wegfliegen sehen, hatte ich mich total schwach und hilflos gefühlt. Jetzt wurde mir auf sehr praktische Weise klar, dass man die Dinge auf ganz andere Art betrachten konnte. Wir können uns entscheiden, das Leben als eine unbarmherzige Maschine ohne Gebrauchsanweisung zu sehen, oder wir können es als ein geistliches Abenteuer sehen, bei dem ein Gebetsteam tatsächlich etwas bewirken kann.

Unser Einsatz hielt schon lange an, und ich gewann durch die Anwesenheit des Gebetsteams langsam Mut.

Während wir über diese Dinge diskutierten, schlug Hillbilly vor, Alex' Zimmer zu verlassen und in einen freien Raum auf der anderen Seite des Flures zu gehen. Ich dachte, dass wir das aus Rücksicht gegenüber den Leuten taten, die versuchten zu beten. Aber als wir dort waren, drückte mich Hillbilly auf einen Stuhl. Dann versammelte er einige andere in einen Kreis um mich. Das hier war für mich gedacht! Es war das Letzte, was ich erwartet hatte, und es war mir ein wenig unangenehm. Aber alles, was ich tun konnte, war, mich darauf einzulassen. Jeder der Anwesenden legte seine Hände auf mich, während Hillbilly zu meinen Füßen kniete. Er bat mich, meine Beine ganz auszustrecken. Dann hielt er meine Füße hoch und begann zu beten.

„Herr, unser Gott", sagte er, „wir brauchen jetzt deine Weisheit, damit wir verstehen können, wie wir beten und worum wir dich bitten sollen. Heile du Kevin durch uns." Die anderen flüsterten ihre Bestätigung. „Wir sind hier wegen Alex, Herr", fuhr er fort, „aber jetzt bringen wir dir seinen Vater, Kevin. Er ist ebenfalls ein Opfer dieses Unfalls geworden. Heile ihn in jeglicher Hinsicht, stelle seinen Körper und seinen Geist wieder her. Du bist der große Arzt. Lege deine heilende Hand auf ihn. In Jesu Namen. Amen."

Hillbilly Graham beendete das Gebet, setzte meine Füße zurück auf den Boden und sagte: „Du bist fertig."

„Wie bitte?", fragte ich.

„Du wirst wegen des Unfalls keine körperlichen Probleme haben", sagte er. „Gott wird dich stärken, sodass du für deine Familie da sein kannst."

Die Kunst des Gebets

Ich hatte tatsächlich ein paar Blessuren von dem Unfall gehabt. Ich humpelte immer noch ein wenig und spürte diesen scharfen Schmerz in meinem Nacken, wenn ich einfach nur so den Kopf drehte. Ein solches Schleudertrauma ist nicht ungefährlich und kann einen unter Umständen noch jahrelang beeinträchtigen. Der Schmerz in meinem Nacken verschwand nicht sofort, aber etwas Erstaunliches geschah: Nach Hillbillys Gebet – und bis heute – habe ich wegen dieser Sache nie medizinische Hilfe oder irgendwelche Medikamente gebraucht, ich habe keine Schäden zurückbehalten oder wiederkehrende Schmerzen deswegen.

Ich sah diese treuen Freunde an, die sanft meine Arme und Schultern hielten und Gott baten, mich wieder gesund zu machen. Gestern noch hatte ich mich gefragt: *Was denken diese Menschen wohl wirklich über mich?* Jetzt wusste ich es: Sie waren voller Liebe für mich und wollten nur das Beste für mich.

Ich schämte mich, dass ich das angezweifelt hatte. Wie oft tat ich anderen unrecht, indem ich das Schlimmste von ihnen annahm? Ich musste zwar noch mit meiner eigenen Schuld zurechtkommen, aber es war eine große Erleichterung zu wissen, dass es andere Christen gab, die mir den Rücken stärkten, die mich nicht verurteilten und die für mich beteten, gerade als es mir so schwerfiel, für mich selbst zu beten. Die Liebe, die sie mir zeigten, füllte mich mit frischer Energie, um für Alex zu beten.

Hillbilly Graham war jedoch noch nicht fertig, und er hatte für jeden Fragen bereit: „Gibt es hier irgendjemanden, der sich einer Schuld bewusst ist, für die er Gott noch nicht um Vergebung gebeten hat? Wir können uns Gott nicht freien Herzens nähern, wenn wir Schuld in unserem Leben verstecken. Dann wird er uns nicht erhören. Wenn wir uns selbst beim Beten nicht prüfen, dann blockieren wir nur unser Gebet. Wir müssen unsere Herzen vorbereiten. Also, wenn hier jemand ist, der mit Gott etwas in Ordnung bringen muss, dann ist jetzt eine gute Zeit, das zu tun. Lasst uns diese Fehler vor Gott bringen und die Vergebung empfangen, die er anbietet. Lasst uns so rein wie möglich sein, bevor wir die große Aufgabe auf uns nehmen, für diesen kleinen Jungen zu beten. Jeder soll sich jetzt einen Moment Zeit nehmen und still überlegen. In 1. Johannes 1,9 heißt es: ‚Doch wenn wir ihm unsere Sünden bekennen, ist er treu und gerecht, dass er uns vergibt und uns von allem Bösen reinigt.' Lasst uns Gott all unsere Fehler bekennen, und dann wollen wir gemeinsam für Alex beten."

Während dieser Zeit gab es viele unglaubliche Zusammenkünfte und Erlebnisse, aber dieses Gebet und das von Pastor Brown am vorherigen Abend im Wartezimmer stachen heraus – wir spürten deutlich, dass Gott gegenwärtig war.

Im Gebet wiederholten wir, was die Ärzte gesagt hatten, und baten Gott um sein Eingreifen. Wir beteten für Alex' Gehirn und Schädel, wir beteten für seine Atmung, für die Heilung seiner Wirbelsäule und schließlich dafür, dass die Tür zum Tod für ihn verschlossen bleiben möge. Wir wussten zwar, dass ihn eines Tages der Himmel erwartete, aber wir hofften, dass Gott in dieser Welt noch mehr mit ihm vorhatte. Wie gewöhnlich übernahm Hillbilly die Leitung.

Eine oder zwei Wochen später gab es mitten in der Woche einen Gottesdienst, und die Gemeinde betete erneut für Alex, während wir Wache im Krankenhaus hielten. Beim Beten berührte etwas Hillbillys Seele und er begann unkontrolliert zu weinen. Als ich davon hörte, rief ich ihn an.

„Was ist passiert, Hillbilly?", fragte ich. „Was hat dich zum Weinen gebracht?"

„Ich hatte einen unglaublichen Sinneseindruck. Kevin, im Himmel passieren Dinge, die Alex betreffen. Der Geist Gottes ist in Bewegung. Ich konnte es fühlen, während wir zusammen beteten, und diese Emotionen überwältigten mich."

Wissenschaft und Souveränität

Nach Aussage der Wissenschaft war Alex bewusstlos und konnte nicht selbstständig atmen – er war körperlich nicht in der Lage, sich zu bewegen. Was das Wissen der Welt anbetraf, so lag Alex ruhig und still im Koma. Die Ärzte meinten, dass es wenig Hoffnung für ihn gebe. Und auch wenn sein Körper durchhalten sollte, war da die Frage nach seiner Hirnfunktion. Sein Gehirn hatte furchtbare Verletzungen erlitten, und uns wurde gesagt, dass der süße sechsjährige Junge, den wir gekannt hatten, nie wieder so sein würde, wie er gewesen war.

Aber Alex sagt, dass er damals so wach und aufmerksam gewesen sei wie Beth, die anderen Kinder oder ich. Wie Sie schon gelesen haben, hat er genaue Erinnerungen an den Unfallhergang. Er erinnert sich daran, wie die Männer ihn aus dem Auto hoben und sagten, dass er ein tapferer Junge sei. Er entsinnt sich, wie ich in den Krankenwagen stieg, nachdem der Hubschrauber weggeflogen war – aber er erinnert sich nicht an den Hubschrauberflug, bei dem er ja eigentlich dabei war.

Wie können wir diese Dinge erklären? Alex weiß genau, was er sah, hörte und fühlte. Er war sich nie unsicher über irgendwelche dieser Details. Er teilte uns seine Erinnerungen mit, und es ist an uns, unsere eigenen Schlüsse daraus zu ziehen. Wenn ich seinen Bericht höre, scheint es mir, als hätte Gott zugelassen, dass mein Sohn all die Ereignisse an dem Unfallort sah. Danach wurde Alex' Geist tiefer in den Himmel gerufen, zu den bemerkenswerten Geschehnissen, die dort passieren sollten.

Die medizinische Wissenschaft präsentierte uns erbarmungslose und erschütternde Fakten: durchtrenntes Rückenmark an der Schädelbasis, ein gebrochenes Becken, Schädel-Hirn-Trauma. Darüber hinaus befand sich die Verletzung seines Rückenmarks so weit oben, nämlich am Halswirbel eins und zwei (C1–C2), dass Wirbelsäule und Gehirn praktisch ineinander geschoben worden waren. Das allein wäre eigentlich schon ein Todesurteil gewesen. Außerdem bestand noch die Möglichkeit, dass es weitere, bisher unentdeckte Verletzungen gab. In den ersten Tagen nach dem Unfall waren Alex' Ärzte besonders besorgt, dass in seinem Gehirn eine Schwellung auftreten könnte, die einen erhöhten Druck im Schädel zur Folge hätte. Die Chirurgen schlossen einen Monitor an Alex' Gehirn an, um seinen Schädeldruck kontrollieren zu können. Nicht nur die Ärzte, auch Alex erklärte mir das. Er erzählte mir später, wie das aus seiner Sicht ausgesehen hatte, und er beschrieb den ihm dadurch bereiteten Schmerz.

Die Wirbel waren komplett vom Schädel gelöst,
das Rückenmark nahe der Schädelbasis durchtrennt.
Die Verletzung war so schwerwiegend und so weit oben
an der Wirbelsäule, dass es einfach unglaublich ist,
dass Alex überlebt hat.
    Dr. Raymond Onders, Christopher Reeves und Alex' Arzt ***

Es gibt wissenschaftliche Tatsachen, und es gibt die Souveränität Gottes. Umgeben von dem Gebetsteam wurde ich an die Wahrheit erinnert, dass Gott nicht durch das bestimmt wird, was wir wissen. Ich war entschlossen, Gott mein Herz auszuschütten und hoffte, dass die Vorhersagen der Ärzteschaft widerlegt würden. Diese Sicht der Dinge sollte bald mehr Leute für sich beanspruchen und mich darin bestärken, als ich mir je hätte träumen lassen.

Die Intensivstation als Haus des Gebets

Ich habe mich noch nie in einer Umgebung befunden, die von so vielen betenden Menschen erfüllt war wie die Intensivstation während der Zeit, als Alex im Koma lag. So viele wunderbare Menschen kümmerten sich um unseren Sohn und beteten für die anderen Kinder auf der Station sowie für andere Menschen, die ihre Nöte auf unserer Webseite mitteilen konnten, sodass die Intensivstation des Krankenhauses zu einem heiligen Ort wurde.

Die Gruppe, die Alex beistand, erfüllte das Krankenhaus mit ihrer ständigen Anwesenheit. Wie das erste Licht der Morgendämmerung, das über dem Horizont anbricht und alles in Licht hüllt, waren die Menschen, die helfen wollten, überall.

„Unsere" Station im Krankenhaus begann mehr und mehr wie eine Kirche auszusehen und sich auch so anzufühlen. Einige Menschen zogen mit ihren Kleingruppen aus ihrem Wohnzimmer in die Intensivstation um. Andere kamen mehrere Wochen lang jeden Tag zu Besuch und beteten.

Es war merkwürdig, dass die Tragödie meines Sohnes Menschen dazu bringen konnte, ihren Glauben auf so beeindruckende Weise zu leben; auch die Einheit unter den Christen und die Haltung anderer zu uns wurden dadurch positiv verändert. Gott arbeitet wirklich auf geheimnisvolle Weise.

Manchmal offenbarte Gott seine Pläne durch jemanden, der gekommen war, um für Alex zu beten. Einmal, als mein Freund Jay mit mir an Alex' Bett stand, warf er mir einen nervösen Blick zu und sagte dann: „Ich muss dir etwas mitteilen."

„Klar", lächelte ich. „Was gibt's denn?"

„Letzte Nacht saß ich zu Hause und dachte über Alex nach. Ich begann für ihn zu beten, als Gott plötzlich etwas auf mein Herz legte. Kevin, mir wurde mit absoluter Sicherheit klar, dass Alex völlig geheilt werden würde."

Ich schaute in sein Gesicht und wusste nicht, was ich sagen sollte. Jay war nicht bekannt dafür, dass er dramatische, übernatürliche Glaubensdinge weitergab – ich hatte von ihm noch nie etwas Derartiges gehört.

Ich legte meine Hand auf seine Schulter, nickte und war darum bemüht, mich so zu geben, als ob ich seine Aussage begeistert annähme. Aber er war noch nicht fertig. Mit einer immer emotionaler werdenden Stimme fuhr er fort: „Als ich jünger war, erhielt ich eines Abends einen Telefonanruf aus dem Krankenhaus. Der Arzt sagte mir, dass mein Vater krank sei, aber er versicherte mir, dass es nichts Lebensbedrohliches sei. Ich wusste nicht, warum, aber irgendwie glaubte ich ihm nicht. Irgendwie wusste ich, dass mein Vater sterben würde. Frag mich nicht, wie oder warum – ich wusste es einfach. Ich könnte dich heute noch zu dem Haus bringen und dir genau zeigen, wo ich stand, als das passierte. Kurz nachdem ich den Hörer aufgelegt hatte, starb mein Vater. Ich war traurig, aber ich war überhaupt nicht überrascht. Ich *wusste*, es würde geschehen. Verstehst du?"

„Wow", antwortete ich, immer noch nicht sicher, was ich sagen sollte.

„Seitdem", sprach er weiter, „ist mir nie wieder etwas Derartiges passiert. Das heißt, bis letzte Nacht, als mir plötzlich klar wurde, dass Alex völlig geheilt werden würde."

Ich dachte viel darüber nach, was Jay gesagt hatte. Es war ähnlich wie das, was Dave, der im Hubschrauber bei Alex gewesen war, Beth erzählt hatte. Dann war da Beth selbst, die mit einer Art prophetischer Rede für Alex' Prognose herausgeplatzt war und voraussagte, dass seine Geschichte die Menschen im ganzen Land segnen werde. Es hatte während dieser kurzen Zeit unzählige Aussagen und Geschichten von Leuten gegeben, die sich außerhalb des Gewöhnlichen bewegten. Sie alle hatten die beständige Botschaft der Hoffnung und der Heilung für Alex gemeinsam.

Ich *wollte* es glauben. Ich wollte, dass das alles wahr war, aber ich war weit davon entfernt, es anzunehmen.

Einige Tage später stieß Jay im Krankenhaus wieder zu mir und nahm mich zur Seite. Ich war gespannt, was er diesmal sagen würde.

Aber Jay schien sich weit weniger behaglich zu fühlen als beim letzten Mal – ja, er wirkte fast etwas gequält.

„Ich will dir das nicht erzählen", meinte er.

„Aber ich hoffe, dass du es trotzdem tun wirst", antwortete ich.

Nach einer qualvollen Stille atmete Jay tief ein und begann endlich zu erzählen.

„Kevin", sagte er. „Ich weiß, dass du immer geglaubt hast, es sei Alex' Bestimmung, Pastor zu werden. Ich bin hier, um dir zu sagen, dass es noch größer als das sein wird. Er wird sogar bekannter sein als Billy Graham."

Wieder fiel mir auf, wie ungewöhnlich es für diesen Freund war, solche unglaublichen Dinge zu sagen. Ich bin sicher, er konnte sehen, dass meine Augen weit aufgerissen waren. Wie viele Menschen tendiere ich dazu, Billy Graham auf ein Podest zu heben. Es gibt Christen; und dann gibt es *Billy Graham*.

„Aber seine Wirkung wird anders sein", fuhr mein Freund fort. „Billy Graham sah es als seine Aufgabe, den Menschen zu zeigen, wie sie durch Jesus Christus eine persönliche Beziehung zu Gott bekommen können. Alex wird aus seinem Koma aufwachen, und seine Aufgabe wird es sein, den Menschen zu zeigen, *wie Gott ist*. Aber wie auch Dr. Graham wird dein Sohn Einfluss in der ganzen Welt haben."

Ich starrte ihn an, während einige halb ausformulierte Sätze durch meinen Kopf geisterten. *Den Leuten in der Welt zeigen, wie Gott ist? Das soll Alex tun?* Es war nicht so, dass ich gegen diese Idee war, aber die Unglaublichkeit von all dem machte es unmöglich für mich, meine Gedanken in Worte zu fassen.

Mein Freund half mir. „Ich habe dir gesagt, dass ich es nicht sagen wollte. Ich fühle mich dabei ähnlich unbehaglich, wie du aussiehst. Es klingt total verrückt, Kevin, ich weiß, und wahrscheinlich glaubst du, ich bin durchgeknallt. Aber ich *weiß* es. Ich weiß in meinem Herzen, dass es wahr ist, genauso wie ich weiß, dass die Sonne heute scheint – und auf dieselbe Art, wie ich wusste, dass ich Gott gegenüber gehorsam sein und dir diese Nachricht überbringen soll, auch wenn ich es lieber nicht tun wollte."

In diesen turbulenten Tagen ging es weiter mit wiederholten Bestätigungen bezüglich Alex' zukünftigem Einsatz für Gott. Aber er lag einfach da, immer noch im Koma, immer noch nur deshalb atmend, weil die Maschine Luft in seine Lungen blies, während sein Leben Tag für Tag am seidenen Faden hing. Es sollte noch Monate dauern, bevor wir das Fundament sahen, das Gott bereits gelegt hatte, um all seine Absichten zu erfüllen.

Die Menschen beteten immer weiter. Alex' Gebetsteam schlug sich tapfer, und jeden Tag gesellten sich neue Unterstützer dazu.

Alex online

Von Anfang an wollten wir die Ereignisse um Alex möglichst weit verbreiten, sodass viele Leute für ihn beten konnten. Aber wie konnten wir die Menschen auf dem Laufenden halten, damit sie wussten, wofür sie genau beten sollten? Da bot sich natürlich das Internet an.

Das Krankenhaus stellte auf seiner eigenen Webseite einen Link zu *CaringBridge* her, einer gemeinnützigen Organisation, die freie Webseiten anbietet, um Familien und Freunde während Zeiten ernster Krankheiten miteinander zu verbinden. Aber wir wollten für Alex einen Platz im Internet, der etwas persönlicher daherkam und so gestaltet war, dass er Gott ehren würde.

John Sullivan, ein Freund unserer Familie, wusste genau, was zu tun war. John ist Webdesigner, und er machte es sich zur Aufgabe, eine Seite unter dem Namen *PrayforAlex.com* zu erstellen. Er registrierte die Domain, bekam Fotos von uns und baute eine wunderschöne Webseite zusammen, die es den Menschen ermöglichte, über Alex' Geschichte auf dem Laufenden zu bleiben, Nachrichten für uns zu hinterlassen und Freunde zu ermuntern, für Alex zu beten.

Als die Seite bereitstand, gab es den Bereich „Alex' Updates", in dem wir häufig neue Informationen über Alex' Zustand einstellten. John zeigte uns, dass Tausende Menschen ihren Tag damit begannen, sich auf unserer Seite einzuloggen, die Neuigkeiten über Alex zu lesen und entsprechend zu beten. Im Bereich „Gebetsanliegen" ging es anfangs nur um Alex' Bedürfnisse, aber bald wurde dieser Bereich auch zu einem zentralen Ort für die Anliegen anderer.

Die Leute äußerten ihre Bitten, und „Alex' Gebetsteam" nahm auch sie in ihre Gebete auf. Außerdem gab es einen Bereich für Rückmeldungen; hier konnten die Leute mit unserer Familie kommunizieren. Ich erinnerte mich an das Jahr zurück, in dem Alex und ich ein „Daddy-und-Alex-Gebetstagebuch" begonnen hatten. Wir notierten Gebetsanliegen von anderen und von uns selbst und umkringelten die Bitte, wenn wir das Gefühl hatten, Gott habe das Gebet beantwortet. Jetzt hatten wir quasi eine Onlineversion dieses Tagebuchs – für Alex.

PrayforAlex.com hätte kein größerer Erfolg werden können. Allein während der ersten sechs Monate wurde die Internetseite über eine Million Mal angeklickt. Der Großteil unserer

Familiennachrichten wurde von über tausend Besuchern gelesen. Wir fügten einen Link zu einer weltweiten Gebetsgruppe hinzu, über die unser Sohn innerhalb von ein paar Tagen unzählige Gebetspartner in den USA und nach einer kurzen Zeit in der ganzen Welt, einschließlich Australien, Hongkong, Deutschland, Südafrika, England, Irak, Costa Rica, Kanada, Afghanistan und Honduras hatte. Die Initiative von Alex' Gebetsteam war wahrhaftig zu einer internationalen Bewegung geworden. Viele dieser Mitbeter erzählten, dass ihre gesamte Gemeinde für Alex bete.

Wir hörten Geschichten von Menschen, die über Wochen oder Monate jede Nacht zur selben Zeit aufwachten und spürten, dass der Heilige Geist sie drängte, für Alex zu beten. Es war nicht ungewöhnlich, von 20 oder mehr über den Globus verteilten Einzelpersonen zu hören, dass sie alle zur selben Zeit für Alex beteten. Als wir all diese Berichte lasen, wurden wir tief in unseren Seelen ermutigt, und sie zeigten uns, dass Gott etwas Großartiges tat. Zu wissen, dass Gott die Herzen der Menschen überall bewegte, nährte unsere Hoffnung.

Die Seite hatte als praktisches Arbeitsinstrument begonnen, doch sie wurde zu einem weltweiten Forum für Gottes Wirken und half sowohl uns als auch unzähligen Menschen, die wir wahrscheinlich nie kennenlernen werden. Sie erinnerte uns erneut daran, dass Gottes Handeln keine Grenzen kennt und sich auch nicht isoliert in einer Art geistlichem Vakuum vollzieht. Alles, was Gott tut, hängt miteinander zusammen. Wenn er eine Person segnet, ergibt das in der Gesamtheit eine Welle von großen Segnungen. Auch die traurigen oder tragischen Dinge können großen Segen nach sich ziehen und seine Liebe demonstrieren.

Tatsächlich dienen uns wirklich alle Dinge zum Besten, wenn wir Gott kennen.

Wir wagten es schließlich zu glauben, dass so etwas Verheerendes wie der Autounfall und Alex' furchtbare Verletzungen in den Händen Gottes in der Tat zu einem erstaunlichen Segen werden konnten. Das bedeutete nicht, dass wir froh über das waren, was unserem Jungen geschehen war, oder dass wir es irgendjemand anderem wünschten. Aber wir wussten – wie es Corrie ten Boom zu sagen pflegte: „Kein Abgrund ist so tief, dass Gottes Liebe nicht hineinreicht."

*** Eine Frage, die mir oft gestellt wird, lautet: „Wo ist Gott, und wo ist er inmitten all dieses Leids?" Falls Sie je daran zweifeln sollten, dass Gott da ist, dann erinnern Sie sich an Folgendes: Er kennt die Schmerzen, durch die wir angegriffen werden. Er stellte seine Hände, seinen Körper, seine Liebe und sein Mitgefühl in einer Art und Weise zur Verfügung, von der er wusste, dass sie uns dienen und aufbauen würde.

Es war eine 24-Stunden-Bewegung von Menschen entstanden, die bei Alex saßen und für ihn beteten. Die Leute kamen zu uns und sagten: „Sie kennen mich nicht, aber ich bin um drei Uhr morgens aufgewacht und hatte den Eindruck, dass ich für Ihren Sohn beten sollte." Am besten beeinflussen kann uns der Teufel nachts, wenn unser Geist und unser Körper versuchen, sich auszuruhen. Aber der Heilige Geist schläft nie.

Beth Malarkey, Alex' Mutter ***

Ich lernte, stärker auf Gott zu vertrauen, als ich es je getan hatte, das Bittere und das Süße seines Planes anzunehmen, mich den Gebeten und Einsichten der anderen Christen zu öffnen und zu akzeptieren, dass jenseits meiner Kontrolle und meines Verstandes etwas Wunderschönes geschah.

Aber was war mit Alex? War er wirklich so teilnahmslos, wie er aussah? War er sich Gottes Gegenwart bewusst? Was erfuhr und erlebte er?

Von Alex

Himmel und Erde

Denn wir wissen, dass die ganze Schöpfung bis zu diesem Augenblick mit uns seufzt, wie unter den Schmerzen einer Geburt.

RÖMER 8,22

Gott schuf diese Erde als einen perfekten Ort für uns, doch wir haben alles vermasselt. Der Himmel ist der vollkommene Ort für seine Kinder, und er ist es geblieben.

Der Himmel ist so, wie diese Erde sein sollte.

Viele Dinge im Himmel sind ähnlich wie die Dinge auf der Erde. Es gibt Bäume und Felder, Seen, Flüsse und viele andere Sachen, die wir kennen.

Es ist nur so, dass im Himmel jedes einzelne Detail perfekt ist.

Sie sehen vielleicht einen Sonnenuntergang und denken, dass es das Schönste ist, was es gibt. Oder Sie sehen einen Berggipfel mit Schnee darauf. Und Sie denken, dass das perfekt ist.

Ach, es ist einfach unmöglich zu beschreiben, was ich wirklich sagen möchte – alle Dinge, die wir hier sehen, sind nicht perfekt! Verglichen mit dem Himmel sind sie verzerrt.

Die Sünde hat die Erde verdorben, und auch die Farben hier sind weniger strahlend als im Himmel.

So gibt es also Seen und andere natürliche Dinge im Himmel, aber sie sind nicht wie unsere Seen. Dann gibt es auch Dinge im Himmel, die wir hier auf der Erde nicht haben.

Ich glaube, mein Daddy ist manchmal frustriert, weil ich immer wieder Wörter wie *perfekt, vollkommen* und so benutze. Aber das muss ich. Der Himmel ist einfach nicht wie die Erde.

Kapitel 5

Wunder, Chaos und noch mehr Wunder

Mein Sohn funktionierte in der sichtbaren Welt nicht, aber für mich war es schwierig, in der unsichtbaren Welt zu funktionieren. Wer hatte die größere Behinderung?

Das Gefühl von Gottes Anwesenheit wurde greifbarer, als wir es je erlebt hatten. Es geschahen Wunder bei Alex – obwohl wir es zu diesem Zeitpunkt noch nicht wussten. Was wir jedoch wussten, war, dass ein wahres Wunder der christlichen Gemeinschaft geschah. Wir hatten dadurch ein Gefühl dafür bekommen, dass Gott geheimnisvoll und sehr real war.

Aber ich möchte nicht, dass Sie den Eindruck bekommen, Beth und ich wären außergewöhnliche Menschen. Schließlich ist dieses Buch kein Roman. Während wir in den ersten paar Monaten nach dem Unfall Gottes Gegenwart erlebten, fühlten wir uns gleichzeitig auch ausgebrannt bis zum Anschlag. Wir waren angespannt, frustriert und traurigerweise sogar gemein zueinander. Ich will diese Dinge nicht einfach als normal abtun für Leute, die unter derartigem Stress stehen wie wir. Ich will einfach ehrlich sein. Häufig waren wir weit davon entfernt, uns so zu verhalten, wie Jesus es sich von seinen Leuten wünscht – das ist die Wahrheit, egal, wie gern ich es anders haben wollte.

Gott sei Dank gibt es noch eine weitere Wahrheit: Gott war uns weiterhin treu, auch inmitten unseres Chaos.

*** Ich kannte Bücher darüber, wie man geistlich um etwas ringen muss, und habe natürlich auch viel darüber in der Bibel gelesen. Ich wusste, was dieses Ringen bedeutete, aber die Familie Malarkey zeigte mir anschaulich wie in einem Film, wie geistliches Ringen aussieht. Sie waren eine Familie, die mehr als einmal am Abgrund stand, aber durch die Gnade Gottes nie abstürzte. Ich glaube wirklich, dass die Hölle ihr Bestes gegen die Familie Malarkey auffuhr und Gott sie einfach immer wieder zurückbrachte. Kevin und Beth wissen, was es heißt, etwas zu ertragen und treu zu bleiben.

Gary Brown, Pastor der Malarkeys zur Zeit des Unfalls ***

Es ist eine Sache, die Bibel zu lesen und sie als wahr anzusehen. Aber erst ab dem Zeitpunkt, wenn man selbst größten Prüfungen ausgesetzt ist, wenn man mit Lebensumständen konfrontiert wird, die den eigenen Glauben testen, wenn man an das absolute Limit seiner körperlichen und emotionalen Kapazitäten gebracht wird, wenn man dem unbarmherzigen Stress eines anhaltenden Schmerzes ins Gesicht sehen muss, weiß man wirklich, wie man auf das reagieren wird, was man während des bequemen Bibellesens so selbstverständlich angenommen hatte.

Ein Schlag trifft unsere Ehe

Die Beziehung zwischen Beth und mir war extrem angespannt. Die Bibel ermahnt uns, unsere Augen auf Jesus zu richten, auch inmitten eines tobenden Sturmes. Als Beth und ich darin versagten und uns zu sehr unseren persönlichen Bedürfnissen hingaben, ließ die Intensität der Situation auch die kleinsten Angelegenheiten riesengroß erscheinen. Ich verlor zum Beispiel in einer Diskussion über Kindererziehung die Beherrschung oder wenn es darum ging, was es zum Abendessen geben sollte. Das klingt albern, ich weiß, aber zu mancher Zeit waren wir so gefangen in unseren persönlichen Schmerzen, Ängsten und der körperlichen Erschöpfung, dass wir unseren Launen freien Lauf ließen. Beth und ich müssen ehrlich sein und zugeben, dass unsere Beziehung große Verletzungen erlitt, nicht nur während der ersten Wochen im Krankenhaus, sondern auch in den Jahren nach dem Unfall.

Ich kannte all die Bibelverse, die gerade für mich geschrieben wurden, wie zum Beispiel: „Ihr Ehemänner, liebt eure Frauen mit derselben Liebe, mit der auch Christus die Gemeinde geliebt hat." Und Beth kannte all die Bibelverse, die für sie geschrieben wurden, wie zum Beispiel: „Ihr Ehefrauen sollt euch euren Männern unterordnen, so wie ihr euch dem Herrn unterordnet." Wir wussten, was die Bibel sagte. Aber zu versuchen, diese Worte inmitten dieser schwierigen Situation und mit blank liegenden Nerven zu befolgen, war etwas ganz anderes. Wir machten viele Fehler. Wir begegneten uns einfach nicht in Liebe. Wir entfernten uns voneinander und reagierten dem anderen gegenüber oft gereizt.

Es bereitete uns Sorgen, wie wenig wir uns unseren anderen drei Kindern widmen konnten – sie brauchten uns doch auch. Wie konnten wir ihnen je ein normales Zuhause bieten? Es erschien so ironisch, so lange für ein schönes Einfamilienhaus auf einem herrlichen Grundstück gearbeitet zu haben, und dann so selten als Familie dort zu sein.

Wir verbrachten ungeheuer viel Zeit im Krankenhaus und widmeten den größten Teil unserer Energie Alex. Unsere mittleren Kinder waren vier und zwei Jahre alt; das sind Altersstadien, die besondere Aufmerksamkeit verlangen. Dann war da natürlich noch Ryan, der zwei Tage vor dem Unfall geboren worden war. Kleine Babys sind nicht gerade bekannt für geringen Aufwand. Die ersten Wochen sind entscheidend, um die kognitiven Fähigkeiten, die Persönlichkeit und eine normale Entwicklung bei der Elternbindung, besonders mit der Mutter, aufzubauen. Wir wollten nicht, dass Ryan in irgendeiner Weise vernachlässigt wurde.

*** Ehrlich gesagt hatten Kevin und Beth in ihrer Ehe ziemlich zu kämpfen. Ich kam viele Male in ihr Haus, um mit ihnen zu sprechen, sie zu beraten und mit ihnen zu beten. Es war eine schwere Zeit.

Einmal war ich so beunruhigt, weil ich spürte, wie stark der Glauben dieser Eheleute angefochten wurde, dass ich einen Mann aus unserer Gemeinde anrief. Wir beide gingen dann zum Haus der Malarkeys, um zu beten. Ich klingelte nicht an der Tür. Wir begannen einfach so zu beten und liefen dabei siebenmal um ihr Haus. Währenddessen beteten wir die ganze Zeit. Es ist ein absolutes Wunder, dass ihre Ehe überdauert hat und sie heute noch zusammen sind. Das ist ein eindeutiger Beweis dafür, dass es einen Gott im Himmel gibt. Ohne Gott hätte es keine Möglichkeit gegeben, dass ihre Ehe bestehen bleibt.

Gary Brown, Pastor der Malarkeys zur Zeit des Unfalls ***

Es war einfach alles zu viel, um es tragen zu können. Es erübrigt sich zu sagen, dass Beth und ich einige lange Gespräche mit Gott hatten: *Herr, du weißt, dass das weit mehr ist, als wir eigentlich tragen können. Wir brauchen dich, wie wir dich nie zuvor gebraucht haben. Wir und unzählige andere Menschen haben beständig für Alex gebetet. Aber wir müssen auch noch so viele andere Bitten vor dich bringen. Wir haben drei andere Kinder, die unsere Aufmerksamkeit benötigen. Wir haben Rechnungen, die wir nicht bezahlen können. Dann ist da unsere Ehe. Jeder von uns beiden braucht Kraft und täglich neue Energie, um weiterzumachen. Wir können dich nur um deine Weisheit bitten und dich an dein Verspechen erinnern, dass du uns nie verlassen wirst.*

Ein Schlag trifft unser Haus

Unser ringkampfartiges Leben als Eltern ging weiter bis in die Zeit der kalten Winterwochen. Einer von uns blieb jeweils mit den anderen drei Kindern zu Hause, während der andere bei Alex im Krankenhaus die Stellung hielt. Danach tauschten wir.

Eines Abends war ich mit den Kindern zu Hause, als nach und nach Eisregen über die ganze Gegend von Bellefontaine niederging. Aber wir hatten es drinnen warm. *Lass das Eis regnen*, dachte ich. Da ging auf einmal mit einem Flackern das Licht aus. Das Haus war in Dunkelheit gehüllt. Wir hatten keinen Strom mehr! Schnell packte ich eine Tasche, bevor der Eissturm uns mit voller Kraft traf. Wir mussten die Nacht anderswo verbringen, was an sich nicht so schwierig war – bis auf die Tatsache, dass wir durch den zunehmend stärker werdenden Sturm fahren mussten. Doch sobald wir uns in unserer vorübergehenden Unterkunft bei Beths Schwester niedergelassen hatten und ich die Kinder ins Bett gebracht hatte, schien alles halb so schlimm zu sein.

Am nächsten Tag fuhr ich zum Haus, um nach dem Rechten zu sehen. Ob es wohl wieder Strom gab? Das Haus ist von der Straße aus nicht einsehbar, doch ich war kaum in die 60 Meter lange Auffahrt eingebogen, als ich anhalten musste. Ein Baum lag quer über dem vorderen Teil der Auffahrt und hinderte mich daran, weiterzufahren. *Kein Problem*, dachte ich. *Ich werde einfach zu Fuß weitergehen.*

Ich stieg über den umgestürzten Baum und bahnte mir vorsichtig einen Weg über die rutschige Auffahrt, während

ich mich nach der Zerstörung umsah, die der Eissturm angerichtet hatte. Überall lagen Bäume, die mit dicken Eisschichten bedeckt waren. Wenn schon ein Baum quer über der Auffahrt lag, wie viele würden wohl noch insgesamt auf dem Rest unseres Grundstücks liegen? Ich rief meinen Vater an, um es ihm zu erzählen. „Hey, Dad, du wirst es nicht glauben. Da liegen überall umgestürzte Bäume auf unserem Grundstück. Es ist unglaublich. Zum Glück ist keiner auf unser …"
Das richtige Timing ist alles im Leben. Gerade, als ich das sagte, ging ich um die Ecke und sah, dass ein riesiger Baum mitten auf unser Dach gefallen war.

„Oh, Daddy, ich glaube, ich muss dich gleich zurückrufen."

Ich starrte ungläubig auf die Szene. Wenn der auf unser Haus gefallene Baum das Einzige gewesen wäre, mit dem wir hätten fertigwerden müssen, wäre es mir sicher bedeutsamer vorgekommen. In Anbetracht dessen, dass Alex' Leben am seidenen Faden hing, kam es mir nicht wie eine große Sache vor. Sicher hatte ich gemischte Gefühle, aber wenn das eigene Kind nur noch gerade so am Leben ist, sieht man alles Übrige aus einem anderen Blickwinkel.

Ich rief Pastor Brown an. Ich wusste, er würde kommen, nachdem er einige andere benachrichtigt hätte. Er brachte eine Kettensäge und zwei Helme mit. Wir setzten sie auf und gingen ins Haus hinein. Es gab immer noch keinen Strom. Drinnen war alles dunkel, obwohl es Nachmittag war. Da wir nicht wussten, was für Schäden es gab, bewegten wir uns sehr vorsichtig.

Es hätte besser sein können; es hätte schlimmer sein können. Das Dach musste ersetzt werden, aber es hatte den Baum immerhin davon abgehalten, bis zum Boden unseres Hauses durchzubrechen. Und natürlich war viel von unserem Besitz beschädigt. Viele Reparaturen würden notwendig sein – genau das, was wir jetzt gebrauchen konnten. Ich dachte über unsere mitgenommene Familie nach und seufzte. Ein Unglück kommt selten allein.

Beth, die drei jüngeren Kinder und ich schliefen eine Woche im Keller von Beths Schwester. Wir waren sehr dankbar, dass Kris uns aufnahm. Inzwischen hatten wir uns daran gewöhnt, an allen möglichen Orten zu schlafen. Für Baby Ryan war das die Norm; er hatte bisher nur eine Nacht in unserem Zuhause geschlafen! Wir wurden alle etwas abgehärteter in dem Trainingslager, zu dem unser Leben geworden war.

Zehn Männer zersägten und entfernten alle umgestürzten Bäume und die Stämme und Zweige, die auf unser Grundstück gefallen waren. Und wieder einmal schien ein Team von irdischen Engeln inmitten unserer Bedrängnisse zu uns herabzusteigen. Es war eine weitere Lektion darin, der Güte und Fürsorge Gottes zu vertrauen.

Die Reparaturarbeiten sollten insgesamt mehr als zwei Jahre andauern. Das halbe Dach musste abgetragen und neu eingedeckt werden. Die Veranda, die Innenwände und die Decke mussten ebenfalls erneuert werden. Ich beauftragte einen Mann aus unserer Gemeinde mit der Aufsicht über das Projekt. Er und seine Leute machten sich an die Arbeit. Nach einiger Zeit wurde klar, dass die insgesamt 15 Personen des Dach-Teams ihren Urlaub nutzten und sich tagelang von der Arbeit freinahmen, um mitten im Winter am Problem eines anderen zu arbeiten.

*** Als Kevin mich zurückrief und mir von dem Baum auf seinem Haus erzählte, war meine erste Reaktion Lachen – kein gefühlloses Lachen, sondern eines der Freude über Gottes Güte. Ich meine das ernst. Für mich ist die Frage nicht: „Warum passieren guten Menschen schlechte Dinge?", sondern „Warum passiert überhaupt etwas Gutes?" Wir verdienen es sicher nicht.

Ich sagte zu Kevin: „Erstens: Bedenke, dass der Strom ausfiel. Was für ein großer Segen. Wäre er nicht ausgefallen, Kevin, dann wärst du mit den Kindern im Haus gewesen, als der Baum auf das Dach fiel. Zweitens brauchtest du sowieso dringend ein neues Dach. Jetzt bekommst du ein brandneues, und die Versicherung bezahlt es! Und drittens habe ich eine Frage, Kevin: Welche Bäume sind wegen des Sturmes umgestürzt? All die schwachen! Die starken Bäume stehen noch. Du hast also einen natürlichen Selektionsvorgang erlebt, was dein Grundstück sicherer und gesünder macht und die starken Bäume übrig lässt, damit du dich mit deiner Familie daran erfreuen kannst. Bis nächsten Juli wirst du nicht mehr merken, dass auch nur ein einziger Baum fehlt."

In dieser Situation konnte man überall erkennen, dass Gott seine Hände im Spiel hatte, aber, wie ich es Kevin aufzeigte, wir müssen in der Lage sein, dies zu sehen, um es als das Gute von Gott in unserem Leben anzunehmen.

Dr. William Malarkey, Kevins Vater ***

Diese Menschen waren echte Diener und schafften es irgendwie, mir zu vermitteln, dass ich *ihnen* einen Gefallen tat, indem ich ihnen erlaubte, mein Haus zu reparieren. Sie arbeiteten, als ob sie lange nicht ein so außerordentliches Privileg genossen hätten.

Der Wunsch sitzt tief, für uns selbst zu sorgen, jeden kleinen Gefallen zurückzuzahlen und nie in jemandes Schuld zu stehen. Kurz nachdem ich den Bauleiter beauftragt hatte, nahm ich ihn zur Seite und versicherte ihm, dass ich all die Arbeiter bezahlen würde. Während ich meinen Standpunkt deutlich machte, bekam ein Mann unsere Unterhaltung mit.

„Begreifst du es nicht, Kevin? Das ist der bestbezahlte Job, den ich je hatte."

„Bleibt niemandem etwas schuldig, abgesehen von der Liebe, die ihr einander immer schuldig seid" (Römer 13,8). Die frostige Kälte und der Schaden durch den schlimmsten Eissturm des Winters waren nichts im Vergleich zu der Wärme, die wir in diesen wunderbaren Beispielen praktischer Nächstenliebe erlebten.

Ein Schlag trifft unser Bankkonto

Wir waren finanziell schon knapp bei Kasse, bevor all dies geschah. Inzwischen war es fast unmöglich, nicht an unsere Geldknappheit zu denken.

Am Morgen des Unfalls hatte ich noch im Gottesdienst gesessen und über die finanziellen Schwierigkeiten unserer Familie nachgedacht, weil Ryans Geburt nicht durch unsere Versicherung abgedeckt war. Jetzt war da die Sache mit Alex, und ich hatte keine Ahnung, woher das Geld kommen sollte, um für seine astronomisch hohen Krankenhausrechnungen aufzukommen – und das alles auch noch in einer Zeit, in der es für mich praktisch unmöglich war, meine Energie, Zeit und Konzentration meiner Beratungspraxis zu widmen. Ich fühlte mich in alle möglichen Richtungen gezogen, und ich wusste, dass es Beth genauso ging.

Eines Nachmittags, als ich in Alex' Zimmer saß und über all das nachdachte, kam eine Krankenhausmitarbeiterin herein.

„Mr Malarkey, kann ich mit Ihnen sprechen?", fragte sie.

„Natürlich. Darf ich fragen, worum es geht?"

„Ja, wir müssen über Ihre Rechnungen sprechen."

Ich versteifte mich innerlich, bewahrte aber Haltung. Das erinnerte mich an die Zeit, als mir auf meiner Hochzeit die Rechnung für die Feier präsentiert wurde, während das Fest noch in vollem Gange war. Ich ging mit der Frau in den Flur und sagte: „Also, was ist das Problem?"

Sie antwortete: „Ich habe mich gefragt, ob Sie ein paar Formulare ausfüllen könnten."

„Nun", meinte ich. „Ich bin in einer etwas ... besonderen Lage. Ich habe kürzlich zu einem Teilhaber-Krankenkassenfonds gewechselt, und um offen zu sein, weiß ich nicht genau, wie die Dinge stehen."

Ich schämte mich. Wir hatten Hunderttausende von Dollar für den Krankenhausaufenthalt und die Ausstattung sowie für chirurgische Behandlungen in Anspruch genommen. Wahrscheinlich würden es bald Millionen sein, und es war nicht klar, woher das Geld kommen sollte.

„Ich verstehe", sagte sie. „Sagen Sie, wollen Sie nicht zu *Medicaid*[2] wechseln?"

„Ich weiß nicht genau, wie das funktioniert, aber ist das nicht ... Sie wissen schon, für wirklich arme Leute gedacht? Ich kann mir nicht vorstellen, dass wir dazu berechtigt wären."

„Das denken die Leute oft", erklärte sie. „Sie sind dann häufig überrascht, was dabei herauskommt – besonders, wenn sie viele Kinder haben. Haben Sie nicht vier? Jedes Kind erhöht das Einkommenslimit."

„Das wusste ich nicht."

Ich brauchte nicht lange, um alles durchzurechnen, und es stellte sich heraus, dass wir mit meinem jetzigen Gehalt und durch Ryans Geburt im November gerade noch unter das Limit von *Medicaid* fielen. Was für eine Last mir plötzlich von den Schultern fiel! *Medicaid* würde jeden Cent bezahlen, und die Deckung würde für die ganze Familie rückwirkend vom 1. November 2004 an gelten. Wir hatten noch 10 000 Dollar Schulden von Ryans Geburt, und diese würden nun ebenfalls bezahlt werden.

---

2 Hierbei handelt es sich um ein Gesundheitsfürsorgeprogramm in den USA. Zielgruppe sind Personen mit geringem Einkommen, Kinder, ältere Menschen und Menschen mit Behinderungen. Das Programm wird weitgehend mit Steuergeldern finanziert. Bevor Leistungen gezahlt werden, erfolgt eine Bedürftigkeitsprüfung.

Ich hatte bereits zwei Rechnungen über insgesamt 200 000 Dollar erhalten. Die Gesamtsumme der medizinischen Kosten würde sicher auf einen siebenstelligen Betrag hinauslaufen. An Zuzahlungen schuldete ich dem Kinderkrankenhaus noch insgesamt 14 Dollar, die, wie sich herausstellte, ein Rechnungsfehler waren. Ich musste noch nicht einmal das bezahlen!

Wie kann ich meine Gefühle beschreiben? Ich war überwältigt. Dankbar. Demütig. Beschämt.

Ja, Herr, du hast es mal wieder deutlich gemacht, betete ich. *Ich trage diese Sorgenlast, und du hast derweil schon längst Vorsorge getroffen. Ich hatte nicht verstanden, dass meine Kämpfe um mein Einkommen und meine Gehaltsverluste Teil deines perfekten Planes waren! Dieser Verlust wird weit übertroffen durch all die Rechnungen, um die ich mich jetzt nicht kümmern muss – und wenn ich die normale Versicherung gehabt hätte, wäre das zwar mit Medicaid kombiniert worden, aber ich hätte immer noch eine hohe Rechnung gehabt, für die ich Jahre zum Abzahlen gebraucht hätte. Aber du wusstest im Voraus, wie du uns segnen könntest. Warum kann ich nie lernen, meinen Glauben wirklich zu leben und deinem Willen zu vertrauen?*

Raus aus dem Gefängnis des Selbstmitleids

Mein Vater machte wie gewöhnlich das Beste daraus: „Wärst du nicht pleite gewesen, dann wärst du bankrott gegangen."

Er hatte das richtige Argument. Tatsächlich war er nie um eines verlegen. Mein Vater gab die weisesten Ratschläge von allen Leuten, die mich je beraten hatten.

Während der ersten Zeit unserer Erfahrungen mit Alex und dem Unfall erklärte mir mein Vater immer wieder seine Sicht der Dinge, und das half mir. Als der Unfall passierte, war er als Redner auf einer medizinischen Konferenz in Europa gewesen. Er flog sofort nach Hause nach Ohio. Sobald er mich im Krankenhaus sah, legte er seinen Arm um mich und sagte: „Viele Menschen in der Welt würden sich wünschen, dass dies ihr schlimmstes Problem wäre, mein Sohn."

Lässt unser Fokus auf die alltäglichen Dinge des Lebens unser Bewusstsein für die göttlichen und wundersamen Ereignisse, die jederzeit in und um uns passieren, abstumpfen?
DR. WILLIAM MALARKEY, KEVINS VATER

Mir ist klar, dass viele Leute diese Ansicht nicht nachvollziehen können und einige sagen würden, dass er mit seiner Aussage unsensibel gewesen sei. Aber ich kenne meinen Vater. Seine unglaubliche Sichtweise auf das Leben und auf das, was wirklich wichtig ist, gibt ihm im Alltag eine ungeheure Kraft. Wie viele Male kam ich in meiner Jugendzeit mit einem Problem zu ihm? Und wie viele Male hörte er geduldig zu und bot mir guten Rat an? Aber ich wusste jedes Mal, was ich hören würde, bevor ich den Raum verließ – er würde immer jemanden erwähnen, den wir beide kannten und der im Leben zu kämpfen hatte, damit ich mein Problem besser einordnen konnte.

Mir wurde die Weisheit deutlich, die in diesem Ansatz steckte. Selbstmitleid sperrt uns hinter die Mauern unserer Ichbezogenheit. Die ganze Welt reduziert sich auf unser Problem, und je mehr wir darauf herumreiten, desto kleiner werden wir und desto größer scheint das Problem zu werden. Die Situation von anderen bewusst wahrzunehmen ist ein gutes Mittel, um mich nicht nur auf mich selbst zu konzentrieren.

Wir sind nicht die Einzigen mit schwierigen Umständen, und gewöhnlich sind unsere eigenen Kämpfe weit entfernt vom Schlimmsten, das wir kennen. Es gibt im Leben nie einen Moment, an dem es unmöglich ist, ein dankbares Herz zu haben – egal, was geschieht. Ein katastrophales Ereignis, wie zum Beispiel unser Unfall, stellt diese Haltung auf die Probe. Aber sogar dann ist sie wahr, und mein Vater wagte sie anzuwenden, als sein Enkel im Tal der Todesschatten lag.

Ich musste nicht daran erinnert werden, was für ein Unglück mich getroffen hatte. Ich musste an die Wahrheit erinnert werden: Meine Kämpfe waren nicht die einzigen da draußen, und ich hatte immer noch so vieles, wofür ich dankbar sein konnte. Ich kann mir keine Sichtweise auf das Leben vorstellen, die weiser und bodenständiger ist.

Ich erinnere mich, wie ich im Warteraum der Intensivstation saß und die Nachrichten über den Tsunami sah, der Indonesien am Ende dieses Jahres getroffen hatte. Fast 230 000 Menschen in etwa einem Dutzend Ländern kamen ums Leben; 43 000 verschwanden einfach ohne jede Spur.

Ich saß auf meinem Stuhl im Krankenhaus und sah auf dem Fernsehbildschirm, wie ein Haus die Küste entlangschwamm. Ich dachte bei mir: *Ich habe Alex immer noch, der durch die Gnade Gottes am Leben ist. Ich habe mein Haus noch.* Na gut, das Haus benötigte ein paar entscheidende Reparaturen, aber es war noch da. Und sogar, wenn mein Haus unter dem Aufprall des Baumes zusammengebrochen wäre, könnte ich immer noch sagen: „Viele Menschen auf der ganzen Welt würden sich wünschen, dass nur dies an ihrem schlimmsten Tag passiert wäre."

Mein Vater glaubte nicht an die Existenz eines schlechten Tages. Ich finde, diese Haltung bewirkt einen großen Unterschied im Hinblick auf unsere Zufriedenheit. Je härter unser Leben wurde, desto mehr Gutes sahen wir in den Menschen und in Gott.

Ich erinnere mich, wie ich meinem Vater erzählte, dass ich an jedem der ersten 60 Tage von Alex' Koma glücklich war – und an 57 Tagen habe ich geweint.

KEVIN MALARKEY

Ob Sie es glauben oder nicht, es ist möglich, zur gleichen Zeit Frieden und Schmerz zu empfinden. Das Leben kann hart sein und sich trotzdem richtig anfühlen. Auch wenn ich manchmal weinte, wusste ich, dass meine Familie sich nach dem Willen Gottes richtete. Ich konnte es mit dem alten Choral sagen: *Es ist gut mit meiner Seele.*

Trotzdem habe ich mich in nachdenklichen Momenten selbst gefragt: *Wünschst du dir, dass der Unfall nie passiert wäre?* Das ist so eine Sache. Ja – und nein. Aus rein menschlicher oder gesundheitlicher Sicht wünschte ich natürlich, dass der Unfall nie passiert wäre! Aber ich bestehe nicht nur aus einer Masse von Molekülen, die unzusammenhängend durch Raum und Zeit taumeln.

Ich bin ein Kind Gottes, bestimmt für eine andere Welt, eine Welt, im Vergleich zu der diese an Bedeutung verliert. Unsere geistliche Vorbereitung auf die *nächste* Welt soll die Priorität in *diesem* Leben sein. Da der Unfall Alex und mich – und unzählige andere – zu einem tieferen Leben mit Gott geführt hat, muss meine Antwort auf diese Frage anders sein. Ich habe mich entschlossen, den Unfall als Bestandteil meines Lebens zu sehen.

Was wäre, wenn wir zurückgehen und das Drehbuch unseres Lebens umschreiben könnten? Mit dem, was ich jetzt weiß, könnte ich mir eine Menge Schmerz ersparen, indem ich die Zukunft, die vor mir ausgebreitet worden ist, umginge. Aber es würde auch bedeuten, auf die unzähligen Segnungen, die Gott in der Gegenwart und in der Zukunft bereithielt, zu verzichten. Ich könnte dann keinen inneren Frieden haben.

Es geht nicht darum, dass Gott vorgehabt hätte, meinen Sohn leiden zu lassen, sondern um den Plan, all das zu nutzen, um wunderbare Dinge zu tun, die viele Leben segneten – meinen Sohn und den Rest unserer Familie eingeschlossen. Nichts Gutes geschieht je ohne einen Preis. Es ist schwer zu verstehen, aber fragen Sie sich mal, was gewesen wäre, wenn Jesus – der von seiner Kreuzigung *vorher wusste* – umgedreht und weggegangen wäre?

Ich hasse Schmerz und Leiden, besonders, wenn es diejenigen betrifft, die ich mehr als alles auf der Welt liebe. Aber ich vertraue Gott; ich vertraue besonders darauf, dass er Traurigkeit in Freude und Weinen in Tanzen verwandeln kann. Ich kann es nicht abwarten, Alex tanzen zu sehen!

Kann Alex uns hören?

Beth und ich waren jeden Tag bei Alex, aber uns war klar, dass seine Geschwister ihn irgendwann auch sehen müssten. Dafür den richtigen Zeitpunkt zu finden, war eine schwere Ermessensentscheidung. Es würde für sie kaum zu verstehen sein, warum Alex nicht mit ihnen reden oder spielen konnte. Dazu befand er sich noch in einem merkwürdigen Zimmer mit vielen furchterregenden Maschinen.

Nachdem Alex einige Wochen im Koma gelegen hatte, entschieden wir, dass Aaron seinen Bruder sehen sollte. Mit vier Jahren war er das Geschwisterkind, das Alex in Alter und Gefühl am nächsten stand. Alex hatte ein paar Freunde, aber sein bester Kumpel war immer Aaron gewesen. Sie waren unzertrennlich.

Tatsächlich hatten wir von Alex zwischen 4 und 6 Jahren fast keine Fotos ohne Aaron. Sagt das nicht alles? Sie machten zusammen Sport, sie spielten zusammen mit Actionfiguren, sie rannten draußen zusammen herum, sie kletterten zusammen auf Bäume und, ja, sie waren auch ihren Eltern gemeinsam ungehorsam!

Wir verbrachten viel Zeit mit Aaron, um ihn auf das Erlebnis vorzubereiten. In unserer „elterlichen Weisheit" erzählten wir ihm, dass Alex schlafe. Während wir zwar die ganze Zeit mit Alex sprachen, in der Hoffnung, dass er uns doch auf irgendeiner Ebene hörte oder verstand, wollten wir nicht, dass Aaron unrealistische Erwartungen hatte.

Aaron wollte Alex unbedingt ein Geschenk mitbringen: eine G.I.-Joe-Figur[3]. Wir sagten ihm, dass das eine gute Idee sei. Beth und ich hatten einen guten Freund namens Jeff, der auch unseren Kindern nahestand. Er begleitete Aaron und mich und trug Aaron auf dem Arm. Zu dritt betraten wir Alex' Zimmer.

Ich war in Alarmbereitschaft und hielt meine Augen auf Aaron gerichtet. Wie würde er mit diesem merkwürdigen Umfeld seines geliebten Bruders fertigwerden? Auf die wunderbare Art eines Kindes nahm er das alles ganz locker und war hocherfreut, Alex zu sehen. Man unterschätzt so leicht, womit Kinder umgehen können.

Wir hielten Aaron über Alex' reglosen Körper, und er zeigte ihm das coole Spielzeug, dass er ihm mitgebracht hatte. In besseren Zeiten hatten die beiden es geliebt, zusammen mit Actionfiguren zu spielen. Auf vielerlei Art war Alex der ideale Bruder für einen kleinen Jungen gewesen. Ich fragte mich nur, wie schwer das wirklich für Aaron war, wie sehr er seinen Lieblingsspielkameraden vermisste.

„Schau mal, wie G.I. Joe seine Beine bewegen kann. Er rennt!", sagte Aaron, bewegte die Gelenke der Figur und machte die entsprechenden Geräuscheffekte. „Sieh mal, er kann den Kung-Fu-Griff."

Er demonstrierte alle Eigenschaften des Spielzeugs, so als

---

[3] US-amerikanische Spielzeugfiguren, die Soldaten darstellen.

ob die beiden allein miteinander wären und wie früher eine tolle Zeit hätten.

Ich hätte mit Aarons entspannter, fröhlicher Haltung zufrieden sein sollen, aber ich sorgte mich, dass sein kleines Herz an irgendeiner Stelle verletzt werden könnte, wenn sein großer Bruder Alex teilnahmslos blieb. So vorsichtig und behutsam es ging, sagte ich: „Denk dran, Aaron, dein Bruder schläft. Er kann dich nicht hören."

Aaron drehte sich um, sah mir direkt in die Augen und verkündete mit absoluter Zuversicht: „Er *kann* mich hören."

Er war erst vier Jahre alt, aber er sprach mit einer Sicherheit wie jemand, der alle Fakten in der Hand hat. Er drehte sich wieder um, als ob er sagen würde: *Wieso verstehen die Erwachsenen diese Dinge einfach nicht?*, und zeigte dem bewusstlosen Alex weiter die Eigenschaften der Actionfigur.

Ich hätte ihm genauso erzählen können, dass der Himmel grün ist. „Was redest du, der Himmel soll grün sein? Jeder kann sehen, dass er blau ist. Natürlich kann mich Alex hören."

Jeff und ich sahen uns nur an und zuckten mit den Schultern. Kann ein Kind gewisse Dinge sehen und verstehen, die dem skeptischen Verstand von Erwachsenen verborgen bleiben?

Wunder an Weihnachten

Die Welt verlangsamt nie ihr Tempo, um sich einer Familienkrise anzupassen. Unser Leben war immer noch ein wirres Karussell von Verabredungen, Diskussionen und medizinischen Behandlungen, sogar als sich unzählige andere Menschen um unsere anderen Kinder und um viele unserer persönlichen Angelegenheiten kümmerten. Die eine Konstante, um die sich alles drehte, war Alex in seinem langen Schlaf.

Es war einen Monat her, dass von unserer sechsköpfigen Familie alle zur selben Zeit in seinem Zimmer gewesen waren.

Während Alex körperlich nur einige Zentimeter entfernt war, aber in geistiger Hinsicht noch Welten zwischen uns standen, begannen wir, ihn auf seine Rückkehr ins Leben vorzubereiten. Wir waren zuversichtlich, dass es geschehen würde, deshalb glaubten wir, es vorbereiten zu müssen.

Ganz vorsichtig hoben wir ihn für kurze Zeitspannen manchmal aus seinem Bett und setzten ihn in einen Rollstuhl. Ein mühsamer Vorgang, bei dem wir planmäßig vorgehen mussten. Zuerst mussten wir ihn zur Bettkante bewegen, sodass seine Beine über die Kante baumelten. Beth legte sich dann hinter ihn, um ihn zu umarmen und so zu stützen. Was zunächst eine Serie von ganz sorgfältig ausgeführten Bewegungen war, wurde zu einer weiteren Routine in unserem Leben.

Eines Tages änderte sich etwas. Während Beth Schritt für Schritt nach dieser Prozedur vorging, formten sich Alex' Lippen zu einem leichten, aber unverkennbaren Lächeln. Wir sahen uns gegenseitig an, um uns zu bestätigen, dass wir uns das nicht nur eingebildet hatten. Unser Sohn lächelte! Erstaunt blickten wir uns an, und Tränen der Freude liefen über unsere Wangen. Gott war so gütig, dass er uns dieses kleine, ermutigende Zeichen gab. Vielleicht hatte Aaron recht: *Was meint ihr damit, er kann uns nicht hören?* Aber es stellte sich heraus, dass es nur ein kleines Aufblitzen war, und dann war Alex wieder irgendwo, wohin wir ihm nicht folgen konnten.

An Weihnachten hielten wir inne und überlegten, dass seit dem Unfall sechs Wochen vergangen waren. Auf gewisse Weise schien es wie sechs Jahre. Zum ersten Mal hatte uns das Krankenhaus erlaubt, alle Kinder in Alex' Zimmer zu bringen. Wir waren zum dritten Mal alle sechs zusammen an einem Ort. Wir konnten zusammen ein paar Geschenke öffnen und ein Weihnachtsfamilienfoto machen.

Das ist auch etwas, das schwer zu erklären ist, wenn man nicht in unserer Lage war: Dies war eines meiner schönsten Weihnachten. Inzwischen hatten wir gelernt, nichts als selbstverständlich zu nehmen. Unser Sohn lag im Koma, unser neues Haus war ein großes Durcheinander, und wir erlebten bewusster als jemals zuvor, dass Gott anwesend war. Einfach nur zusammen zu sein empfanden wir als ein besonderes Geschenk von Gott. Wir umarmten einander und beteten, dass Gott uns sogar noch enger zusammenbringen würde – als Familie und ihm gegenüber. Das war im Jahr 2005.

*** Ein paar Monate nach Alex' Unfall war ich bei einer Nachbesprechung der Ärzte und der Sanitätsmannschaft. Dabei sieht ein Arzt mit der Flugmannschaft die Patientenunterlagen durch, um die Behandlungsqualität zu bewerten und uns hinsichtlich einer bestimmten Krankheit oder Verletzung eines Patienten weiterzubilden. Während einer solchen Besprechung gibt es keine Informationen, um die Patienten identifizieren zu können. Als der Arzt jedoch von einem bestimmten Patienten sprach, kamen mir die Einzelheiten bekannt vor. Uns wurde erzählt, dass unser Team gute Arbeit geleistet habe. Dann wurde uns eine Röntgenaufnahme präsentiert, die zeigte, dass der Schädel des Patienten von seiner Wirbelsäule abgetrennt worden war. Der Arzt ging davon aus, dass dieser Patient gestorben sei, denn eine solche Verletzung konnte man einfach nicht überleben.

Ich war nicht hundertprozentig sicher, ob dies Alex' Akte war, da uns sonst keine identifizierenden Informationen gegeben wurden. Doch später fand ich heraus, dass es tatsächlich Alex' Fall war. Normalerweise hätte ein Arzt recht damit anzunehmen, dass ein Patient mit solchen Verletzungen gestorben sei; Gott jedoch hatte sich Alex' angenommen, und Alex war nicht tot.

Dave Knopp, Sanitäter ***

Inmitten dieser Freude über das Zusammensein wanderten meine Augen von einem Kind zum anderen und dann zu Beth, und meine Gedanken drifteten ab in eine Zukunft von sich anhäufenden Rechnungen. Es scheint wohl so, dass meine Gedanken ständig hin und her schwankten: Mal richteten sie sich ganz auf Jesus und auf die erstaunliche Vorsorge, die Gott geleistet hatte, dann wieder auf die Berge von Problemen, die wir bezwingen mussten – aber genau so war es. Manchmal vertraute ich voll und ganz auf Gott, ein anderes Mal ließ ich mich vom Zorn überrollen und drängte somit Gott in den Hintergrund. Früher hatte ich die Geschichten über das Volk Israel gelesen und mich gefragt, wie sich dieses undankbare Volk nach all den wunderbaren Dingen, die er für es getan hatte, so schnell wieder von Gott abwenden konnte. Ich brauchte mich nicht mehr zu wundern. Ich war genau wie sie.

Inmitten all dieser aktuellen Sorgen sollten wir jedoch bald die Welt, in der wir lebten, mit der Welt, die Alex erlebte, aufeinandertreffen sehen.

Von Alex

Engel

Plötzlich erschien ein Engel des Herrn in ihrer Mitte. Der Glanz des Herrn umstrahlte sie. Die Hirten erschraken, aber der Engel beruhigte sie: „Habt keine Angst!"

LUKAS 2,9-10

Engel sind keine Jungen oder Mädchen. Sie sind keines von beiden.

Sie sind vollkommen weiß und haben Flügel.

Einige sind nicht mal so groß, wie Daddy gedacht hat – nur etwa 60 Zentimeter.

Andere Engel, besonders die im Himmel, sind größer. Die Engel haben mich mehrere Male besucht, und ich hatte Angst, wenn mehr als einer kam. Später, als mein Vater und ich in der Lage waren, über diese Dinge zu sprechen, sagte er zu mir, dass diese Engel vielleicht klein waren, damit ich keine Angst habe. Ich weiß es nicht.

Sie haben verschiedene Aufgaben. Einer bringt mich dazu, mich besser zu fühlen; ich werde mutiger. Ein anderer hilft mir, meinen Mund zu öffnen und Wörter zu formen. Einer hatte seine Hände auf meinem Brustkorb, um mir zu helfen, stärker zu werden und zu atmen. Ich sehe die Engel immer, wenn sie kommen, und selbst als ich nicht fähig war zu sprechen, konnten sie mich hören. Zur selben Zeit, wenn sie ihre Arbeit verrichten, singen sie Gott schöne Lieder.

Einmal, als die Engel mit mir im Krankenhauszimmer waren, fragte mich mein Vater, ob ich mit ihm und den anderen singen wolle. Ich sagte Ja, und so sangen wir ein Lobpreislied. Ich konnte nicht mit meinem Mund singen, aber ich sang mit den Engeln – sie konnten mich hören. Das war während der Zeit, als ich mich nur in Zeichensprache verständigen konnte. Aber ich musste mit den Engeln nicht so reden.

Die Leute haben mir gesagt, dass mein Gesicht leuchtete, wenn ich mit einem Engel zusammen war – so hell wie tausend Morgen des 1. Weihnachtsfeiertags auf einmal. Es ist lustig, dass ich normalerweise nur mit einem Mundwinkel lächeln konnte, aber nach einem Engelsbesuch war mein Lächeln riesengroß. Ich habe von Stephanus' Gesicht in der Bibel gehört, als er zum Himmel hinaufblickte. Vielleicht sieht mein Gesicht so aus?

Es gibt verschiedene Arten von Engeln. Die Leute wollen oft, dass ich sie beschreibe, aber das ist schwer. Ich kann nur Wörter benutzen wie *prächtig*, *herrlich* und *unglaublich*.

Die Engel sprechen mit mir über sich selbst und über mich. Einige sind Boten, einige müssen große Anstrengungen auf sich nehmen, einige beten Gott an. Eine Gruppe von Engeln bewacht die Himmelsmauern. Dies sind die stärksten Engel von allen. Sie stehen an allen Enden des Himmels, und der Hauptposten ist an den Himmelstoren.

Daddy fragte mich, ob es wie die große Chinesische Mauer sei. Nein, ist es nicht. Wie soll ich es beschreiben? Aber die Engel sind so verteilt wie auf einer solchen Mauer.

Es gibt viele Gebäude im Himmel, aber ich habe nur den Tempel richtig bemerkt. Gott verlässt nie den Thron im Tempel. Es gibt eine Schriftrolle in einem Glasbehälter. Sie beschreibt die Endzeit. Niemand kann diese Schriftrolle lesen außer Jesus.

Also, es gibt viele verschiedene Engel. Die einzige Gemeinsamkeit besteht darin, dass sie herrlich sind.

Außerdem wirken sie beruhigend auf mich.

Kapitel 6

Wir begegnen einer anderen Welt

Als Männer und Frauen, die der Wissenschaft verschrieben waren, hatten sie keine Erklärung dafür, wie so etwas in ihrem Krankenhaus geschehen konnte.

Als der Dezember näherrückte, waren seit dem Unfall bereits so viele unglaubliche Dinge geschehen, dass wir das Gefühl hatten, die größten Ereignisse lägen schon hinter uns – abgesehen von Alex' vollständiger Genesung. Es hatte bereits mehr als genug Grund zum Danken gegeben. Schließlich war Alex am Leben, und wir spürten, dass Gott uns in seinen liebenden Armen festhielt. Wir hatten Liebe und Unterstützung unzähliger Menschen in einer Weise erfahren, wie wir es nie für möglich gehalten hätten – nicht zu vergessen die materielle Hilfe.

Hillbilly hatte gesagt, dass er spüre, wie der Heilige Geist auf kraftvolle Weise wirke. Wir sollten bald tief in eine Welt eintauchen, die ich bisher nur oberflächlich gekannt hatte.

Die Wissenschaft wird durcheinandergebracht

Alex' erste Operation fand während des Monats statt, in dem sich auch der Unfall ereignet hatte. In seinen Hals musste eine Öffnung geschnitten werden – ein Tracheostoma –, um daran ein Beatmungsgerät anschließen zu können. Die

Schläuche in seinem Hals würden dann entfernt werden. Diese Operation heißt Luftröhrenschnitt (Tracheotomie). Die Chirurgen machten auch eine kleine Öffnung für eine PEG-Sonde, durch die er künstlich ernährt werden und Medizin erhalten konnte, da er nicht schlucken konnte.

Wie ich mich danach sehnte, Alex ohne all diese Monitore, Maschinen, Schläuche und Kabel zu sehen! Als die Krankenschwestern und -pfleger all das für die Operation von ihm ablösten, wurde ich jedoch zunehmend unruhig. Alex brauchte das doch alles, um zu überleben. Konnte ich darauf vertrauen, dass diese Leute wirklich wussten, was sie taten? Eine dumme Frage, ich weiß, aber in dem Moment war das alles ziemlich nervenaufreibend. Das Gefühl der Hilflosigkeit lässt sich nicht vermeiden, wenn man als Vater einfach zusehen muss – ohne in der Lage zu sein, das Ganze zu beschleunigen oder sein Kind in Sicherheit zu bringen.

Trotz allem hatten wir vom ersten Tag an jede Gelegenheit genutzt, Alex zu umarmen, ihm tröstende Worte zuzusprechen und ihn generell so zu behandeln, als ob er alles voll verstünde. Wir entschieden uns von Anfang an, ihm genauso zu begegnen wie unseren anderen Kindern. Wir sprachen mit Alex, als ob seine Augen offen wären und er zuhörte, nickte und lächelte – nur eben ohne zu antworten. Wir ermutigten ihn. Wir sagten ihm, dass Gott bei ihm sei. Unsere Worte waren echter und schöner, als wir uns je hätten vorstellen können.

Die Operation verlief gut, wie uns die Ärzte später berichteten. Alex hatte jetzt zwei neue Öffnungen in seinem Körper. Die medizinischen Experten hätten nie gedacht, dass er überhaupt bis zu diesen Maßnahmen durchhalten würde. Wir glaubten, die Operation sei nur ein weiterer positiver Schritt, um unseren Sohn zurückzubekommen.

Als sich Alex' Zustand stabilisierte, überlegten die Ärzte sich weitere Schritte. Sie hatten uns schon früh erzählt, dass sie irgendwann die Wirbel in Alex' Hals wieder miteinander verbinden wollten. Ohne chirurgischen Eingriff, sagten sie, werde sein Hals nie stabil sein.

Ende November überlegten sie sich einen Zwischenschritt: Sie wollten einen „Halo-Fixateur" an Alex' Kopf befestigen, der seinen Hals stabilisieren sollte. Sie legten den Termin für die Magnetresonanztomografie (MRT) von Alex' Hals auf den 30. November. Später an diesem Tag wollten sie dann den Halo-Fixateur anbringen, sagten sie. Dieses Haltesystem, ein Metallring, der am Kopf mit Schrauben befestigt wird und an einen Heiligenschein erinnert, sollte die Heilung der größten Verletzungen voranbringen.

Für die Ärzte stellten diese Optionen aufregende Möglichkeiten dar. Für Beth und mich schienen sie wie Schritte in die falsche Richtung. Wir warteten auf ein großes Ereignis und beteten für Alex' völlige Heilung.

Die Ärzte berieten sich weiter und merkten nichts von unseren inneren Kämpfen. Nachdem sie die Ergebnisse von Alex' MRT gesehen hatten, verwarfen sie den Halo-Plan wieder, behielten aber weiter die Wirbelverbindung mittels einer Operation im Auge. Die Kehrseite dieser Operation wäre, dass Alex seinen Hals nie wieder richtig würde bewegen können – und was würde das bedeuten, wenn er völlig geheilt wurde? Diese Überlegung war für die Mediziner ohne Belang. Wir waren nicht sicher, was wir tun sollten, deshalb besprachen wir uns, beteten und entschieden, den Chirurgen grünes Licht zu geben. Es wurde ein Termin festgelegt, und das Gebetsteam nahm wieder seine Position ein – auf ihren Knien.

Und dann erhielten wir die verblüffende Nachricht: Ende Dezember kamen die Ärzte zu dem Schluss, dass die Wirbel ohne Eingriff wieder miteinander verwachsen waren, oder genauer gesagt: ohne *medizinischen* Eingriff. „Wir sind nicht sicher, was passiert ist", sagte der Neurochirurg. „Aber wir brauchen diesen Eingriff nicht zu machen."

Ich war wie elektrisiert. „Das ist in Ordnung, Doktor", sagte ich ihm. „Wir verstehen das. Genau genommen, wir wissen, was passiert ist. Es gibt da einen Arzt, der die Menschen schon seit Anbeginn der Zeit heilt, und Alex ist einer seiner Patienten."

Die Nachricht erreichte Alex' Gebetsteam. Die Menschen jubelten. Aber sie waren nicht überrascht.

Wir waren zuversichtlich, dass Gott in Zeit und Raum eingegriffen und auf die Gebete der Christen geantwortet hatte. Einige Zeit später entdeckten wir, dass andere faszinierende Dinge etwa zu der gleichen Zeit geschahen.

Nicht lange nach der anberaumten und dann abgesagten Operation hörten wir von Sue, die uns ihr persönliches Erlebnis mit Alex erzählen wollte. Die Geschichte, die sie erzählte, war ein neues Juwel innerhalb unserer erstaunlichen Erfahrungen – und ging noch einem weiteren Wunder voraus.

Besucher in der Nacht

Wir hatten Menschen gesehen, die die Arbeit von Engeln taten, die den Notarzt riefen, in ein kaputtes Auto kletterten, um mit Alex zu beten, im Hubschrauber mitflogen oder sogar auftauchten, um Gott mit ihrer Kraft an unserem Haus zu dienen. Aber Sues Bericht wies darauf hin, dass wir einen ganz neuen Schauplatz betraten – einen Bereich, mit dem ich noch keine direkte Erfahrung hatte.

Sue war einem frühen Aufruf nach Unterstützern im Gebet gefolgt, die willens waren, nachts an Alex' Bett zu beten. An einem dieser Abende betrat sie still den Raum und ließ sich auf einem Stuhl gegenüber vom Bett nieder. Sie verbrachte die nächsten Stunden damit, Alex vorzulesen und für ihn zu beten. Gegen 3:00 Uhr morgens, als sie ihren Kopf zum Gebet geneigt hatte, hörte sie das Geräusch von fließendem Wasser aus dem Wasserhahn in Alex' Zimmer. Das schien ihr etwas merkwürdig, aber da es keine Türen auf der Intensivstation gab, nahm sie an, dass eine der Krankenschwestern in Alex' Zimmer gekommen war und ihre Hände wusch. Sie blickte auf, nur um zu sehen, dass dort niemand war.

Sie senkte wieder den Kopf, und nach kurzer Zeit erfüllte wieder das Geräusch von fließendem Wasser Alex' Zimmer. Sue blickte auf – nichts. Sie betete wieder weiter, und zum dritten Mal hörte sie das Wasser fließen. Als sie aufblickte, sah sie wieder nichts. Auch wenn es ihr seltsam schien, betete sie erneut, denn dazu war sie ja schließlich gekommen.

Plötzlich hatte sie das ganz starke innere Wissen, dass drei Engel im Zimmer anwesend waren, die hinter Alex standen und ihre Hände an seinen Hals hielten. Sie sah sie nicht – nicht mit ihren Augen –, aber sie *wusste* und *fühlte*, dass sie da waren.

Bevor sie sich entfernten, sagte einer der Engel zu ihr: „Es gibt noch mehr zu tun, aber für den Moment genügt das." Sue erzählte uns, sie sei sich nach diesem Erlebnis sicher, dass ständig Engel um Alex waren – besonders in der Nacht.

Beth las immer wieder Sues E-Mail. Wir staunten beide sehr darüber, dass Engel unseren Sohn besuchten und dass unsere Freundin sich dessen so sicher war, als hätte sie die Engel wirklich gesehen. Es ist leicht, so etwas einfach abzutun und nicht weiter zu berücksichtigen, aber es gab noch andere Hinweise. Während Beth über die E-Mail nachdachte, überlegte sie, wann das, was Sue erzählte, wohl genau passiert sein mochte. Sie zog den Besuchs- und Gebetsplan heraus und versuchte nachzuvollziehen, wann wer nachts bei Alex gewesen war. Das war leicht herauszufinden, denn jedes Detail dieses Gebetsdienstes war systematisch vermerkt.

Als Beth die Aufzeichnungen für diese Nacht fand, rief sie

mich. „Schau mal, Kevin. Hier ist der Vermerk: Sue hat in der Nacht für Alex gebetet, bevor die Ärzte den Halo bei Alex anbringen wollten. Die Engel waren also bei ihm, bevor das Ganze wieder abgesagt wurde!" Beth sah mit einem ruhigen, zuversichtlichen Gesichtsausdruck in meine Augen, als wollte sie sagen: „Es geschieht etwas!"

Eine Welle der Hoffnung durchfuhr mich. *Oh Gott, hilf meinem Unglauben. Du bist der Gott der Wunder.*

Ein paar Tage später klingelte das Telefon.

„Hallo?", sagte Beth.

„Hallo, ich heiße Melissa. Tut mir leid, dass ich Sie störe, aber ich musste Sie einfach anrufen. Es ist wegen Alex. Ich habe für ihn gebetet."

„Nein, Sie stören gar nicht. Wir schätzen es sehr, wenn Menschen für unseren Sohn im Gebet eintreten."

„Nun, ich möchte Sie nicht so überfallen, aber es ist etwas passiert, und ich wollte Ihnen davon erzählen. Passt es Ihnen gerade zeitlich?"

„Aber ja. Was haben Sie auf dem Herzen?"

„Ich habe eine Vision gehabt … von Gott … und sie handelte von Alex und Engeln. Ich bin Künstlerin, und ich musste dieses Bild malen. Kann ich es Ihnen schicken? Ich möchte, dass Sie es bekommen."

„Oh ja, wir würden es liebend gern sehen."

Nach unserer Erfahrung mit Sue war der Gedanke an Visionen von Gott für uns schon weit weniger irritierend, als er vor dieser ganzen Geduldsprobe gewesen wäre. Wir konnten es kaum abwarten zu sehen, was diese Frau gemalt hatte – was es war, von dem sie glaubte, dass Gott es ihr gezeigt habe.

Als das Paket mit dem Bild bei uns ankam, machten wir es vorsichtig auf. Nachdem wir das letzte Stück Seidenpapier behutsam entfernt hatten, starrten wir von Ehrfurcht ergriffen auf das Bild. Da waren ganz klar drei Engel zu sehen, die hinter Alex' Bett standen und ihre Hände an seinen Hals hielten. Eine ganze Weile saßen wir nur da, starrten auf das Bild und saugten die erstaunliche Ermutigung unseres großartigen Gottes in uns auf. Gott hatte wahrhaftig Engel gesandt, um Alex zu betreuen!

Wir griffen zum Telefon, um Sue anzurufen. Sie hatte diese Künstlerin noch nie getroffen oder mit ihr gesprochen. Beth beschrieb ihr das Bild in allen Einzelheiten. Sue war ebenfalls erstaunt, als sie bestätigte, dass das Bild exakt das wiedergab, was Gott ihr während ihrer Gebetszeit für Alex gezeigt hatte. Wir fühlten uns an Jesu Worte über kleine Kinder erinnert: „Denn ich sage euch, dass ihre Engel im Himmel meinem himmlischen Vater stets besonders nahe sind" (Matthäus 18,10).

Wir scannten das Bild ein und stellten es auf Alex' Webseite, sodass jeder daran teilhaben konnte. Mehr denn je wurde klar, dass Gott auf bemerkenswerte Art an unserer Situation beteiligt war und dass das alles letztlich passierte, damit Menschen ihm die Ehre gaben, die ihm zusteht. Unsere Hoffnung für die Zukunft bekam wieder Flügel.

Wir danken Gott für Alex' Engel.

Erwachen

Die Weihnachtszeit war vorüber, ein neues Jahr begann und Alex' langer Schlaf dauerte an. Sein Körper war immer noch bei uns, doch sein Geist ... das war weiter ungeklärt. Wir hielten an dem Glauben fest, dass Gott ihn zu uns zurückbringen würde, aber es stand noch ein ganz anderes Thema im Raum. Die Ärzte, Schwestern und Pfleger berieten darüber, wohin man Alex verlegen könnte. Sie wollten ihn gern entlassen – doch wohin? Das Gespräch nahm einen merkwürdigen Ton an. Jeder, der nicht Mitarbeiter auf der

Intensivstation war, hatte Sorge, ob er mit dem Beatmungsgerät und dem Drumherum richtig umgehen könnte.

Schließlich diskutierten die Ärzte darüber, Alex auf die Rehabilitationsstation zu schicken. Beth und ich sahen darin keinen Sinn – wie sollte man ein Kind im Koma rehabilitieren? Wir fanden bald die Antwort: Gar nicht. Man „rehabilitiert" die Eltern. Es ging darum, uns so weit zu schulen, dass wir Alex schließlich mit nach Hause nehmen konnten.

Wir lernten, wie man Alex füttert, ihm Medikamente verabreicht, ihn wäscht, seine Apparate überwacht und alles, was sonst noch nötig war, um den Körper unseres Sohnes am Leben zu erhalten.

*** Hier ist ein Brief, den ich am 6. Januar 2005 an Alex schrieb:

Lieber Alex,

ich habe so oft für dich und für so viele Dinge gebetet.

Ich habe Gott gebeten, dich zu heilen, deinen ganzen Körper zu berühren.

Ich habe Gott gebeten, jede Zelle in deinem Körper ganz gesund zu machen.

Ich habe dafür gebetet, dass die Verletzungen in deinem Hirnstamm und deiner Wirbelsäule heilen; ich habe dafür gebetet, dass du deine verlorenen Körperfunktionen wiedererlangst.

Ich habe Gott gebeten, dir zu erlauben, *herauszukommen*, so wie Lazarus es tat. Ich bedrängte ihn, dir das Bewusstsein zurückzugeben.

Sie glauben nicht, dass du das schaffst, Alex. Ich glaube, sie kennen Gott nicht so gut wie wir. Vielleicht haben sie nicht verstanden, was er tun kann, wenn wir seinen Versprechen glauben.

Die Ärzte sprechen von Beatmungsgeräten, aber ich bat Gott darum, dass der Tag nie kommen würde, an dem ein solches Gerät in unser Haus einzieht. Es sollte nicht nötig sein, denn du wirst frei und selbstständig atmen, wenn du nach Hause kommst.

Alex, ich bete intensiver, als ich es je getan habe. Ich glaube an die unglaublichsten Möglichkeiten, an die ich in der Vergangenheit nicht gewagt hätte zu glauben.

Ich habe nach Epheser 3,20 für dich gebetet:
Durch die mächtige Kraft, die in uns wirkt, kann Gott unendlich viel mehr tun, als wir je bitten oder auch nur hoffen würden.

Ich sage dir mit den Worten von Psalm 91,1-5:
Wer im Schutz des Höchsten lebt, der findet Ruhe im Schatten des Allmächtigen. Der spricht zu dem Herrn: Du bist meine Zuflucht und meine Burg, mein Gott, dem ich vertraue. Denn er wird dich vor allen Gefahren bewahren und dich in Todesnot beschützen. Er wird dich mit seinen Flügeln bedecken, und du findest bei ihm Zuflucht. Seine Treue schützt dich wie ein großer Schild. Fürchte dich nicht vor den Angriffen in der Nacht und habe keine Angst vor den Gefahren des Tages.

Alex, ich will nicht unehrlich sein und behaupten, ich hätte keine traurigen Momente. Ich vermisse den Spaß, den wir zusammen hatten. Aber ich fühle mich so gesegnet, dein Vater hier auf der Erde zu sein. Du übertriffst alle Erwartungen, die ich je an meinen Sohn hatte.

Ich bete jeden Tag dafür, dass Satan unterliegt. Ich bete, dass Gott dir selbst neues Leben einhaucht, und wenn ich dich besuche, beuge ich mich zu dir und versuche, meinen Atem in deine Nasenlöcher und deinen Mund zu blasen. Ich kann aber sehen, dass du es nicht magst, wenn ich das tue!

Mein Sohn, ich verspreche dir, dich zu lieben und für dich zu sorgen, egal, was die Zukunft bringt, solange wir beide leben. Ich bin bei dir und du bist bei mir, und das wird sich nie ändern.

Ich bete, dass Gott meinen Willen mit seinem in Einklang bringt, und ich lobe ihn für alles, was er getan hat und noch tun wird. Ich bete ihn an, jeden Tag, an dem wir das Wunder namens Alexander ansehen.

Ich liebe dich heute mehr als gestern.
Dein Daddy

Kevin Malarkey ***

Als „Abschlussprüfung" musste jeder von uns Alex 24 Stunden lang allein versorgen; das schloss auch eine Nachtschicht ein. Irgendjemand hatte den Papierkram durcheinandergebracht, sodass ich die „Prüfung" gleich zweimal machen musste. Das machte mir aber nichts aus.

Schließlich zog Alex von der Intensivstation in ein neues Zimmer auf der Reha-Station. Bei unserem ersten Treffen erfuhren wir, dass er dort zunächst einmal einen Monat bleiben sollte. Schließlich war er kein echter Reha-Patient, sodass er von dem Angebot dort nicht profitieren konnte. Beth und ich hatten also einen Monat Zeit, um uns dafür zu qualifizieren, dass wir Alex rundum versorgen konnten.

Aber ich hatte andere Pläne.

Beim Anblick all der Übungsgeräte und geschulten Therapeuten konnte ich mir durchaus vorstellen, dass Alex von dieser Umgebung profitieren konnte. Ich erzählte unseren Freunden auf *PrayforAlex.com* von meinem Wunsch, dass Alex aufwachen würde und aus dem, was die Reha zu bieten hatte, seinen Nutzen ziehen konnte. Er müsste dazu nicht bei vollem Bewusstsein sein, aber wach genug, um ein Mindestmaß an Reaktionen zu zeigen.

Das war ein echter Krisenmoment. Die Ärzte hatten keine großen Erwartungen im Hinblick auf Alex' Genesung, aber wir schon. Und wir wollten ihn an einem Ort wissen, der ihm auf dem langen Weg zurück ins Leben am meisten helfen würde. Das Krankenhaus hatte seine Pflicht getan, und wir hatten alles getan, was wir konnten. Jetzt war es Zeit für Alex, wieder aufzutauchen. Es lag jetzt bei Alex – was natürlich bedeutete, dass es bei Gott lag.

Ich betete: *Herr, bitte lass Alex aufwachen! Bring ihn zurück zu uns, denn das ist jetzt seine Chance, sich langsam wieder ins Leben zurückzukämpfen. Dies ist der Ort, an dem er die Unterstützung hat, die er braucht.*

Ich glaubte wirklich daran. Tief in mir fühlte ich, dass bald eine Änderung eintreten würde. Alex begann bereits ganz leicht, auf Aktivitäten in seinem Zimmer zu reagieren. Sein Zustand war stabil, und seine medizinischen Bedürfnisse waren gut zu handhaben. Er schien auf der Reha-Station besser zu schlafen, und wir glaubten fest daran, dass er kurz vor einem Durchbruch stand.

Beth und ich versuchten weiterhin, den Wald und nicht nur die Bäume zu sehen. Das heißt, wir wussten, dass die Gesamtsituation etwas mit Gottes Wirken zu tun hatte und nicht auf menschliche Art erklärt werden konnte. Wir waren bereit, auch im ständigen Koma für unseren Jungen zu sorgen, falls das sein Weg war, aber wir glaubten nicht, dass die Geschichte so enden würde. Deshalb baten wir alle unsere Freunde und das wunderbare Alex-Gebetsteam, sich unseren Bitten an Gott anzuschließen. Wir baten ihn inständig, noch einmal mit seiner Heilungskraft bei unserem Sohn einzugreifen. Unser langfristiges Ziel war es, Alex bei uns zu Hause zu haben, wo er hingehörte. Wir setzten einen Termin dafür fest und appellierten noch einmal an unsere Unterstützer im Gebet, dieses Anliegen mitzutragen.

Ein gewisses Maß an Skepsis für dieses Vorgehen war bei einigen Freunden vorhanden. Manche waren der Ansicht, dass wir es nicht schaffen würden, zu Hause für Alex zu sorgen. Eine Krankenschwester sagte uns zum Beispiel: „In einem Krankenhaus wie diesem kann ich ihn versorgen, aber ich glaube nicht, dass ich das in einem Privathaus tun könnte." Sie und andere glaubten, dass ein Pflegeheim das Richtige für ihn sei. Pflegeheime sind sicher gute Lösungen für andere, aber wir wollten, dass unser Sohn in seinem eigenen Bett lag, unter unserem Dach. Wir konnten uns nichts anderes vorstellen.

Wir wussten, dass das sehr schwierig werden würde, und wir glaubten, dass wir bereit dafür waren.

Durchbruch

Eines Morgens klingelte das Telefon, und die fröhliche Stimme, die ich so gut kannte, begrüßte mich.

„Kevin!" Es war mein Vater.

„Hey, Daddy, was gibt es?"

„Kevin, er ist auf dem Weg zurück! Er ist auf dem Weg zurück!"

„Was meinst du?"

„Ich war heute Morgen bei Alex, und er ist meiner Hand mit seinen Augen gefolgt. Er ist ihr gefolgt!"

Mein Herz schlug wild und ich raste los, um schnell zum Krankenhaus zu kommen. Es war nicht das erste Mal, dass ich hoffnungsvolle Beobachtungen in Bezug auf Alex hörte. Die Leute tendierten dazu, alle möglichen Regungen von ihm gesehen haben zu wollen. Einige waren sich sicher, er habe eine Hand oder den Fuß bewegt. Es ist einfach so, dass wir manchmal die Dinge sehen, die wir sehen wollen.

Aber diese Worte kamen von meinem Vater, einem angesehenen Arzt. Er wusste, wonach er schauen musste, und er hängte sich nicht an falschen Hoffnungen auf. Bisher hatte er noch nie eine solche Aussage getroffen. Seine Aufregung sprang auf mich über.

Ich denke immer noch an den 8. Januar als den Tag zurück, an dem mein Sohn aus dem Koma erwachte, aber es geschah nicht mit einem Mal. Er wachte nicht einfach plötzlich wie von einem Mittagsschlaf auf; schließlich war er fast zwei Monate abwesend gewesen. In einem kurzen Augenblick war er von uns gegangen, aber seine Rückkehr zu dem Alex, den wir kannten, sollte viel länger dauern, was kein Wunder war, wenn man den Schaden an seiner Wirbelsäule und in seinem Kopf berücksichtigte. Die Ärzte waren weiterhin sehr skeptisch, was seine zukünftigen Fähigkeiten oder sein Denkvermögen betraf. Aber von diesem Tag an begann unser Alex seinen langen Weg zurück nach Hause. Es war, als ob das Licht seines Geistes mit einem Dimmerschalter angeknipst worden wäre. Jeder Tag brachte Alex einen weiteren Schritt zurück in unsere Richtung.

Ich war in Feierlaune, als das Krankenhaus zustimmte, Alex die ersten Reha-Maßnahmen angedeihen zu lassen. Mein Gebet war beantwortet worden, und es war total egal, wie unwahrscheinlich das gewesen war – Gott hatte uns geholfen. Jetzt konnte Alex mit den Reha-Maßnahmen beginnen, und das würde weitere positive Veränderungen bewirken. Ich wusste ja, wie viel Kampfgeist und Entschlossenheit in Alex steckte, und ich war mir erneut sicher, dass die Reha ein durchschlagender Erfolg werden würde. Die Reha-Ärzte hatten jetzt die Verantwortung, aber wir sahen den „großen Arzt" als denjenigen mit der wirklich geltenden Prognose an.

Alex' Gebetsteam jubelte mit uns, als wir diese neuen Entwicklungen auf *PrayforAlex.com* mitteilten. Und sie alle beteten weiter.

Übermütig

Trotz der immer häufigeren Anzeichen dafür, dass Alex auf dem Weg zurück ins Leben war, befand er sich immer noch in einer Art dichtem Nebel. An einigen Tagen schien es, als ob er vorwärtskäme; an anderen Tagen fühlten wir uns, als ob wir wieder an Boden verloren hätten. Wir versuchten alles nur Mögliche, um den Nebel mit Licht zu durchdringen und Alex nach Hause zu geleiten. Jeder, der ins Zimmer kam, hatte seinen oder ihren kleinen Auftritt, um Alex' Aufmerksamkeit zu erregen. Die Leute erzählten Witze, zogen lustige Grimassen, machten Körpergeräusche (echte oder simulierte) oder kitzelten seinen Körper, der, wie man uns noch immer versicherte, nichts fühlte.

Wo bist du, Alex? Wir beteten, wir sagten positive Dinge, und wir vertrauten wirklich auf Gott – die meiste Zeit. Wenn mich Zweifel überkamen, dann verbarg ich das sorgfältig. Niemand konnte wirklich die Auswirkungen seiner ernsten Hirn- und Rückenmarksschädigungen ermessen. Die verschiedensten geistigen, körperlichen und emotionalen Funktionen konnten medizinisch gesehen intakt oder auch für immer zerstört sein. Wir konnten es einfach nicht wissen.

Wenn ich darüber nachdachte, überkam mich die Angst. Es ging nicht um seine Lähmung oder das Beatmungsgerät. Damit würde ich schon fertigwerden. Wovor mir graute, war die Vorstellung, dass das, was meinen Sohn wirklich ausmachte, verschwunden sein könnte – seine Persönlichkeit, sein Geist. Es gab Momente, in denen ich jeden erdenklichen Preis dafür gezahlt hätte, nur um mit Alex zu reden. So machte ich mit meinen einseitigen Unterhaltungen weiter, so als führten wir weiterhin unsere früheren Gespräche. Die anderen zogen ihre Grimassen, veranstalteten verrückte Tänze oder erprobten sich an einer sonstigen wilden Strategie, um ihn aus dem Nebel zu befreien. Zu diesem Zeitpunkt tat sich nichts bei Alex – und die Leute hatten außer einem Kopfstand alles versucht.

Vielleicht sind fast gleichaltrige Brüder diejenigen, die am besten wissen, wie man sich gegenseitig zum Lachen bringt. Denn es war Aaron, der es schließlich schaffte.

Aaron hatte seine ganz eigene Idee, wie er Alex' Aufmerksamkeit erregen könnte. Er näherte sich mit seinem Gesicht dem von Alex – und verpasste sich dann selbst eine kräftige Ohrfeige. *Klatsch!* Und noch mal schlug er sich selbst auf die Wange. Anscheinend kam diese ungewöhnliche Maßnahme an, denn nach ein paar weiteren Ohrfeigen breitete sich auf Alex' Gesicht ein echtes Lächeln aus. Ich hatte noch nie so etwas Wunderschönes gesehen, auch wenn Aaron sich dafür ohrfeigen musste! Aaron klatschte sich weiter auf die Wangen, und Alex' Lächeln wurde immer breiter. Das war kein unbewusster Muskelreflex – es war ein *Grinsen*.

Jeder, der anwesend war, konnte es sehen, und das ganze Zimmer brach in spontane Jubelrufe aus. Aaron war hocherfreut über seinen Erfolg und hängte sich noch mehr rein, indem er sich noch heftiger schlug. Ich schritt schließlich ein und hielt Aaron davon ab, seinem Gesicht dauerhafte Schäden zuzufügen. Er hatte großartige Arbeit geleistet, doch nun war es Zeit, seiner Gesichtshaut eine Pause zu gönnen!

Von diesem Zeitpunkt an verschwand Alex nicht wieder völlig im Nebel. Er nahm sein Zimmer und die Leute, die darin waren, wahr, und er wusste genau, wann wir mit ihm redeten.

Ich verfasste zu der Zeit ein Gedicht, um die Kraft Gottes zu beschreiben, die an Alex arbeitete, wie wir spüren konnten.

Alex kann nicht laufen
Jesus lief auf dem Wasser

Alex kann nicht sprechen
Durch Gottes Wort entstand das Universum

Alex kann nicht atmen
Der Heilige Geist ist der Atem des Lebens

Deshalb will ich ...

Nicht auf die Welt blicken
Sondern auf das WORT

Nicht auf meinen Sohn sehen,
sondern auf meinen VATER

Nicht mit meinen Augen sehen,
sondern mit dem HERZEN

Nicht den einengenden
Umständen zum Opfer fallen

Meinen Gott anbeten
und an seiner Hoffnung festhalten

So soll es sein

An die Arbeit!

Jetzt hatten die Reha-Therapeuten etwas, an dem sie arbeiten konnten, und begannen auszuprobieren, ob und wie sie mit Alex interagieren konnten.

„Alex", fragte die Logopädin, „kannst du mir sagen, wie alt du bist?"

Wir alle sahen mit großer Erwartung zu, aber ich war derjenige, der ganz besonders sehnlich auf seine Antwort wartete. Zu diesem Zeitpunkt war ich wie besessen davon, Alex um Vergebung zu bitten für das, was ich getan hatte. Der Moment, den ich mehr als jeden anderen herbeisehnte, schien greifbar nahe.

Aber dann verschwand unser erwartungsvolles Lächeln, als wir von Alex zur Therapeutin blickten. Alex starrte nur geradeaus.

„Alex", begann die Therapeutin wieder. „Weißt du, wie alt du bist?"

Alex reagierte nicht. Je öfter die Therapeutin ihn fragte, desto verwirrter wirkte der Ausdruck in seinem Gesicht. Meine Augen wanderten zwischen Alex und der Therapeutin hin und her. Was bedeutete das? Diskret wurden wir alle aufgefordert, den Raum zu verlassen, und die Therapeutin teilte uns im Flur ihre Einschätzung mit.

„Wir müssen mit allgemeinen Erklärungen in Fällen wie diesen vorsichtig sein, aber wir wollen auch realistisch einschätzen, wo wir stehen. Es kann sein, dass Alex die Frage nicht verstanden hat. Es kann sein, dass er die Antwort auf die Frage nicht wusste. Es ist aber auch möglich, dass er es wusste, aber nicht antworten *konnte*."

Nicht antworten konnte? Innerlich schrie ich vor Angst auf. *Nein!* Bis zu diesem Zeitpunkt hatte ich nie daran gezweifelt, dass Alex zurückkommen und „unser" Alex sein würde. Mir war nie in den Sinn gekommen – nicht einmal für einen Moment –, dass Alex einen ernsthaften Hirnschaden haben könnte. Natürlich würde Alex zurückkommen, und wir könnten endlich das Gespräch führen, das ich in meinem Kopf schon hundertmal mit ihm geführt hatte – die eine Frage, die ich ihm so verzweifelt stellen wollte: „Alex, vergibst du mir?"

Zum ersten Mal wurde ich mit der Aussicht konfrontiert, dass ich vielleicht nie die Chance bekommen würde, seine Vergebung zu erhalten – dass der Alex, den wir kannten, uns für immer entglitten sein könnte. Aufgewühlt durch diese neue Aussicht sank ich wie erschlagen in einen Stuhl. Aber das hielt meine Gedankenwelt nicht davon ab, in einen schwarzen Abgrund zu stürzen – mein tiefster Punkt, seitdem dieser Albtraum begonnen hatte.

Von den Tagen, die seit dem Unfall vergangen waren, war es genau dieser, an dem ich meinen schlimmsten Befürchtungen Raum gab. Ich nahm den Misserfolg des Moments als in Stein gemeißelt an und definierte unsere gesamte Zukunft danach. So kam es, dass ich am Boden zerstört und verzweifelt war. Durch die Aussage der Logopädin hatte alles einen dunklen Anstrich erhalten. Ich weinte an diesem Tag so viel wie an dem Tag des Unfalls selbst. Alex konnte sich nicht bewegen, konnte nicht selbst atmen, konnte nicht sprechen und nicht schlucken – damit hatte ich mich vorerst abgefunden. Aber wenn er nicht denken und uns nicht verstehen konnte, inwiefern war er dann überhaupt noch Alex?

Wo war mein Glaube? Warum ließ ich nach so vielen Erfolgen diese Zweifel zu? Ich vermute, ich bin Petrus sehr ähnlich, als Jesus ihm sagte, er solle aus dem Boot steigen und auf dem Wasser laufen: In dem einen Moment vertraute er Jesus voll und ganz, doch im nächsten Moment konzentrierte er sich auf die Wellen – und sank.

Aber auch wenn ich der großen Verzweiflung freien Lauf ließ, gab doch niemand von uns auf, mich eingeschlossen.

Die Therapeuten waren wunderbar und kämpften trotz dieser Rückschläge weiter.

Die Logopädin war besonders hartnäckig und ermutigte mich immer wieder. Kurz nach diesen negativen ersten Versuchen bewegte sie Alex zu einigen Bewegungen, die uns wahre Hoffnung machten. Er konnte den rechten Mundwinkel hochziehen, und wir konnten uns mit ihm darauf verständigen, dass dieser Ausdruck Ja bedeuten sollte. Zusammengezogene Lippen sollten Nein bedeuten, wie wir abmachten. Alex' Lieblings-„Ausdruck" war es jedoch, mit den Augen zu rollen, was verschiedene Bedeutungen haben konnte, je nach Zusammenhang. Zum Beispiel: „Ich weiß nicht", „Deine Fragen nerven mich", „Daddy spinnt ein bisschen" ... und alles, was es sonst noch an Möglichkeiten zwischen Ja und Nein gab.

Motivation durch einen Spiegel

Das Wachstum von Alex' Haaren hielt mit der Länge seines Krankenhausaufenthaltes Schritt, deshalb kam ein Freund von uns vorbei, um sie ihm zu schneiden. Durch diese simple

Prozedur bemerkten wir etwas Neues an Alex. Während der Friseur arbeitete, merkten wir plötzlich, dass Alex sich selbst im Spiegel entdeckt hatte. Es war das erste Mal, dass er sich selbst sah, seit er wieder bei Bewusstsein war. Alex versuchte sofort, seine Gesichtsmuskeln so zu bewegen, wie er es wollte, während er sein Bild im Spiegel beobachtete.

*** Alex kommt immer mehr zu Bewusstsein. Jeder seiner Therapeuten bemerkt einen täglichen Fortschritt. Heute malte er (mit Unterstützung) ein Bild von einem Schirm, und er bewegt jetzt seine Augen zu Ja- und Nein-Karten. Das ist eine Grundlage für seine Kommunikationsfertigkeiten. Beth und ich lernen, seinen Katheder zu wechseln, seine Sonde zu säubern und mit dem Beatmungsgerät umzugehen.

Wir glauben, dass Alex jetzt jeden verkraften kann, der ihn besuchen möchte – ihr könnt also gern vorbeikommen. Wir wollen nur darauf achten, dass nicht zu viele Leute auf einmal in seinem Zimmer sind, damit er nicht überfordert ist. Denkt dran, dass auch Kinder kommen dürfen.

Wir haben von unserem Pastor gehört, dass der Strom im Haus wieder funktioniert und dass das Loch in unserem Dach repariert ist. Danke! Ich werde heute am späten Abend nach Hause fahren und mich vergewissern, dass alles bereit ist für die Rückkehr unserer Familie. Beth hat so ihre Bedenken wegen der Stabilität des Daches. Bitte betet für die richtige Entscheidung und Sicherheit unserer Familie, wenn wir versuchen, nach Hause zurückzugehen.

Alex' Zimmer zu verlassen ist sehr schwierig geworden, wenn er wach ist, denn jetzt merkt er deutlich, wenn wir rausgehen. Alex, Beth und ich haben heute Nacht gemeinsam geweint, als wir versucht haben, Alex dabei zu helfen, mit seiner Situation zurechtzukommen. Was für ein Segen es doch ist, dass er alles akzeptiert, Fortschritte macht und wieder fühlen kann.

> Danke, Gott, für die wunderbare Heilung unseres Sohnes.
>
> *PrayforAlex.com,*
> *notiert von Kevin Malarkey am 12. Januar 2005* ***

Alex sah aufmerksam in den Spiegel und kämpfte mit seinen widerspenstigen Muskeln, sein Gesicht verzog sich und seine Augen glänzten vor Entschlossenheit. Ich beobachtete ihn still, aber innerlich stand ich sozusagen am Spielfeldrand, während ich auf und ab sprang und aus vollem Hals brüllte: *„Weiter Alex! Weiter!"*

Das war der Alex, den ich kannte – der Kämpfer, das Kind, das vollen Einsatz zeigte und das die Hilfsmittel, die es hatte, in die Hand nahm und den Umgang damit perfektionierte. Alex kämpfte mit aller Kraft und allen ihm zur Verfügung stehenden Mitteln. Er lag nicht nur da und jammerte über die Widerstände, auf die er traf. Er ergriff die Initiative und weigerte sich aufzugeben. Ich mag vielleicht den Spiegel ruhig gehalten haben, während ich am Bettrand saß, aber innerlich brüllte ich den Zuschauern in meinem imaginären Stadion zu: *Habt ihr das gesehen? Das ist mein Sohn Alex. Er ist ein Gewinner!*

Zwei Stunden lang hielt ich den Spiegel, während Alex alle Bewegungen übte, die er jetzt machen konnte – den einen Mundwinkel heben, seine Lippen zusammenziehen und mit den Augen rollen.

Ich saß da und beobachtete voll Ehrfurcht seine Entschlossenheit, während ich vor Stolz fast platzte. Jetzt war es keine Frage mehr: Alex, unser Alex, den wir liebten, kämpfte, um aus seinem Gefängnis herauszukommen. Jeder Arzt weiß, wie zwingend notwendig der Wille zu kämpfen ist. Verliert man ihn, ist alles vorbei. Mehrmals hatten wir uns gefragt, ob Alex diesen entscheidenden Antrieb hatte. Jetzt wussten wir die

Antwort, und sie gab uns neue Energie, um mit unseren Herzen und Gedanken am Ball zu bleiben.

Vor diesem Moment war mir nicht klar gewesen, auf was für ein tiefes Niveau meine Lebenskraft gesunken war. Aber als ich jetzt meinen kleinen Kumpel so tapfer kämpfen sah, ging das Spiel auch für mich wieder weiter. In diesem unglaublichen Augenblick wurde mein Sohn mein Held und meine Inspiration. Ich war und bin sein Vater und Mentor, aber in diesem Moment änderte sich unsere Beziehung für immer. Ich bekam eine erste Ahnung davon, dass Alex mir viel beibringen konnte – über Mut, Entschlossenheit und Durchhaltevermögen.

Woche für Woche lernte Alex seine Gesichtsmuskeln besser zu beherrschen. Eine seiner frühen Übungen war es, in einen Strohhalm zu blasen. Der Therapeut befestigte den Strohhalm an einem Gerät, in dem sich ein kleiner Ballon etwa 30 Zentimeter eine Röhre hinaufbewegte, wenn man Luft hineinblies. Um Alex zu motivieren, stellten wir einen kleinen, mit Wasser gefüllten Medikamentenbehälter oben auf das Gerät. Dann fragten wir nach Freiwilligen, die ihren Kopf danebenhielten, sodass sie nassgespritzt wurden, wenn Alex stark genug pustete und der Becher umfiel. Das war alles, was Alex als Motivationsschub brauchte; bald blies er mit all seiner Kraft in den Strohhalm.

Alex war nicht lange mit seinen Fortschritten zufrieden. Es reichte ihm nicht, seine Kommunikationsmöglichkeiten nur auf drei Gesichtsausdrücke zu beschränken. Jetzt, wo er diesen Kraftakt bewältigt hatte, begann schon das nächste Ziel, nämlich echte Wörter aus seinem Mund zu pressen. Menschen, die erhebliche Hirnverletzungen erlitten haben, müssen oft ganz neu sprechen lernen. Alex war bereit für diese Herausforderung.

Zunächst begann jedes Geräusch irgendwo hinten in seinem Hals, legte dann eine qualvoll lange Reise über seine

Zunge zurück und kam dann aus seinem Mund heraus. Anfangs waren es seltsame, entstellte Laute. Er brachte die Töne hervor, so gut er eben konnte, und wir verbrachten dann die nächsten 5 oder 10 Minuten damit, ihre Bedeutung zu entschlüsseln. Alex machte einfach so lange das Zeichen für Nein, bis wir richtig lagen. Wir waren ein bisschen wie Sprachwissenschaftler, die eine Kommunikationsbasis in einer unbekannten Sprache erstellten.

*** Alex strengte sich in seiner Therapie weiterhin sehr an. Die Logopädin arbeitete daran, die Muskeln in seinem Gesicht zu stärken. Sie brachte Alex dazu, mit seinen Augen zu kommunizieren, indem er Karten und Gegenstände als Hilfe benutzte. Alex presste weiterhin Töne aus sich raus, aber sie waren schwer zu verstehen. Er schaffte es, die Lautstärke ein wenig zu erhöhen, als die Therapeutin ihn darum bat. Ganz ehrlich: Alle drei, die wir im Zimmer waren, dachten, dass das Wort, das Alex zu sagen versuchte, *Jesus* war. Ich hatte gestern eine ziemlich miese Stimmung, weil ich Alex mit widersprüchlichen Emotionen beobachtete. Alles, was er tut, ist wirklich ein Wunder. Er ist so viel klarer bei Bewusstsein, und er gibt sich so viel Mühe. Zur selben Zeit ist es kaum zu glauben, dass mein genialer kleiner Junge so hart kämpfen muss, um bloß ein Geräusch zu machen. Ich habe geweint, weil ich seine Mühe und Frustration kaum ertragen kann. Aber wie es oft im Leben ist, kommt der Fortschritt erst auf einer schwierigen und intensiven Ebene der Bemühungen.

PrayforAlex.com,
notiert von Kevin Malarkey am 15. Januar 2005 ***

Wie bei jeder lohnenswerten Angelegenheit begann die richtige Arbeit, nachdem die Freude über die neuen Entwicklun-

Vor dem Unfall

OBEN ▲
Alex kurz vor seinem dritten Geburtstag mit seinem frisch geborenen, besten Kumpel Aaron. Die zwei Brüder waren immer unzertrennlich.

OBEN ▲
Das Foto wurde zwei Wochen vor dem Unfall aufgenommen. Dies ist das letzte Bild von Gracie, Aaron und Alex, als sie noch alle gesund waren. Manchmal fällt es mir schwer, mich daran zu erinnern, wie es war, als Alex noch laufen konnte. In solchen Momenten schaue ich mir dieses Bild an.

RECHTS ▶
Das sollte nicht das letzte Mal sein, dass Alex Superman war. Einige Jahre später sollte bei ihm die „Christopher-Reeve-Operation" durchgeführt werden.

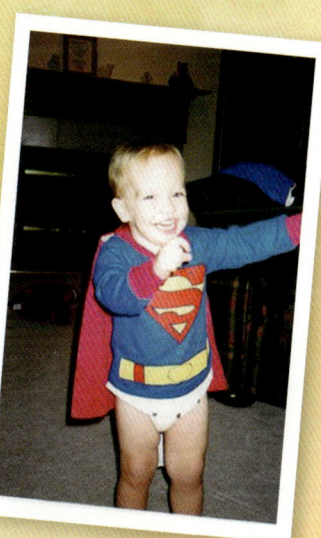

EXAMINER PHOTO BY BRIAN J. EVANS

The vehicle of Kevin L. Malarkey, 39, of 2109 County Road 57, Huntsville, sits along State Route 47 after it was struck Saturday by a vehicle operated by Emily Jill McCain, 23, of 112 N. Everett St., Apt. A, at the intersection of County Road 9. Mr. Malarkey's 6-year-old son was critically injured in the accident.

Boy critical after crash

Four others also injured in Saturday accident

\By THE EXAMINER STAFF

A 6-year-old Huntsville boy remained in critical condition this morning in the intensive care unit at Children's Hospital in Columbus after a crash Sunday afternoon.

William Alexander Malarkey, 2109 County Road 57, was flown by a MedFlight helicopter to the hospital, where deputies of the Logan County Sheriff's Office report he was on a life support system.

He was injured in a 1:35 p.m. wreck at the intersection of State Route 47 and County Road 9 in which his father, Kevin L. Malarkey, 39, turned in front of a car driven by Emily Jill McCain, 23, of 112 N. Everett St., Apt. A.

Mr. Malarkey was eastbound attempting to turn onto C.R. 9 and failed to see the westbound McCain car, which struck his car, forcing it into a ditch on the northwest corner of the intersection.

Mr. Malarkey, Ms. McCain and her two children, Zoe Madison Gingrey, 6, and Zander B. McCain, 1, were taken to Mary Rutan Hospital by Bellefontaine and Robinaugh squads for less serious injuries.

The father was ejected from the vehicle. There was conflicting information about which occupants of the vehicles were wearing seat belts or child restraints, but the report consistently indicated William was wearing a lap and shoulder belt.

The Bellefontaine Police Department also assisted at the scene.

OBEN ▲

Ich erinnere mich, wie ich ein paar Wochen nach dem Unfall diesen Zeitungsartikel an einem Computer der Intensivstation las. Es schien so unwirklich, Alex' Namen gedruckt zu lesen, während er ein paar Zentimeter von mir entfernt im Koma lag und um sein Leben kämpfte.

UNTEN ▼

Es war einer der schlimmsten Momente meines Lebens, als ich in den Krankenwagen steigen musste, während Alex mit dem Hubschrauber wegflog. Ich konnte es nicht glauben, dass ich von meinem verletzten Sohn getrennt werden musste.

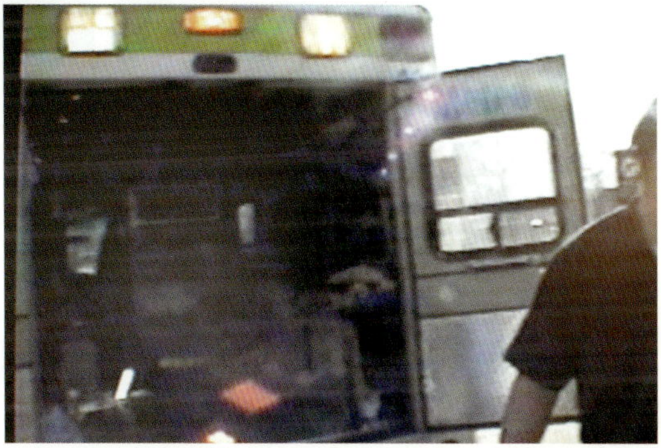

OBEN ▲

Wir wissen nicht, ob dieses Foto genau den Hubschrauber zeigt, der Alex gerettet hat, aber wir wissen, dass die Angestellten von „MedFlight" durch ihre erstaunliche Fürsorge und ihr inniges Gebet geholfen haben, Alex' Leben zu retten.

Die Unfallszene

Dieses Foto zeigt die tödliche Täuschung dieser Straße. Sie scheint lang und übersichtlich zu sein, aber eine versteckte Senke verbarg das sich nähernde Auto. Ich konnte es nicht sehen.

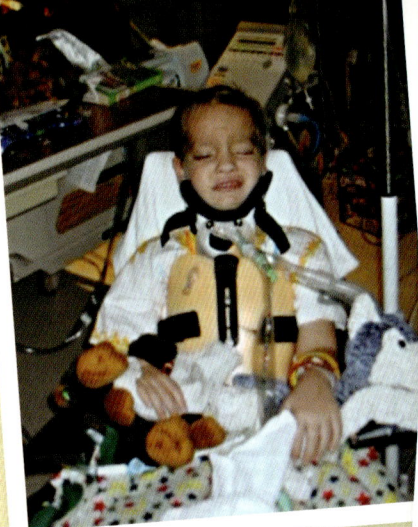

UNTEN

Weihnachten 2004 – zum ersten M[al]
nach fast sechs Wochen ist unsere Fami[lie]
zusammen. Auch wenn wir nicht wusst[en,]
was mit Alex passieren würde, waren w[ir]
so dankbar, dass er immer no[ch]
bei uns war, und freuten uns se[hr.]

OBEN ▲

Alex, immer noch im Koma, sitzt in seinem Rollstuhl und trägt ein Rückengestell. Man sieht „Doggie", Alex' Lieblings-Kuscheltier, auf seinem Schoß. Doggie hat mit Alex viele Operationen durchgestanden und ist auch schon im Krankenwagen mitgefahren.

Genesung

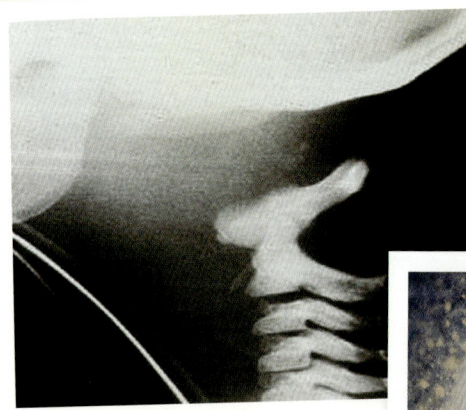

RECHTS

Unser Nummernschild spri[cht]
für sich. Alex glaubt, dass [er]
wieder laufen wird – ich au[ch.]

◄ LINKS

Es traf mich wie ein Schlag, als ich dieses Bild sah. Wieso? Lesen Sie die ganze Geschichte in Kapitel drei.

RECHTS ▶

Dies ist das Bild, das in Kapitel sechs beschrieben wird. Eine Freundin hatte eine Vision von drei Engeln, die über Alex schwebten. Wochen später fanden wir heraus, das eine andere Frau (die der ersten völlig fremd war) dieses Bild zur selben Zeit gemalt hatte.

OBEN ▲

Mir kommen immer noch die Tränen, wenn ich dieses Bild sehe. Es war das erste Mal, dass ich in der Lage war, Alex endlich in meinen Armen zu halten. Ein sehr, sehr guter Tag.

◀ LINKS

Freunde hatten uns damit überrascht, dass sie bei Alex' Heimkehr unser Haus schmückten. Er kam voll Freude mit einer Krankenschwester, einer Atemtherapeutin, zwei Rettungssanitätern und zwei nervösen Eltern nach Hause. Aber nur einige Tage später musste er ins Krankenhaus zurück.

Heimkehr

RECHTS ▶
Alex wird in seinem Rollstuhl zurechtgesetzt, den er selbst bedienen kann, indem er sein Kinn bewegt.

Um seinen Körper in Bewegung zu halten, läuft Alex in seinem Hoyer-Lift, geht aufs Laufband und schwimmt sogar. Angst? Ein Fremdwort!

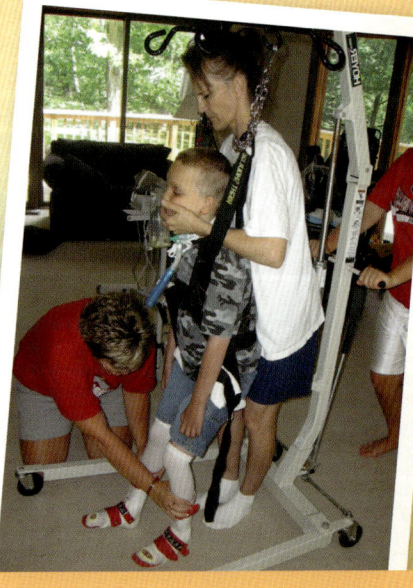

Unsere neue Normalität

Egal, ob es um eine Übernachtung in der Turnhalle der Gemeinde oder Fußballtraining mit unserem Held, Trainer Jim Tressel, geht: Man braucht viele Freiwillige, viele Fahrzeuge und viele Stunden, um Alex irgendwo hinzubekommen – aber er ist es ohne Frage wert.

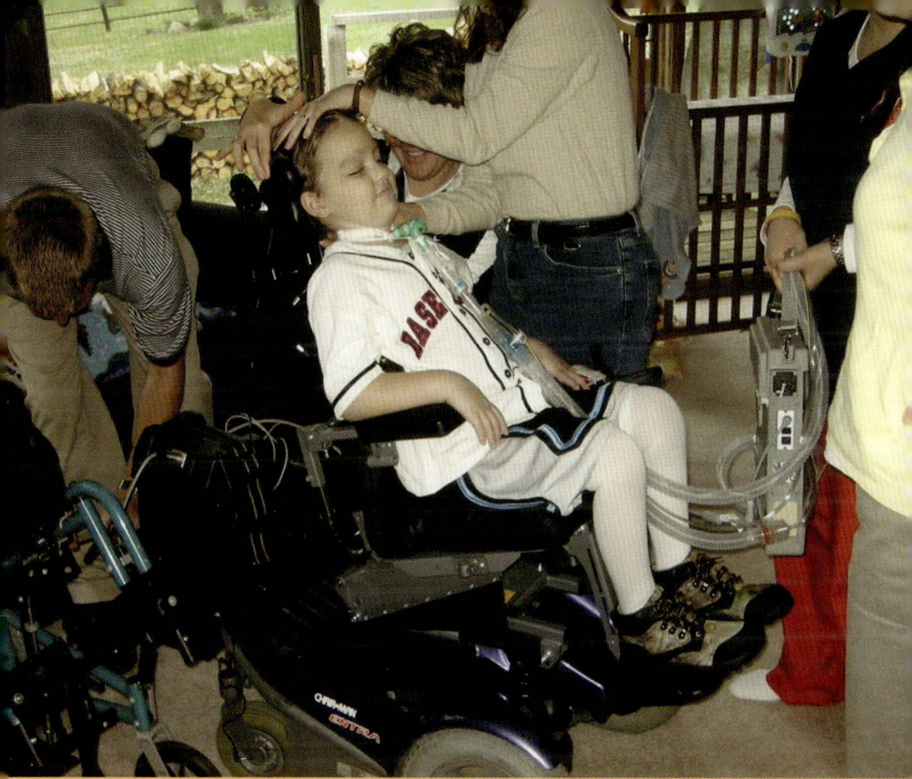

Geschichte schreiben

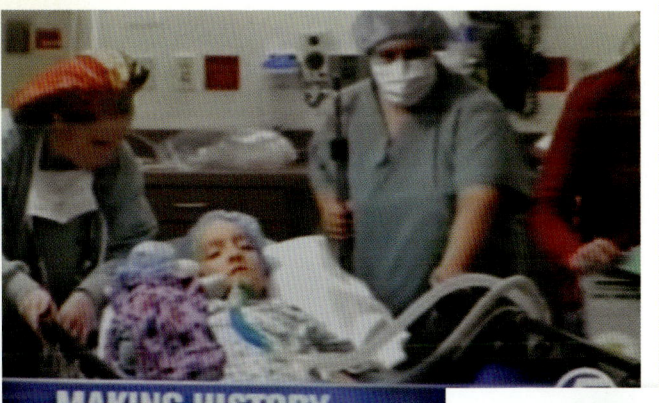

MAKING HISTORY

UNTEN ▼

Der weltbekannte Chirurg Dr. Raymond Onders führte die bahnbrechende Operation durch. Er behandelte Alex mit unglaublicher persönlicher Aufmerksamkeit und bleibt ein Freund unserer Familie.

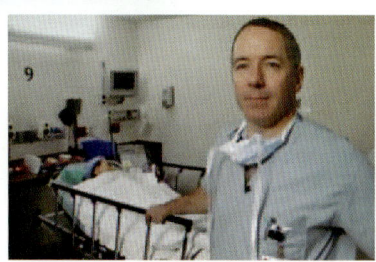

OBEN ▲

2009 machte Alex weltweit Schlagzeilen als erstes Kind, das eine Operation erhielt, die durch den Schauspieler Christopher Reeve bekannt wurde.

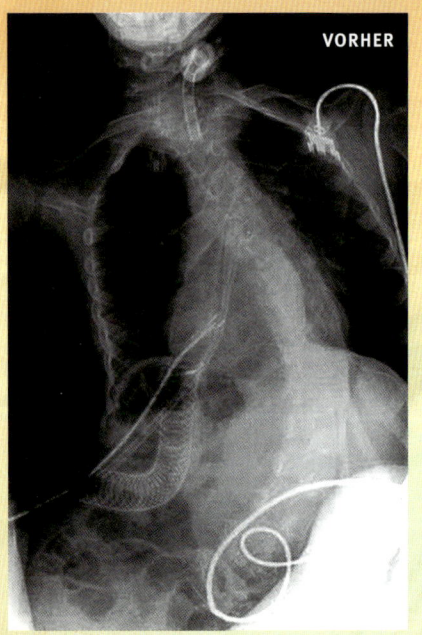
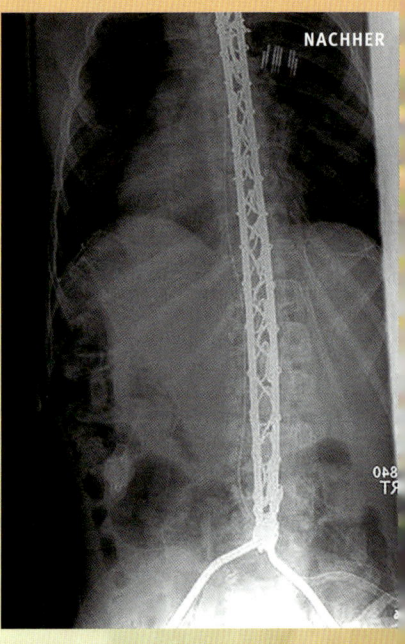

Geradeaus

OBEN ▲

Diese „Vorher-Nachher"-Röntgenaufnahmen stammen von einer Operation, die 2009 Alex' Wirbelsäule begradigte, die in einem 89-Grad-Winkel verdreht war.

UNTEN ▼

Für Beth und mich sind unsere Kinder Aaron, Alex, Gracie und Ryan die Freude unseres Lebens. Vielleicht ist dies nicht das übliche Familienfoto, aber es ist voller Glück und Liebe. Bitte bedauern Sie uns nicht – wir tun es auch nicht.

gen abgeklungen war. Wenn Alex versuchte, neue Wörter zu formen, waren wir gleichzeitig begeistert und frustriert. Wir wollten so sehr endlich eine normale Unterhaltung mit ihm führen, und er arbeitete unermüdlich daran, dass das geschehen konnte. Wir mussten uns sehr konzentrieren, um herauszufinden, was er zu sagen versuchte. Das konnte auch für ihn äußerst frustrierend werden, aber Alex hatte eine fast wundersame Geduld und Entschlossenheit. Auch ein Sechsjähriger hat komplexe Gedanken, Gefühle und Reaktionen, die er mitteilen möchte, und wir fragten uns, was wohl in ihm vorging, das viel mehr in die Tiefe ging, als durch ein simples Ja oder Nein auszudrücken war.

Wir brauchten alle Durchhaltevermögen. Inmitten dieser Anstrengungen hatte Beth eine brillante Idee, die ich als Psychotherapeut nur gutheißen konnte: Sie stellte eine Regel für Alex' Versuche auf, uns etwas über die Dinge mitzuteilen, die er nicht machen konnte. Wir würden ihm natürlich folgen und versuchen herauszufinden, was er sagen wollte, aber wenn wir feststellten, dass es um seine Unfähigkeit ging, dies oder das zu tun, unterbrachen wir ihn und baten ihn, drei Dinge zu nennen, die er tun konnte. Das passte genau zur Sichtweise meines Vaters, und es festigte die positive Grundhaltung, die Alex zwar schon hatte, aber unbedingt weiter aufrechterhalten musste.

So viele Monate lang hatte Alex anscheinend nicht mitbekommen, ob wir anwesend waren oder nicht. Wenn wir jetzt das Zimmer verließen, war er sichtlich aufgebracht und machte Unmengen an Protestzeichen. Wir mögen es doch alle, gebraucht zu werden. Vielleicht gefiel mir deshalb Alex' Aufregung, wenn wir aus dem Zimmer gingen. Nachdem ich so lange Zeit nicht gewusst hatte, ob er je wieder zu uns zurückkommen würde, war es tröstlich zu wissen, dass er mich brauchte.

Engel auf der Reha-Station

Was war es für eine freudige Entwicklung, als Alex aus dem Koma erwachte und zu uns zurückkehrte – es war eine direkte Antwort auf die Gebete Tausender, ein riesiger Segen für seinen Vater und seine Mutter. Als ich ihn etwa zwei Wochen später eines Abends besuchte, befand ich mich immer noch auf einem innerlichen Höhenflug. In seinem Zimmer traf ich auf Margaret, eine neue Bekannte aus einer örtlichen Gemeinde, die sich in den Gebetsplan eingetragen hatte.

Vielleicht war er müde, vielleicht auch entmutigt. Was auch immer der Grund war, Alex wollte nicht die übliche Litanei an Ja-/Nein-Fragen beantworten, die seit den zwei Wochen, in denen er sein Bewusstsein wiedererlangt hatte, für unsere Interaktion zentral geworden war.

*** Alex hat einige Fertigkeiten demonstriert, die er vorher noch nicht draufhatte. Er hat seinen Mund auf Kommando geöffnet, er hat seine Zunge auf Kommando rausgestreckt, er hat sein Kinn benutzt, um einen Hebel runterzudrücken. Es war auch deutlich, dass eine klare Verbindung zwischen seinem Wahrnehmungsvermögen, seinen Gefühlen und seinen körperlichen Bewegungen besteht.

Das Fehlen der meisten dieser Fähigkeiten wurde gestern bei einer Sitzung diskutiert. Wenn sich die Ärzte, Schwestern und Pfleger treffen und darüber reden, was Alex alles nicht kann, scheint es so, dass Gott am nächsten Tag gern in Erscheinung tritt und alles ein wenig aufmischt. Ich war ein bisschen besorgt wegen Alex' Motivation, und jetzt hat er uns gezeigt, dass er absolut motiviert ist (er hat mit dem Kinn einen Hebel runtergedrückt, der für mindestens zehn Minuten ein Spielzeug bewegt hat). Ich habe beobachtet, wie er kämpfte, um die Muskeln seiner rechten Gesichtshälfte zu benutzen, und jetzt hat er diese Muskeln perfekt beherrscht, als er sein „lächelndes Gesicht" für etwa fünf bis zehn Minuten aufsetzte. Er kann nun eine ganze Reihe an Emotionen ausdrücken.

Gott weckt unseren Sohn jeden Tag mehr auf, und Alex reagiert wie ein Krieger (wie David aus der Bibel). Er war stark und mutig wie Josua. Aber vor allem wurde er durch einen liebenden Gott gesegnet. Wir warten immer noch, dass Gott Alex die Kraft zum eigenständigen Atmen zurückgibt, sodass er sein Beatmungsgerät loswird. Ich glaube daran, dass das bald passieren wird.

Danke für eure Gebete. Bitte betet weiter, dass wir Gott ehren und immer mehr werden wie er.

PrayforAlex.com,
notiert von Kevin Malarkey am 20. Januar 2005 ***

Margaret und ich sprachen über verschiedene Aspekte dieser neuen Situation – dass Alex bei Bewusstsein war und mit uns interagierte. Das war eine so aufregende, von neuer Hoffnung erfüllte Zeit.

Margaret redete gerade, als Alex' Miene sich plötzlich dramatisch änderte. Sein Mund öffnete sich weiter, als ich es je gesehen hatte, und er blieb offen, was vorher nie passiert war. Zuerst schaute Alex zur Decke seines Zimmers, aber dann begannen seine Augen im Raum umherzuwandern. Er blickte nicht zu mir oder Margaret, was höchst ungewöhnlich war. Sobald ich Alex' Zimmer betrat, waren seine Augen normalerweise die meiste Zeit auf mich gerichtet. An diesem Abend war es anders. In den nächsten zwei Stunden sah mich Alex höchstens 20 Prozent der Zeit an. Etwas Merkwürdiges ging hier vor.

Ich versuchte verzweifelt herauszufinden, was los war, und begann, Alex eine Reihe von Fragen zu stellen. Es war ermüdend: Ich stellte ihm jede Frage, die mir einfiel – bestimmt hundert. Alle wurden mit Nein beantwortet. Dann dämmerte es mir: Wir waren vielleicht nicht allein! Schließlich hatten Alex schon öfter Engel besucht.

„Alex, sind Engel mit uns im Zimmer? Zeig es mir mit deinen Augen."

Ein breites Lächeln zeigte sich auf Alex' Gesicht, als er Margaret ansah. Als er so lächelte, wusste ich, dass die Antwort auf meine Frage Ja war, aber dass er Margaret dabei ansah, verwirrte mich.

„Ist Margaret ein Engel?"

Alex kräuselte seine Lippen, um Nein anzuzeigen.

„Also gut, Alex, ist der Engel *hinter* Margaret?"

Alex zog den Mundwinkel nach oben: Ja.

Zunächst deutete Alex an, dass mehrere Engel im Zimmer seien, aber dann waren wohl die meisten wieder verschwunden, bis nur noch drei anwesend waren. Um herauszufinden, wie viele es waren, nannte ich Zahlen, bis ich ein Ja von Alex bekam. Dann änderten sich die Dinge wieder. Es schien, als ob Alex zu sprechen versuchte. Gespannt beobachteten wir, wie Alex kämpfte, um ein Wort zu formen. Nach einer immensen Anstrengung, die ihn seine ganze Willenskraft kostete, sagte er schließlich: „Mama!" Und als ob er sicherstellen wollte, dass ihm das Wort nicht wieder entglitt, sagte er es immer und immer wieder. Ich konnte die Freude über diesen Triumph nicht verbergen. Ich hatte bis zu diesem Zeitpunkt viel geweint, aber meine jetzigen Freudentränen gefielen mir viel besser.

*** Ich sagte zu Kevin, dass ich wahrscheinlich an dem gezweifelt hätte, was passiert ist, wäre ich nicht dabei gewesen und hätte ich nur die Nachricht gelesen. Ich hätte nicht an Kevins Ehrlichkeit gezweifelt, aber gedacht, dass er vielleicht einfach ein bisschen zu hoffnungsvoll ist. Wenn ihr das lest, müsst ihr bedenken, dass ich jemand bin, dem die Dinge wirklich bewiesen werden müssen. Ich hätte wahrscheinlich hinter Thomas gestanden und gewartet, bis ich an der Reihe gewesen wäre, um die von den Nägeln verunstalteten Hände von Jesus zu berühren.

Ich bin seit 32 Jahren Christin, und ich habe nie etwas erlebt, wie ich es in dieser Nacht erlebt habe. Die ersten 45 Minuten, die Kevin dort war, hatte er Alex' ungeteilte Aufmerksamkeit, was meiner Meinung nach normal ist. Doch plötzlich blickte er nur auf seinen Vater, wenn dieser ihm Fragen stellte. Alles, was ihr in den beiden Nachrichten über die Engel gelesen habt, ist tatsächlich so passiert. Aber ich wünschte, dass jeder, der das liest, Alex' Gesicht hätte sehen können. Es strahlte wahrhaftig von innen heraus.

Margaret Mokry ***

Warte nur, bis ich das Beth erzähle, dachte ich. Dann bewegte Alex seinen Mund, um ein anderes Wort zu sagen. Er versuchte jetzt „Dad" (Papa) zu sagen, aber für den D-Laut braucht man seine Zunge – für seinen armen Mund ein komplexes Manöver, das sich noch als zu schwer erwies. Trotzdem war es ein großer Erfolg. Alex glühte förmlich, während er über die Engel „sprach". Seine Ja-Antworten unterstrich er durch ein breites Lächeln, statt nur einen Mundwinkel zu bewegen, wie er es sonst tat.

Alex hatte seine ersten Worte gesagt – war das der Grund, warum Alex' Engel gekommen waren? Ich glaube schon. Klingt das merkwürdig? Falls es Ihnen schwerfällt, das zu lesen und zu glauben, sollten Sie erst einmal versuchen, es zu tippen! Stellen Sie sich vor, wie ich mich dabei fühle. Ich bin konservativ-evangelikal geprägt. Solche Ereignisse gehören nicht zu meinen bisherigen Erfahrungen oder zu meinem

Hintergrund, aber ich kann auch nicht abstreiten oder ignorieren, dass sie passiert sind.

Ich habe noch nie einen Engel gesehen, aber ohne den geringsten Zweifel und ohne Zögern kann ich sagen, dass ich mein Kind mit ihnen interagieren sah. Margaret teilt diese Überzeugung. Es mag verrückt klingen, aber es ist tatsächlich passiert. Ich überlasse den Theologen die Erklärungen.

Von Alex

Engel helfen mir

Ich habe von ganzem Herzen auf ihn vertraut und er hat mir geholfen. Darum freue ich mich und danke ihm mit meinem Lied.

PSALM 28,7

Ich habe im Himmel viele Engel gesehen, aber das war, als ich nicht in meinem Körper war.

Nach zwei Monaten wachte ich schließlich aus dem Koma auf, aber ich konnte nicht sprechen. Ich wusste genau, was ich sagen wollte, aber ich konnte es nicht rausbringen. Das war wirklich schwer.

Ich konnte meine Lippen kräuseln, um Nein zu sagen, und einen Mundwinkel hochziehen, um Ja zu sagen. Ich konnte auch mit den Augen rollen, was „Ich weiß nicht" hieß. Aber das war alles.

Eines Nachts, etwa zwei Wochen nachdem ich aus dem Koma aufgewacht war, waren Daddy und noch eine Freundin namens Margaret bei mir. Ich war müde, und mir war nicht danach, Fragen zu beantworten, deshalb unterhielten Daddy und Margaret sich miteinander.

Dann passierte etwas. Ich sah Engel in meinem Zimmer. Sie waren überall. Mein Mund ging ganz von allein ganz weit auf. Ich halte meinen Mund sonst nie sehr lange offen, aber jetzt konnte ich ihn nicht mehr schließen.

Ich war so glücklich, dass die Engel da waren, aber es waren so viele! Ich fürchtete mich auch ein bisschen. Daddy hatte mich noch nie so gucken sehen, und er wollte wissen, was los war.

Daddy stellte mir eine Menge Fragen, aber die waren alle

falsch. Es dauerte sehr lange, aber schließlich hatte er es endlich kapiert und fragte: „Alex, siehst du Engel?" Ich lächelte noch mehr, und da wussten Daddy und Margaret, dass Engel im Zimmer waren.

Ich konnte nicht aufhören, sie anzuschauen. Dann begannen die Engel, mir zu helfen. Einige von ihnen legten ihre Hände auf meine Brust und halfen mir zu atmen, andere Engel halfen mir zu sprechen. Ich versuchte, mit meinem Mund Wörter zu formen, und plötzlich kam „Mama" heraus. Ich war sehr froh, als das Wort ausgesprochen war, und sagte es immer wieder. Dann probierte ich, auch *Daddy* zu sagen, aber das konnte ich nicht rausbringen.

Die Engel hörten mich reden, und sie feuerten mich an und ermutigten mich.

Kapitel 7

Heimkehr

"Meinst du, ich sollte das Auto wenden und den Krankenwagen dorthin zurückführen, woher wir kommen? Machen wir einen großen Fehler?"

Es waren mehrere Monate vergangen, seit das Columbus-Kinderkrankenhaus unser neues Zuhause geworden war. Die Hilfe vieler Christen hatte uns davor bewahrt, dass unser Leben sich völlig aufgelöst hatte, und wir waren sehr dankbar dafür. Aber inzwischen wollten wir nur noch nach Hause. Doch unser Wunsch, Alex mit nach Hause zu nehmen, hing an drei Dingen: Er musste stabil genug sein; Beth und ich mussten gerüstet sein, um für ihn zu sorgen, und unser Haus musste wieder sicher sein.

Ich glaubte und hoffte weiterhin, dass Alex selbstständig würde atmen können, bevor wir das Krankenhaus verließen. Noch tat sich allerdings nichts.

Ein neuer Luftröhrenschlauch linderte die Beschwerden, die Alex durch das Beatmungsgerät hatte, aber er wollte wirklich davon loskommen. Er wurde auch durch das lange Liegen langsam steif und musste Dehnübungen machen, um seinen Körper beweglich zu halten, doch das Gerät behinderte diese.

Trotz allem verlor Alex nie seinen Sinn für Humor. Zum Beispiel nannte er eine seiner Therapeutinnen im Spaß „Jane the Pain" („Jane, die Pein").

Die Engel, so versicherte er uns, kämen und gingen weiterhin. Als zum Beispiel unser Pastor für ihn betete, waren vier Engel anwesend, auch wenn nur Alex sie sehen oder hören konnte. (Einige Kilometer entfernt hatten wir acht eigene Engel auf dem Dach unseres Hauses, aber die waren von der menschlichen, sichtbaren und lauten Sorte. Wir waren so dankbar für ihre Flickarbeiten an unserem maroden Zuhause.)

Nachdem wir monatelang unser halbes Leben im Krankenhaus verbracht und versucht hatten, auch alles andere im Paralleluniversum irgendwie hinzubekommen, waren Beth und ich fix und fertig, und unsere Beziehung hatte einige Dellen bekommen. Ich habe mir oft gewünscht, ich könnte so manche harten Worte und mieses Verhalten rückgängig machen, und ich weiß, Beth wünschte sich das auch. In Wahrheit ließen wir manchmal unsere schlechtesten Seiten am anderen aus, auch, wenn andere in Hörweite waren. Wir sind auf unser Verhalten nicht stolz, aber ein ehrlicher Bericht über diese Zeiten darf den Schaden, den unsere Ehe in alledem erlitt, nicht vertuschen. Es gab einfach zu viele Anforderungen: für Alex da zu sein, liebevolle Fürsorge und materielle Dinge für drei weitere Kinder bereitzuhalten, unser Haus instand zu setzen, meine Arbeit wieder aufzunehmen – wir wussten, dass wir einen solchen Berg an Aufgaben nicht langfristig bewältigen konnten. Immer wieder neu nahmen wir uns vor, uns gegenseitig zu unterstützen, uns aneinander anzulehnen, genug Schlaf zu bekommen und uns ansonsten auf die Gebete unserer vielen Unterstützer zu verlassen.

Gestresst, aber gesegnet

Während der letzten Tage im Kinderkrankenhaus nahm die Spannung zu. Es mangelte uns mehr und mehr an Schlaf. Wir machten einen Crash-Kurs darin, wie wir für unseren Sohn –

einen Querschnittsgelähmten mit Beatmungsgerät – sorgen konnten. Doch auch danach fühlten wir uns auf die Aufgabe unzureichend vorbereitet. Diese verzweifelten Stunden brachten uns an unsere Grenze, und immer wieder versagten wir darin, uns gegenseitig gute Partner zu sein. Wir wollen unser Fehlverhalten nicht entschuldigen. Aber im Nachhinein glaube ich, dass wir uns zu schnell zu viel vornahmen.

*** Es gab Nächte, Wochen und Tage, an denen ich so ausgelaugt war, dass ich nicht wusste, wie ich noch funktionieren, mich bewegen oder atmen sollte. Meine Charakterstärke wurde auf die Probe gestellt, ebenso die Art, wie ich meinen Glauben lebte und meine Beziehung zu Jesus. Es blieb mir nichts erspart, was mich dabei hätte aufhalten können. Aber das Tolle ist: Gott gab mir nicht nur ein mitfühlendes Herz, sodass ich leide, wenn andere leiden, er schenkte mir auch Hartnäckigkeit – in guter Weise. Er weiß, dass ich nicht so leicht aufgebe.

Ich sage oft: „Ich wünschte, dass ich einiges davon mir selbst zuschreiben könnte, aber ich kann es nicht." Er hat bewirkt, dass wir es geschafft haben. Ich erkenne seine übernatürliche Stärke, Weisheit, sein Wissen und Verständnis an. Ich habe gelernt, mich fest an Jesus zu halten, der mich gerettet hat.

Beth Malarkey, Alex' Mutter ***

Die Leute, mit denen wir uns sonst über das Internet austauschten, dachten wohl, wir seien vom Erdboden verschluckt. Wenn wir nach Hause kamen, fielen wir todmüde ins Bett, nur um nach ein paar Stunden kostbaren Schlafs wieder aufzustehen und die nächste dringend anstehende Aufgabe anzugehen. Beth war völlig überlastet, und ich fühlte mich hilflos bei dem Versuch, sie zu unterstützen und zu ermutigen – ich war selbst die ganze Zeit über im Stress. Ich machte mir auch Sorgen, dass die Beziehung zu meinen drei anderen Kindern unter der Situation leiden könnte. Der Tag hatte einfach nicht genug Stunden, um all meinen Aufgaben nachzukommen.

In diesen letzten Tagen im Krankenhaus lernte Alex, selbstständig mit dem Computer zu arbeiten, und es überraschte mich nicht, dass er über diese Möglichkeit total aus dem Häuschen war. Er nannte den Computer „Alex 2" und bediente ihn mit einem Schalter vor seinem Gesicht. Er konnte nun auch seine Kiefermuskeln benutzen, um einen motorisierten Rollstuhl durch das Krankenhaus zu steuern. Bald wurde uns berichtet, dass er sich an „Jane the Pain" und anderen Krankenhausmitarbeitern rächte, indem er sie im Gang mit dem Rollstuhl verfolgte und versuchte, sie über den Haufen zu fahren.

Seine positive Haltung erstaunte weiterhin jeden. Ihm machten die MRTs Spaß. Er brachte sogar die Techniker in der Röntgenabteilung dazu, Röntgenaufnahmen von zwei seiner Kuscheltiere zu machen. Er übte wie verrückt mit seinem Rollstuhl und stürzte sich auf jede neue Herausforderung, die ihm geboten wurde. Er arbeitete unermüdlich, um sein Sprachvermögen wiederzuerlangen. Jeder, der sah, wie Alex um jeden Zentimeter Land kämpfte, fasste neuen Mut – seine Eltern eingeschlossen.

Allerdings bereiteten die Fähigkeiten, die er verloren hatte, Alex durchaus auch viel Kummer. Eines Abends erzählte er uns nach einem Gebet, dass er sich sehr wünschte, wieder Fahrrad zu fahren. Während sich seine Glieder mehr und mehr versteiften, wurde seine Erinnerung lebendiger und brachte all die Dinge an die Oberfläche, die er früher getan hatte – die Bäume, die er einst hochgeklettert war, die Spiele, die er gespielt hatte und das Fahrrad, mit dem er herumgesaust war. Sein ehemaliges Leben als sportlicher kleiner Junge wurde ihm langsam wieder bewusst – und mit ihm die Erinnerung an alles, was jetzt jenseits des Erreichbaren lag.

Die Hauptaufgabe bei der Versorgungsarbeit, die Beth und ich leisten mussten, war das Wechseln von Alex' Luftröhrenschlauch. Zuerst schien das eine komplexe, erschreckende Aufgabe zu sein, aber bald taten wir es, ohne mit der Wimper zu zucken.

Wann immer wir nicht weiterwussten, wartete Gott schon darauf, uns ein größeres Bild zu zeigen und uns seine Pläne mitzuteilen. Er ließ uns immer wieder demütig werden und zeigte uns, wie sehr er uns liebte und segnete.

Während Alex im Krankenhaus Engel sah, begegneten wir Gottes Engeln auf andere Art. Acht Männer arbeiteten unermüdlich daran, unser Dach zu erneuern – es war nun in einem weitaus besseren Zustand als vor dem Baumunfall! Andere Freiwillige arbeiteten an anderen Problemen, die sich seit dem Unfall an unserem Haus ergeben hatten. Ein komplettes (und sehr teures) Wasserfiltersystem wurde installiert. Gottes „Handwerker-Engel" leisteten unzählige Stunden Arbeit an Rohrleitungen, Lüftungen und anderen wichtigen Funktionen im Haus.

Ein Spender bezahlte 1500 Dollar für eine spezielle Matratze für Alex. Als der Eigentümer der Matratzenfirma über unsere Webseite davon erfuhr, rief er den Spender an, bat um seine Adresse und sandte den Scheck zurück – die Matratze schenkte er uns. Jemand anders stattete uns komplett mit neuen Haushaltsgeräten aus.

Wir sind müde, aber wir kämpfen, damit andere Gott erleben (auch wenn wir manchmal kaum wie Leute erscheinen, die Jesus Christus von ganzem Herzen nachfolgen) ...
Gott ist unsere Stärke, aber ihr seid seine Hände und Füße.

PrayforAlex.com,
NOTIERT VON KEVIN MALARKEY AM 10. DEZEMBER 2004

Und ich habe nur die Spitze des Eisbergs erwähnt. Dass Gott all unsere Bedürfnisse erfüllte, wurde für uns langsam so alltäglich, dass wir Gefahr liefen, es für selbstverständlich hinzunehmen. Dabei war es einfach ein Wunder, was er alles durch seine Leute tat, um uns die Liebe zu erweisen, die unter seinen Kindern wachsen kann. In der Bibel heißt es: „Eure Liebe zueinander wird der Welt zeigen, dass ihr meine Jünger seid" (Johannes 13,35).

Der Tag von Alex' Heimkehr rückte näher. Das Haus war bereit, aber waren wir es auch? Wir fühlten uns ganz sicher nicht so. Mit Baby Ryan im Schlepptau fuhr Beth am 14. Februar 2005 zum Krankenhaus, um die Ärzte und Krankenschwestern ein letztes Mal zu sprechen. Mich hielten sie per Telefonkonferenz auf dem Laufenden, während ich mich zu Hause um Gracie und Aaron kümmerte. Zu diesem Zeitpunkt war ich um nichts mehr besorgt als um Beths Zustand. Sie war geistig, körperlich und emotional total erschöpft, und ich trug mit meiner Ungeduld und meinem Mangel an Sensibilität eher noch zu ihren Problemen bei, als dass ich ihr geholfen hätte.

Alex sollte am nächsten Tag mit dem Krankenwagen nach Hause gebracht werden. Er war so aufgeregt, dass er am liebsten geflogen wäre. Statt immer auf Familienmitglieder zu warten, die ihn besuchen würden, würde er nun rund um die Uhr bei uns sein. Als ich Alex daran erinnerte, dass er zum ersten Mal seit drei Monaten unseren Hund Sadie wiedersehen würde, erschien ein breites Lächeln auf seinem Gesicht.

Jeder war begeistert darüber, dass Alex nach Hause kommen würde, aber trotz all unserer Vorbereitungen fühlten wir uns furchtbar schlecht gerüstet für alles, was nun auf uns zukommen würde.

Beth hört vom Himmel

Während die Krankenschwestern im Zimmer ein und aus gingen, wechselte Beth Alex' Luftröhrenschlauch. Gleichzeitig schwirrten in ihrem sowieso schon überlasteten Kopf unzählige Details herum. Alex wartete, bis Beth fertig war, und machte dann deutlich, dass er mit seiner Mama und Ryan allein sein wollte. Das Krankenhauspersonal verließ respektvoll das Zimmer und schloss die Tür. *Was hat er wohl auf dem Herzen?*, überlegte Beth, während sie ihn zärtlich am Arm streichelte. Alex konnte inzwischen mit seinem Mund Wörter formen und ein schwaches Flüstern dazu herausbringen. Beth lehnte sich über ihn und hörte genau hin. Alex flüsterte: „Ich möchte dir von dem Unfall erzählen."

„Ja, Liebling, was möchtest du mir erzählen?"

Beths Stimme war ruhig, aber innerlich war sie total flatterig. Das war das letzte Thema, das sie von Alex erwartet hatte, kurz bevor es endlich nach Hause ging. Und es war das erste Mal, dass Alex über den Unfall reden wollte.

„Jesus kam und nahm mich aus dem Auto und hielt mich die ganze Zeit ganz nah bei sich. Ich war außerhalb meines Körpers und beobachtete, wie alle um mich herum waren. Ich war in Sicherheit. Jesus redete ständig mit mir und sagte mir, dass alles mit mir in Ordnung gehen werde, deshalb hatte ich die ganze Zeit keine Angst."

Ein strahlendes Lächeln huschte jetzt über Alex' Gesicht. Er hatte diese Erfahrung schon so lange mitteilen wollen, und jetzt war er langsam wieder fähig dazu, auch wenn er noch nicht deutlich reden konnte.

„Was hast du noch erlebt?"

„Ich sah, wie Daddy aus dem Auto genommen wurde. Die Engel legten ihn im Graben ab."

Beth reimte sich zusammen, was Alex mit „genommen" meinte. Er sagte, dass sein Daddy weder aus dem Auto geschleudert worden noch selbst ausgestiegen sei. Engel hatten seinen Körper buchstäblich an einen sicheren Ort gebracht!

„Dann hörte ich, wie Daddy meinen Namen rief: ‚Alex! Alex! Alex!' Daddy wusste nicht, wo ich war, und machte sich Sorgen um mich."

„Hat dich das traurig gemacht, Schatz?"

„Nein, ich war nicht traurig. Ich war ja bei Jesus. Dann kamen viele Feuerwehrleute. Ein Feuerwehrmann brachte Daddy sein Handy, und ich sah, wie er telefonierte."

Beths Gedanken rasten zurück zu dem Moment dieses Anrufs. Es war unmöglich, dass Alex das mitbekommen hatte, und dennoch hatte ich ihr die Abfolge der Ereignisse genau so geschildert.

„Ein anderer Feuerwehrmann steckte etwas in meinen Mund, das mir beim Atmen helfen sollte. Eine Krankenschwester half mir im Auto. Die Feuerwehrleute holten mich dann aus dem Auto und legten mich auf ein flaches Brett. Sie schnitten mein Hemd auf. Es war mein kariertes Hemd. Sie zogen mir auch die Schuhe aus. Daddy lief zum Hubschrauber rüber, um mit dem Mann im blauen Anzug zu reden."

„Alex, meinst du einen orangefarbenen Anzug? Ich glaube, die tragen solche."

„Nein, Mama, es war ein blauer Anzug!"

Das müsste der Mann von „MedFlight" gewesen sein, der medizinischen Lufttransportgruppe, die den Hubschrauber stellte. Später fragte mich Beth nach der Uniform, denn sie meinte sich zu erinnern, dass Dave einen orangefarbenen Anzug getragen habe, als er am Krankenhaus mit ihr gesprochen hatte. Aber ich sagte ihr, dass Alex den Nagel auf den Kopf getroffen hatte – der Anzug war tatsächlich blau gewesen.

„Ich sah, wie sich der Hubschraubermann über mich beugte und für mich betete. Dann legten sie auch Daddy auf ein flaches Brett und brachten ihn in den Krankenwagen. Sie haben auch seine Sachen aufgeschnitten."

Das war alles wahr, und er konnte darüber eigentlich gar nichts wissen. Er war nach dem Unfall definitiv bewusstlos gewesen, und zu der Zeit, als sich die Sanitäter um mich kümmerten, war er bereits im Hubschrauber auf dem Weg zum Kinderkrankenhaus unterwegs.

„Liebling, sag mir, wohin du dann gegangen bist", fuhr Beth fort.

„Mama, ich war bei Jesus, aber mein Körper unter mir atmete nicht. Aber Jesus sagte: ‚Mach dir keine Sorgen. Du wirst wieder atmen.'"

„Sagte er, wann das sein würde?"

„Nein. Das sagte er nicht."

„Was ist mit den Engeln?"

„Die waren auch da."

„Erinnerst du dich sonst noch an etwas?"

„Meine Stofftücher waren überall!"

Beth lachte. Wir hatten die alten Stofftücher schon fast vergessen, die er statt einer Schmusedecke ständig mit sich herumtrug. Genau, wie er es jetzt erzählte, waren die Stofftücher nach dem Unfall überall ums Auto verteilt gewesen.

„Und ich erinnere mich an das Zimmer, in dem sie mich behandelten, als ich ins Krankenhaus kam. Da waren viele Menschen. Vielleicht ... so zwanzig Leute? Alle halfen dabei, mich zu versorgen, und sagten, wie schlimm ich verletzt sei. Sie waren sehr traurig."

„Hat dir das Angst gemacht?"

„Nein. Ich hatte keine Angst, solange Jesus bei mir war. Jesus hat mir gesagt, dass ich dir das alles erzählen soll."

„Danke, Liebling. Ich bin wirklich froh, dass du das getan hast!"

Beth nahm sich einen Moment Zeit, um über diese erstaunliche Unterhaltung nachzudenken. Da es zu Hause so viel für sie zu erledigen gab, hatte sie eigentlich gar nicht zu dem Treffen kommen wollen. Sie war schon auf jede erdenkliche Art am Ende ihrer Kräfte, und wenn Alex jetzt nach Hause kam, würde das Leben nicht einfacher werden. Der Plan war gewesen, dass sie zu Hause bleiben und ich zum Treffen gehen sollte. Aber wir hatten es uns in letzter Minute anders überlegt – oder vielmehr: Gott hatte den Plan geändert. Jesus hatte Beth bei Alex haben wollen. Er hatte eine Nachricht für sie von ihrem Sohn Alex! *Na gut, Herr,* dachte sie. *Du hast meine volle Aufmerksamkeit. Ich höre.*

Sie hatte sich an diesem Morgen so überlastet gefühlt und sich gefragt, wie sie weiter durchhalten sollte. Jetzt hatten die geflüsterten Worte eines Kindes ihr sehr deutlich gemacht, dass Gott immer noch alles unter Kontrolle hatte. Seine Gnade genügte. Alex hatte nie Angst gehabt, weil er bei Jesus gewesen war. Sollte sie sich nicht auch bei Jesus ausruhen? Die Nachricht konnte direkter nicht sein. In der Stille des Zimmers formulierte Beth ein leises Dankgebet. Und wie in jenem Moment mit Alex haben wir auch danach immer wieder erfahren, dass Gott sich überall finden lässt, wenn wir uns verzweifelt nach ihm sehnen.

Später am Tag kam ich ins Krankenzimmer, um Alex' letzte paar Habseligkeiten einzusammeln. Während ich das tat, drang eine dünne Stimme aus dem Bett an mein Ohr – eine unglaublich wunderbare kleine Stimme: „Daddy!"

Freude durchfuhr mich, als ich herumwirbelte und in Alex' verzücktes, lächelndes Gesicht blickte. Er hatte sich ein paar Tage zuvor noch furchtbar angestrengt, um das zu sagen. Jetzt sagte er den Kosenamen ganz deutlich – so kurz bevor wir bereit waren, das Krankenhaus zu verlassen. Tränen der Freude rannen über mein Gesicht. Gerade als Alex seine Stimme fand, verlor ich meine. Aber das hielt mich nicht davon ab, eine Reihe aufgeregter Anrufe zu tätigen und zu versuchen, jedem zu erzählen, was gerade passiert war.

Es waren drei Monate vergangen, als ich ihn das letzte Mal vom Rücksitz unseres Autos mit mir sprechen gehört hatte. War dies ein Abschieds- oder ein Willkommensgeschenk? Alles, was ich denken konnte, war: *Danke, Herr! Vielen Dank.*

Nur ein vorübergehender Aufenthalt zu Hause

Am nächsten Tag war ich wieder im Krankenhaus. In den letzten drei Monaten hatten wir quasi im Kinderkrankenhaus gelebt, deswegen hatten unsere Habseligkeiten dort erstaunliche Proportionen angenommen. Mehrere Lieferwagenladungen waren für Alex' Umzug vom Krankenhaus nach Hause nötig – und das war nur unser Zeug! Die wirkliche Herausforderung bestand darin, Alex selbst im Krankenwagen zu transportieren. Beth und die anderen drei Kinder warteten zu Hause, während Alex und ich uns am Krankenhaus bereithielten. In der Bibel heißt es, dass Gott bei uns ist, wenn wir durch tiefes Wasser gehen müssen, und uns die nötige Gnade schenkt. Vielleicht ahnte ich deshalb nicht, dass dies nur die erste von 12 Fahrten im Krankenwagen sein würde, die Alex und ich in den nächsten paar Monaten zurücklegen würden. Hätte ich es an dem Tag gewusst, als wir ihn nach Hause brachten, wäre mir das Herz gebrochen. Als ich losfuhr und der Krankenwagen mit Alex mir folgte, war das für mich eigentlich ein endgültiges Nach-Hause-Kommen.

Die Aussicht, dass wir mit dem anstrengenden Hin- und Herpendeln aufhören konnten, war eine extreme Erleichterung. Dennoch ist es schwer, einem Außenstehenden die körperliche und emotionale Belastung zu vermitteln, die damit einhergeht, wenn man an sieben Tagen pro Woche eine 24-Stunden-Pflege leisten muss. Wenn man das nicht selbst erlebt hat, kann man sich kein wirkliches Bild davon machen.

Wie ein Bleistift, der zu lange im Anspitzer gedreht worden war, waren Beth und ich inzwischen so am Ende, dass es nur noch um das tägliche Überleben ging. Dass unser Familienleben funktionierte, erforderte mehr Kraft, als wir geben konnten, aber wir mussten es schaffen (und wollten es auch gern). Die Konsequenz war, dass Beth und ich nichts mehr übrig hatten, was wir einander hätten geben können. Ich würde nie eine Scheidung in Betracht ziehen, aber es bereitet mir keine Schwierigkeiten zu verstehen, warum Ehen, die kein extrem festes Fundament haben und in traumatischen Umständen gefangen sind, scheitern.

Es bereitete uns große Sorgen – und das ist noch untertrieben –, selbst für Alex' Pflege verantwortlich zu sein, während die „rettende Sicherheit" viele Kilometer von uns entfernt war. Wir hatten so viele Fragen: Wie würde es sein, für Alex unter unserem eigenen Dach zu sorgen? Konnten wir der Aufgabe gerecht werden, auch wenn Krankenschwestern täglich vorbeikommen und uns helfend zur Seite stehen würden? Was, wenn es einen medizinischen Notfall gab? Und dann hatten wir natürlich auch Fragen, die Alex selbst betrafen: Wie lange würde er seine motivierte Einstellung behalten? Er hatte sich so beherzt gezeigt, hatte eine so tolle Grundhaltung und war eine Kämpfernatur. Es war einfach nicht seine Art aufzugeben. Wie viele von uns hätten sich der Verzweiflung hingegeben, wenn sie vollkommen gelähmt und mit einem Beatmungsgerät zu sich gekommen wären? Aber gab es da eine Grenze? Konnten wir als seine Versorger seinem Beispiel folgen, ohne selbst einen eher entmutigenden Einfluss auszuüben? Manchmal schien es so, als ob *er* derjenige wäre, der *unsere* Stimmung aufrechterhielt.

Inmitten all unserer menschlichen Schwächen war Gott in unserem Leben noch nie so gegenwärtig gewesen wie jetzt, und ich dankte ihm und lobte ihn dafür. Aber es gab so vieles, was wir brauchten. Ich musste zugeben, dass ich Angst vor der Zukunft hatte und mir um tausend Dinge Sorgen machte. Ich wollte unbedingt, dass es funktionierte. Allen Leuten, die sagten, dass wir oder Alex mit der Pflege zu Hause nicht zurechtkommen würden, wollte ich beweisen, dass sie unrecht hatten. Tief im Innern jedoch fragte ich mich selbst, ob wir das Richtige taten.

Beth hatte ebenso zu kämpfen wie ich. Sie brauchte wirklich Gottes Kraft und Mut und einen Ehemann, der ihr den Rücken stärkte. Sie sorgte sich auch um die Pflegesituation, die so schwierig aufzubauen und zu bewältigen war. Obwohl Beth und ich von Natur aus recht unabhängig sind, waren wir nun auf das erfahrene medizinische Pflegepersonal angewiesen. Sie waren unser Sicherheitsnetz. Es hatte viele kleinere Notfälle während des Krankenhausaufenthaltes gegeben. Was sollten wir im Fall eines „kleinen" Notfalls tun, wenn die ausgebildeten Krankenschwestern und -pfleger gerade nicht anwesend waren? Da Alex am Beatmungsgerät hing, war uns die Wichtigkeit seines nächsten Atemzuges ständig bewusst. Allein der Gedanke, es könne etwas schiefgehen, setzte uns emotional ständig zu.

Das alles war ein gigantischer Schritt. Wie oft hatten wir ernsthaft für diesen Tag gebetet, für Alex' Nachhausekommen – aber wie man so schön sagt: „Sei vorsichtig, worum du Gott bittest, denn es könnte dir gewährt werden." Auf der einen Seite war es ein großer Gewinn, dass wir als Familie wieder zusammen waren, doch auf der anderen Seite verloren wir medizinische Unterstützung und sofort verfügbare professionelle Hilfe.

Ich fuhr weiter auf der Bundesstraße in Richtung unseres Zuhauses, der Krankenwagen mit Alex etwa 100 Meter hinter mir. Die häusliche Pflege war noch nicht komplett organisiert. Die Leute bekamen ihre Termine einfach nicht richtig in den Griff. Wie bei den meisten Menschen ist meine Reizschwelle – auch an guten Tagen – sehr niedrig, wenn es um

Papierkram und Bürokratie geht. Und dann noch heute, wo ich mit Alex nach Hause kam und die volle Verantwortung für seine Pflege übernahm ... *Hilf mir, Herr, ruhig zu werden.*

Ich seufzte und wählte die Nummer einer Freundin, die Krankenschwester ist. Nachdem ich ihr meine Zweifel und wachsende Angst gestanden hatte, fragte ich: „Meinst du, ich sollte das Auto wenden und den Krankenwagen dorthin zurückführen, woher wir kommen? Machen wir einen großen Fehler? Vielleicht sind wir einfach noch nicht bereit. Sag mir, was du wirklich denkst."

Sie ermutigte mich, es durchzuziehen, und einige Minuten später fuhr ich schließlich unsere lange Auffahrt entlang. Als ich um die letzte Ecke bog, sah ich Beth mit dem kleinen Ryan im Arm und Aaron und Gracie, wie sie mich auf- und abspringend begrüßten. Ihre strahlenden Gesichter waren genau das, was ich jetzt brauchte. In diesem kurzen Moment verschwand der größte Teil meiner Angst. Ich hatte so vieles, wofür ich dankbar sein konnte: meine Ehefrau, meine Kinder und Alex, der wach und nun zu Hause war, mit intaktem Gehirn und Geist. In der Tat viel Grund, um Danke zu sagen.

Ich parkte beim Haus und wurde von allen umzingelt, aber bald nahm die Hauptattraktion jedermanns Aufmerksamkeit ein: Als Alex, der auf einer fahrbaren Krankentrage festgeschnallt war, die Rampe runtergerollt wurde, liefen uns allen die Freudentränen übers Gesicht.

Irgendwie leitete Alex' Ankunft das Ende von etwas ein und war der Beginn von etwas Neuem. Wir hatten mit unserer emotionalen Reaktion auf seine Ankunft selbst nicht gerechnet und konnten nicht aufhören zu weinen. Es ist erstaunlich, wie einen so ein Moment überraschen kann. Die Anwesenheit von Sanitätern, einem Atemtherapeuten und anderem medizinischen Personal erinnerte uns schließlich daran, Alex und alles medizinische Gerät ins Haus zu schaffen.

Zu Hause, aber nicht allein

Wir hatten die Wände mit farbenfrohen Bannern geschmückt, die Alex willkommen hießen. Beth hatte viele Stunden damit zugebracht, das Haus fertig zu bekommen, alle Zimmer für den ständigen Besucherstrom aufzuräumen und Platz für die medizinischen Geräte zu schaffen, die Alex brauchte. Währenddessen hatte sie natürlich immer noch drei kleine Kinder zu beaufsichtigen, von denen zwei ziemlich aktiv waren.

Mahlzeiten kamen in unser Haus wie Manna vom Himmel. Die wunderbaren Menschen aus unserer Gemeinde taten, was Gottes Leute anscheinend exzellent beherrschen: ein reichhaltiges Büfett bereitstellen. Sie hatten einen Plan ausgearbeitet, um sicherzustellen, dass Beth nicht auch noch am Herd stehen musste.

Zwei Männer tauchten auf, um die Schaukel aufzubauen, die in all den Monaten, seit wir das Haus gekauft hatten, in ihrem Karton liegen geblieben war. Und auf diese Weise wurden die Aufgaben rund ums Haus nach und nach für uns erledigt. Wann immer es etwas zu tun gab, tauchten irgendwelche irdischen Engel auf und übernahmen die Arbeit für uns. Unser Pastor war ein regelmäßiger Besucher, wie auch so viele andere, die mit uns beteten und uns ihre liebevolle Unterstützung anboten. Eine Sache, mit der wir uns sicher nicht herumschlagen mussten, war Einsamkeit. Wir erhielten unglaublich viel und tolle Unterstützung – aus der Umgebung und auch aus entfernteren Gegenden.

Auch das medizinische Fachpersonal kam in regelmäßigen Abständen. Es gab einen Ergotherapeuten, einen Physiotherapeuten, einen Logopäden, einen Atemtherapeuten und eine Stammbesetzung von Krankenschwestern, die meist an 6 Tagen pro Woche insgesamt 12 Stunden bei Alex waren. Zusätzlich kam ihr Chef gelegentlich vorbei, um sicherzustellen, dass alles reibungslos ablief, und machte Verbesserungsvorschläge. All diese Menschen liebten Alex, und er erwiderte ihre Zuneigung und reagierte auf ihre Anweisungen mit geradezu übermenschlichen Anstrengungen. Zumindest in der nahen Zukunft würden wir definitiv nicht allein dastehen. Aber auch mit all dieser Hilfe schien das Krankenhaus Lichtjahre entfernt zu sein.

Unsere Veranda stand bald voll merkwürdiger Kisten, weil der Paketdienst nahezu jeden Tag neue medizinische Sendungen abgab. Das Krankenhaus war für drei Monate unser Zuhause gewesen; jetzt wurde unser Haus langsam zu einem Krankenhaus.

Wir hätten uns nie vorstellen können, wie viele Leute jeden Tag bei uns ein und aus gingen. Wir mussten sogar noch zusätzliche Parkplätze neben unserem Haus ausweisen. Als wir noch eine normale Familie mit vier gesunden Kindern gewesen waren, war unser Haus geradezu ruhig gewesen im Vergleich zu dem uns jetzt täglich umgebenden Rummel. Wir waren jedoch dankbar für jeden Besucher und jedes neue medizinische Gerät, weil all das für uns und Alex eine Hilfe darstellte.

Die Herausforderung bestand darin, irgendwie einen vertrauten Familienkreis aufrechtzuerhalten und die Eltern zu sein, die alle unsere vier Kinder brauchten. Es bedurfte schon enormer Aufmerksamkeit und einer Menge Einfallsreichtum, damit jeder von uns für jedes Kind Zeit hatte. Zeit für mich und Beth als verheiratetes Paar – nun, das war nur noch eine verschwommene Erinnerung. Vielleicht würde es einmal eine Zeit geben, in der wir wieder einmal ausgehen und uns um nichts anderes in der Welt kümmern könnten als unsere Beziehung zueinander. Es war schwer vorstellbar, wann dieser Tag kommen würde.

Als Beth und ich am Abend von Alex' Rückkehr ins Bett fielen, waren wir völlig erschöpft. Alex war versorgt, alle

Kinder waren im Bett, das Beatmungsgerät und andere Maschinen summten, und eine Krankenschwester hielt Nachtwache. Morgen würde es sicher etwas weniger hektisch zugehen ... oder?

Der Ofen im Wohnzimmer

Am nächsten Tag stieg ich aus dem Bett und fühlte mich gleich zum Computer hingezogen. Unsere Internetfreunde brannten sicher darauf, zu hören, wie das Nachhausekommen geklappt hatte. Gerade als ich mich anmeldete, hörte ich Alex' schwache, aber irgendwie dringlich klingende Stimme die Morgenstille durchbrechen.

„Daddy?"

Obwohl Alex jetzt regelmäßig mit uns sprach, war seine Stimme nicht immer hörbar. Er formte ganz sorgsam jedes Wort, das er sagen wollte, und benutzte seine Gesichtsmuskeln, so energisch er nur irgendwie konnte. Manchmal gab seine Stimme eine gewisse Lautstärke her, manchmal aber auch gar nichts.

Ich widmete ihm sofort meine Aufmerksamkeit. Er freute sich so, wieder zu Hause zu sein. Was er jetzt wollte, war ein Feuer im Ofen. Das war für ihn eines der aufregenden Dinge im neuen Haus, etwas, das es definitiv im Krankenhaus nicht gegeben hatte. Monatelang hatte ihn die Hoffnung angetrieben, seinen Hund wiederzusehen, ein Feuer im Ofen zu genießen und ständig mit seinen Eltern und Geschwistern zusammen zu sein. Ich schob ihn ins Wohnzimmer, wo er mehrere Stunden saß und sich einfach der Gemütlichkeit seines eigenen Zuhauses hingab. Es war der perfekte Moment, denn die Morgensonne ließ die 12 Zentimeter Schnee draußen funkeln. Das malte ein breites Lächeln auf Alex' Gesicht.

Als er jetzt im Wohnzimmer saß und das Knistern des Feuers genoss, konnte er durch das Fenster sehen, wie der Schnee auf den Zweigen lag und die Vögel am Futterring um die besten Körner stritten. Er liebte solche Dinge, und es hatte eine Zeit gegeben, als wir uns fragten, ob er je wieder seine Augen für solche einfachen Freuden öffnen würde. Vielleicht hätte man jetzt erwarten können, dass er mit einem bitteren Gefühl auf den Schnee blickte und sich daran erinnerte, wie er im letzten Winter darin gespielt hatte. Aber so war Alex einfach nicht. Er war nie so zufrieden gewesen wie jetzt.

Viktor Frankl, der Autor des berühmten Buchs „Trotzdem Ja zum Leben sagen", hat die Konzentrationslager der Nazis überlebt. Er hatte dort die verschiedenen Arten, wie Menschen auf Leiden reagieren, sehr genau beobachtet, und er schreibt: „Alles kann einem Mann oder einer Frau genommen werden, mit einer Ausnahme: die letzte Freiheit des Menschen, seine Haltung in jeder Situation selbst zu wählen, seinen eigenen Weg zu wählen."

Alex war der lebende Beweis dafür. Deshalb habe ich das Gefühl, dass Alex ab einem bestimmten Punkt mein Mentor wurde, mein Coach für die richtige Haltung im Leben. Wenn so ein kleiner Kerl in so schrecklichen Umständen so belastbar ist, dann weiß ich, dass ich fast alles ertragen kann. Was ich an meinem Sohn gesehen habe, ist ein lebendiges Beispiel für einen kindlichen Glauben, der die Wahrheit darüber zeigt, was die Bibel lehrt:

Kann uns noch irgendetwas von der Liebe Christi trennen? Wenn wir vielleicht in Not oder Angst geraten, verfolgt werden, hungern, frieren, in Gefahr sind oder sogar vom Tod bedroht werden? (...) Aber trotz all dem tragen wir einen überwältigenden Sieg davon durch Christus, der uns geliebt hat. Ich bin überzeugt: Nichts kann uns von seiner Liebe trennen. Weder Tod noch Leben, weder Engel noch Mächte, weder unsere

*Ängste in der Gegenwart noch unsere Sorgen um die Zukunft,
ja nicht einmal die Mächte der Hölle können uns von der Liebe
Gottes trennen. Und wären wir hoch über dem Himmel
oder befänden uns in den tiefsten Tiefen des Ozeans,
nichts und niemand in der ganzen Schöpfung kann uns
von der Liebe Gottes trennen, die in Christus Jesus,
unserem Herrn, erschienen ist.*

RÖMER 8,35.37-39

Eine aufrüttelnde Unterhaltung

Während der ruhigeren Momente begann Alex häufiger über die Dinge zu sprechen, die sich zutrugen, als er „fort" war. Zum ersten Mal begann ich zu vermuten, dass mein Sohn wirklich am Unfallort gestorben war. Diese Möglichkeit passte sowohl zu der Art der Verletzungen, die er erlitten hatte, wie auch zu der Reise, von der er erzählte – eine Reise in den Himmel selbst. Außerdem wurde er im Lauf der Zeit immer eindringlicher, was seine Geschichte anging. Ein ausgedachter Bericht wäre voller Widersprüche gewesen und schließlich verblasst. Alex' Erzählung nahm jedoch immer mehr Form und Tiefe an.

Zu Beginn vermuteten wir, dass Alex sich nicht mehr an den Unfall erinnerte. Aber meine größte Angst war, dass sein Gedächtnis völlig verschwunden sein könnte oder zumindest lückenhaft wäre. Diese Angst kam auf, sobald Alex die Fähigkeit wiedererlangte, Sätze zu bilden. Sobald er die Worte formulieren konnte, fragte er wiederholt: „Bist du mein Daddy?"

Mein Gesichtsausdruck änderte sich nicht, aber als ich diese Worte hörte, begann mein Herz sofort zu schmerzen, als ob ich auf fundamentale Weise abgelehnt worden wäre. Es war nicht vernünftig, ich weiß, aber wenn Ihr Sohn Ihnen eine solche Frage stellt, dann ist es mit der Vernunft nicht mehr weit her, glauben Sie mir!

Alex wurde langsam besser im Sprechen, und die Unterhaltungen mit ihm waren bald nahe dran an dem, was wir alle als normal ansahen. Eine der ersten richtigen Unterhaltungen verlief so:

„Bist du mein Daddy?"

„Ja, Alex, ich bin dein Daddy."

„Bist du sicher, dass du mein Daddy bist?"

„Ja, Alex, ich bin es."

„Denn mein Daddy wurde beim Autounfall getötet", sagte er. „Du siehst aus wie er, aber mein Daddy ist im Himmel."

„Alex, wir beide hatten gemeinsam einen Autounfall", erklärte ich, verwirrt über seine Aussage. „Ich wurde aus dem Auto geschleudert, aber ich bin nicht gestorben."

„Das mit dem Unfall tut mir leid, Daddy."

„Mir auch, Alex, aber alles wird gut, mein Freund. Gott wird uns helfen."

„Daddy, der Unfall war meine Schuld."

„Nein, Alex. Ich habe einem Auto die Vorfahrt genommen."

„Aber ich hab das Auto kommen sehen und hab es dir nicht gesagt. Ich hab dich etwas gefragt und du hast dich zu mir rumgedreht. Du hast das Auto nicht gesehen."

„Alex, ich bin derjenige, der sagen wollte, dass es ihm leidtut. Ich warte seit drei Monaten darauf, dich um Vergebung zu bitten. Ich hätte dich fast getötet!"

„Wirklich, Daddy? Ich dachte, es sei mein Fehler. Der Teufel sagte mir, ich sei schuld."

Mein Herz wurde unerträglich schwer, als ich diese Worte hörte. Hatte er die ganze Zeit diese Schuldgefühle mit sich getragen?

„Nein, Alex, ich bin derjenige, der den Unfall verursacht hat. Glaub kein Wort von dem, was der Teufel sagt. Du hast den Unfall nicht verursacht. Ich habe das getan. Alex, kannst du mir vergeben?"

„Ja, Daddy. Ich liebe dich."

„Danke, Alex. Ich liebe dich über alles."

Als Alex' Sprachvermögen zunahm, begriffen wir, dass er während der vergangenen Monate nicht bloß im Koma gelegen hatte. Alex begann uns die Details einer ausgedehnten Reise in den Himmel zu erzählen. Es waren schon so viele übernatürliche Dinge geschehen, dass uns weitere Wunder nicht mehr überraschten. Wir waren sehr dankbar für jedes Eingreifen Gottes, aber Alex sprach über Dinge, die alles weit übertrafen, was wir je erfahren hatten.

Als geprüfter klinischer Psychotherapeut wusste ich genau, was die Ärzte dazu sagen würden. Sie würden Alex' Erlebnisse in den Bereich der Träume oder der kindlichen Fantasie rücken, vielleicht sogar von Halluzinationen sprechen, ausgelöst durch seine Hirnverletzung. Wir wissen alle, dass viele Menschen nach einer Nahtoderfahrung aufwachen und wilde Geschichten zu erzählen haben. Ehrlich gesagt wusste ich anfangs selbst nicht, was ich mit Alex' Berichten anfangen sollte. Der eher pragmatische, „gebildete" Teil von mir dachte: *Vielleicht hat er doch einen Hirnschaden erlitten; vielleicht denkt er sich das auch nur aus.*

Aber wir hatten drei Monate eines übernatürlichen Abenteuers hinter uns. Wir hatten noch nie so spürbar Gottes Hilfe erfahren und waren uns so sehr bewusst gewesen, was es heißt, um etwas geistlich zu ringen. Nie waren wir so abhängig von einem Gott gewesen, der in unser Leben eingreift. Meine antrainierte Skepsis wurde durch die Wunder herausgefordert, deren Zeuge ich geworden war. Wenn Alex sagte, er habe den Teufel gesehen, dann hörte ich ihm unvoreingenommen zu. Wer wusste schon, was für Erfahrungen er auf seiner erstaunlichen Reise gemacht hatte? *Unsere* Erlebnisse waren ja schon unglaublich genug. Mir wurde klar, dass das

Problem nicht bei Alex lag. Das Problem war ich selbst mit meiner Unfähigkeit zu glauben, was ich zu glauben vorgab.

Stück für Stück kam Alex' außergewöhnliche Geschichte über den Himmel und über die Engel heraus. Ich hörte mit wachsendem Erstaunen zu. Nach und nach ergab sich ein vollständiges und immer stimmiges Bild.

„Alex", fragte ich, „wie fühlte es sich an, wieder in deinen Körper zurückzugehen, nachdem du eine Weile nicht darin warst? Das muss doch merkwürdig gewesen sein."

Er kniff nur die Augen zusammen und formte das Wort „Autsch!".

Ich stellte nie Suggestivfragen. Zum Beispiel sagte ich nicht: „War der Himmel blau oder weiß?" Oder: „Hatten die Engel Flügel?" Alex lieferte alle Informationen von sich aus.

Mit der Zeit ließ er uns an immer mehr Erfahrungen teilhaben. Da ich keinen charismatischen Hintergrund habe, war das alles ein ganz neues Terrain für mich. Ich habe keine theologische Schublade, in der ich das ablegen kann. Es ist einfach eine Realität, die unser Leben überrollt hat.

Krise

Die Krankenschwestern besuchten uns seltener, als wir gedacht hatten, aber wir kamen zurecht. Die ersten paar Tage, nachdem Alex wieder zu Hause war, gelang es Beth und mir ganz gut, für ihn zu sorgen, auch wenn wir ohne Hilfe waren.

Dann, am dritten Tag, bekam Alex plötzlich Schwierigkeiten, und wir konnten ihm nicht richtig helfen. Im Laufe des Nachmittags begann er, nach Atem zu ringen. Die Krankenschwester kam und half uns dabei, seine Atemwege frei zu machen, was es für kurze Zeit besser machte. Dann begann er wieder zu kämpfen. Als Nächstes sank seine Körpertemperatur auf gefährliche 33 Grad. Seine Herzfrequenz bewegte sich bei Mitte 60. Ein Schleimpfropfen hatte sich in seinem Hals gebildet, der die Luftröhre verstopfte. Dieses Problem musste sofort behoben werden. Aber bevor wir das schafften, war Alex schon total benommen, teilnahmslos und totenblass.

Wir konnten die Krise nicht bewältigen, auch nicht mithilfe der Krankenschwester. Und die Zeit rannte uns davon. Unsere einzige Option war es, den Notarzt zu rufen. Von Anfang an hatte ich insgeheim Zweifel gehegt, ob es wirklich gut war, Alex zu Hause zu pflegen. Während wir auf den Notarzt warteten, konnte ich nicht verhindern, dass ich dachte: *Vielleicht ist das die Bestätigung, dass Alex' Zustand doch zu kompliziert und gefährlich ist, um damit zu Hause zurechtzukommen.*

Der Krankenwagen kam, wenn auch nicht besonders schnell. Gott sei Dank waren jetzt die Fachleute da. Die Sanitäter marschierten schnell durchs Haus in Alex' Zimmer, hielten jedoch beim Eintreten inne. Während sie all die medizinischen Geräte betrachteten, fragte der leitende Sanitäter: „Was sollen wir tun?" Es war deutlich, dass sie nicht wussten, was sie mit jemandem machen sollten, der an einem Beatmungsgerät hing.

„Was meinen Sie damit?", rief ich und berichtete dem Verantwortlichen, dass mein Sohn nicht richtig Luft bekam, dass seine Temperatur gefährlich niedrig war und er lethargisch geworden sei. „Wenn ich gewusst hätte, dass Sie mir diese Frage stellen, dann hätte ich Sie nicht gerufen!"

Es war ein angespannter Moment, und alles – das Leben meines Sohnes! – stand auf dem Spiel. Die Sanitäter wussten keine andere Lösung, als Alex ins Krankenhaus zu fahren. Also rollten sie ihn mit seinem Bett nach draußen. Die Krankenschwester und ich begleiteten den Rettungswagen bis zum Krankenhaus, während Beth mit den kleinen Kindern zu Hause blieb.

Bitte betet dafür, dass Alex bewahrt wird und
Gott uns den Weg zeigt. Ich weiß, dass er in Gottes Hand ist
und gesund werden wird, aber es ist schon eine
Herausforderung, in einem System zu stecken,
bei dem man das Gefühl hat, als wüsste man selbst mehr
als die Leute, auf die man sich verlässt. Ihr sollt wissen,
dass Alex gut drauf ist. Gott hat alles unter Kontrolle.

PrayforAlex.com,
NOTIERT VON ALEX MALARKEY AM 17. FEBRUAR 2005

Im kleinen örtlichen Krankenhaus gaben die Ärzte und das andere medizinische Personal ihr Bestes, aber es war bald klar, dass sie ebenfalls nicht das Fachwissen hatten, um Alex' Problem zu beheben. Es schien, als wüssten wir mehr über Alex' Zustand als diese Leute. Plötzlich waren *wir* die Experten – wir sagten, was zu tun war, und die Ärzte und Krankenschwestern beobachteten uns sehr genau. Ich übernahm es selbst, für Alex zu sorgen, da ich zumindest ungefähr wusste, was zu tun war.

Zunächst einmal war er unterkühlt und musste sofort gewärmt werden. Wir hüllten ihn in Decken und Wärmflaschen, um seine Körpertemperatur zu erhöhen. Ich fütterte ihn durch die PEG-Sonde, überwachte das Beatmungsgerät und tat all die kleinen Dinge, die wir gelernt hatten, um unseren Sohn stabil zu halten. Ich erzähle das nicht, um das örtliche Krankenhaus in ein schlechtes Licht zu setzen. Wir waren nur etwas überrascht darüber, wie wenig Hilfe sie leisten konnten, aber mit der Zeit fanden wir heraus, dass das für kleinere Krankenhäuser einfach normal ist. Alex' Lage war so akut und speziell, dass sie eine Behandlung erforderte, die nur größere Einrichtungen leisten konnten. Es dauerte noch bis zum Abend, bis wir die Erlaubnis bekamen, Alex ins Kinderkrankenhaus zu verlegen.

Ein völliger Misserfolg?

Im örtlichen Krankenhaus beobachtete ich Alex' Zustand mit Adleraugen. Angst durchströmte mich. Ich betete um Gottes Eingreifen und dachte, der Abend werde niemals enden. Grauenvoll – es gibt kein anderes Wort, um das Gefühl zu beschreiben, das man hat, wenn man seinen Sohn dabei beobachtet, wie er um jeden Atemzug ringt, während man weiß, dass man nichts anderes tun kann als zu warten.

Der Krankenwagen, der Alex zum Kinderkrankenhaus bringen sollte, kam schließlich an. Was für eine Erleichterung, endlich die Hilfe für Alex zu bekommen, die er unbedingt brauchte! Aber auf einer anderen Ebene fühlte es sich nach einem kompletten Misserfolg an. Wochenlang hatten wir auf den großen Tag hingelebt, an dem Alex „endgültig" nach Hause kommen würde. Wir hatten alles vorbereitet, Banner aufgehängt, das Haus mit Rampen und anderen Geräten ausgestattet … und es gerade mal geschafft, insgesamt drei Tage lang alles zu bewältigen. Jetzt waren wir wieder an den Ort zurückkatapultiert worden, den wir nach unserer Überzeugung gerade erst für immer verlassen hatten.

Es sollte während des nächsten Jahres noch fünf weitere Anlässe geben, bei denen wir zwischen unserem Haus und dem Atemzentrum des Kinderkrankenhauses hin- und herfahren mussten. Die Stabilität, die wir gesucht hatten, entglitt uns wieder. Egal, wie viele Male wir uns selbst sagten, wie glücklich wir uns schätzen konnten, dass unser Sohn lebte – wir erlagen doch immer wieder dem Gefühl der Entmutigung und manchmal sogar der Verzweiflung.

Körperliche Erschöpfung entzog unserer Hoffnung den Boden. Oft waren wir sogar zu müde zum Beten. Gott sei gedankt für die vielen Gebete anderer Christen! Sie unterstützten uns, wenn wir nichts anderes mehr tun konnten als einen Fuß vor den anderen zu setzen. Es gab oft Zeiten, in denen Beth und ich nur noch angespannte Nervenbündel auf zwei Beinen waren. Deshalb war es umso überraschender zu sehen, wie viele Menschen uns immer noch als Quellen geistlicher Inspiration sahen, als Vorbilder, die einen lebensverändernden Glauben hatten. Es gab nicht wenige Unterhaltungen, in denen wir als eine Art Helden oder Märtyrer, als mutige Beispiele dargestellt wurden. Warum schienen die anderen nicht zu sehen, wie gestresst, negativ und unangenehm wir sein konnten? Ich konnte nur hoffen, dass die Leute irgendwann die Wahrheit herausfanden.

Bitte glauben Sie mir, wenn ich sage, dass unser Durchhalten nichts mit unserer Stärke, unserem Glauben oder irgendeiner positiven Eigenschaft von uns selbst zu tun hatte. In Wahrheit machten uns diese Umstände nur demütig. Sie brachten keineswegs unsere Stärken, sondern unsere größten Schwächen zum Vorschein; nicht unseren Glauben, sondern unseren Unglauben. Mut? Wir haben ihn nie mehr gebraucht als zu dieser Zeit. Wir lebten in ständiger Angst davor, was die Zukunft für Alex bringen würde.

Aber es ging bei alledem auch gar nicht um unsere Stärke, es ging um *Gottes* Stärke. Er war der einzige Grund, warum wir so weit gekommen waren, ohne uns der Verzweiflung hinzugeben. Wir haben von vielen solchen Krisen gehört, die Ehen und Familien zerstört haben. Mir wurde erzählt, dass viele Ehen in einer Scheidung enden, wenn ein Kind stirbt. Wir hatten mit richtig schlechten Zeiten zu kämpfen und waren gezwungen, uns ganz von Gott abhängig zu machen; er war die einzige Zuflucht, die wir hatten. Denn wir wussten, wir waren selbst nicht stark genug, um diesem Sturm die Stirn zu bieten.

Jedes Mal, wenn wir versucht waren aufzugeben; jedes Mal, wenn wir mit unserem Latein wirklich komplett am Ende waren, sandte Gott menschliche Engel, die uns trösteten. Oder er tat ein Wunder in Alex' Leben. Gott erinnerte uns ständig an seine Anwesenheit, seine grenzenlose Macht und Liebe, während die Situation an sich uns ebenso ständig an unsere Grenzen und Schwächen erinnerte. Obendrein waren die „menschlichen Engel", die immer für uns da waren und uns trösteten, genau die Leute, die auch behaupteten, dass unsere Geschichte eine große Inspiration für sie sei! Dabei waren sie es, die uns inspirierten! Sie waren immer wieder diejenigen, durch die wir spüren konnten, wie Gott uns sah und uns half. Wie hätten wir es ohne sie je durch jeden Tag schaffen können?

Die meisten Paare haben den Luxus, ihre Beziehungsstreitigkeiten im Privaten klären zu können, aber wir verbrachten unser Leben im Wartezimmer des Kinderkrankenhauses und in einem Haus, das zum Taubenschlag geworden war. Es kam vor, dass ich einen Krankenpfleger oder Beth anfauchte oder sie von mir genervt war, und dann fühlten wir uns gleich doppelt schuldig. Nicht nur waren wir grob miteinander umgegangen, sondern wir hatten unserer Frustration auch noch in der Öffentlichkeit Luft gemacht. Das spiegelte nicht gerade große Dankbarkeit oder Gelassenheit wider. Oft waren auch unsere Kinder anwesend. Sich vor den Kindern zu streiten, ist nie gut, aber sie waren nun einmal fast immer bei uns.

Angesichts des ständigen Stresslevels konnten wir das einfach nicht ändern, es sei denn, wir wären plötzlich wirklich die vollkommenen Christen geworden, für die die Leute uns hielten. Doch das passierte nicht. Wir waren gewöhnliche Menschen, die in eine außergewöhnliche Situation gestellt worden waren, die aber durch einen Gott gesegnet wurden, der unsere Bedürfnisse jenseits unserer Erwartungen stillte. Ich hoffe einfach, dass die Leute letztendlich eher Gott als uns in dieser Situation sahen. Der Ärger, den ich so oft fühlte, war jedenfalls nicht zu übersehen. Ich richtete ihn aber nicht gegen Gott, sondern manchmal gegen die Ärzte oder gegen Beth. In der Hitze des Augenblicks sagte ich Dinge zu ihr, die ich heute noch gern zurücknehmen würde.

Der Dampfkochtopf

Ich möchte am liebsten mehr als ein paar Situationen vergessen, in denen ich andere angefahren habe. Eine war ein Streit mit einem der Ärzte. Ich war sehr besorgt, weil Alex so kämpfen musste, um zu atmen – auch mit dem Beatmungsgerät. Es war so frustrierend zu sehen, wie sich seine Lungen immer wieder mit Schleim füllten und dieser die Luftzufuhr blockierte, die er so dringend benötigte. Konnte nicht irgendetwas getan werden, um zu verhindern, dass dieses Zeug überhaupt ständig floss? Die Ärzte waren überzeugt, dass Angst das eigentliche Problem war. Sie wollten Alex ein Medikament dagegen verabreichen.

Sie lagen richtig mit ihrer Diagnose, aber falsch beim Patienten. *Ich* war derjenige, der das Mittel gegen Angst brauchte, besonders nachdem ich ihre Prognose gehört hatte. Dass Alex' Problem kein psychisches war, war für mich klar. Ich war wütend, und je mehr die Ärzte auf ihrem Vorschlag beharrten, desto zorniger wurde ich. Am meisten ärgerte mich, dass Alex doch die ganze Zeit ein Vorbild an Tapferkeit und Ruhe gewesen war. Aber da standen die Ärzte und behaupteten, ein eindeutig körperliches Problem sei eigentlich nur ein Symptom seiner inneren Ängste!

Während mein emotionales Barometer auf Hochtouren lief, kam ich dem Arzt immer näher, bis wir uns direkt in die Augen sahen. Ich bin 1,88 Meter groß und wiege um die 100 Kilo, und ich bin sicher, dass ich einen imposanten Eindruck machen kann, wenn ich meine Geduld verliere. Doch der Arzt war genauso dickköpfig wie ich und beharrte darauf, dass Alex Psychopharmaka brauche. Es war eine schlechte

Kombination. Ich drehte schließlich durch: „Vielleicht sollte ich Sie einfach umschubsen und dann auf Ihrer Brust auf- und abspringen, damit Sie kapieren, wie es sich anfühlt, nicht atmen zu können!", brüllte ich. „Aber Sie müssen sich keine Gedanken um die Luftzufuhr machen, denn ich gebe Ihnen ein Medikament gegen die Angst! Meinem Sohn ein Psychopharmakon zu geben, mag gegen die Angst helfen, aber es wird ihm nicht dabei helfen, durch einen Schleimpfropf zu atmen, der einen Teil seiner Luftröhre blockiert!"

Glauben Sie mir, es fällt mir schwer, diesen Vorfall hier so ehrlich zu schildern. Ein Teil von mir sähe es lieber, wenn Sie den Leuten glauben würden, die das Bild christlicher Helden von uns entwarfen. Aber das wäre natürlich weit von der Realität entfernt. Dieses Buch ist kein Roman, sondern es erzählt eine wahre Geschichte. Sie sollen wissen, dass an mir überhaupt nichts Besonderes ist und dass Gott noch vieles geradebiegen muss. Ich bin noch mitten im Lernprozess, wenn es darum geht, immer mehr so zu werden, wie Jesus Christus ist – das Ziel für jeden Christen. Während ich an diesem Buch arbeite, habe ich Alex' Widerstreben im Kopf, seine Geschichte zu erzählen. Er fürchtet, dass die Leute die Personen in der Geschichte – ihn eingeschlossen – mehr bewundern könnten als den Einen, der sie wahrhaftig beeindrucken sollte.

Tage der Anbetung

Als ob unsere örtliche Gemeinde nicht schon mehr als genug getan hätte, hatte sie noch etwas ganz Besonderes geplant: ein Gottesdienst am Sonntagmorgen, der Alex gewidmet war. Was für eine Ehre! Es war für uns auch eine Chance, Gott noch einmal „richtig" für die erstaunlichen Dinge zu danken, die er für unseren Sohn tat. Das Beste daran war, dass Alex dabei sein und jeden Moment genießen konnte.

Nachdem wir ein kurzes Video gesehen hatten, das seine Geschichte erzählte, schob ich Alex den Hauptgang entlang. Sie können sich vorstellen, was passierte: Alle sprangen von ihren Stühlen auf. Alex bekam stehende Ovationen, und jeder spürte in diesem Moment Gottes Gegenwart. Nur wenige Augen blieben an diesem Tag trocken.

Während die Gemeinde Gott mit ihren Liedern lobte, lehnte ich mich zu Alex hinüber und flüsterte ihm zu: „Es geht nicht um dich." Er rollte mit den Augen – einer seiner Lieblingsausdrücke, der mehrere Bedeutungen hatte. In diesem Fall übersetzte ich es mit: „Daddy, das sage ich dir doch immer!" Der Unfall und die darauf folgenden Erfahrungen hatten ihn in Bezug auf seinen Glauben weise gemacht, auch wenn er ein kleiner Junge war. Er sagt, er sei im Himmel gewesen. Die Menschen mochten das bei jedem anderen, der so etwas Ausgefallenes behauptete, infrage stellen, aber in Alex' Fall zweifelte niemand. Es war zu offensichtlich, dass etwas diesen sechsjährigen Jungen radikal verändert hatte. Jemand hatte ihn zurück ins Leben geholt, als er verloren schien. Jemand hatte seine Wirbelsäule wieder zusammengefügt. Jemand hatte seinen Geist und seine Wahrnehmung wieder aufgeweckt, nachdem uns von allen Seiten erzählt worden war, wie unwahrscheinlich das wäre. Und jemand hatte offensichtlich Zukunftspläne für Alex Malarkey.

Für Alex drehte sich alles nur um diesen Jemand. Es gab nie einen Moment, in dem er irgendein Lob für sich selbst in Anspruch nahm oder auf ein Kompliment in irgendeiner Weise anders reagierte, als die Ehre dafür an Gott weiterzugeben. Mein größtes Ziel im Leben ist es, eine solche innere Haltung zu erlangen wie Alex: ein Werbeplakat für den Himmel zu sein statt eine „Ich-AG" zu promoten.

Der Gottesdienst ging mit schwungvollen Lobliedern weiter. Alex sang mit. Ich beobachtete sein Gesicht, weil ich es unglaublich gern sehe, wie er mit Gott interagiert und wie er dabei aussieht. Bald standen verschiedene Leute auf und erzählten spontan von dem erstaunlichen Einfluss, den die Begegnung mit Alex auf ihr Leben gehabt hatte. Was für ein gesegneter Tag das war! Genau das, was wir so dringend brauchten.

Viele Monate später, bei einem anderen Gottesdienst, bei dem Alex im Kinderchor mitsang, wanderten meine Gedanken zurück zu dem Morgen vor dem Unfall. Alex war so schüchtern und anhänglich gewesen. Eigentlich ist es ja der schlimmste Albtraum eines schüchternen Kindes, wenn alle Augen auf ihn gerichtet sind. Aber Alex war inzwischen ganz anders geworden. Er wollte keine Attraktion sein, und wir wollten auch nicht, dass er eine war. Wenn er eine alltägliche Erfahrung machen konnte, indem er im Kinderchor mitsang, war das eine wunderbare Antwort auf das Gebet, das wir verzweifelt zum Himmel gesandt hatten, als er noch im Koma lag. Ihn wiederzuhaben war das Beste, was wir hatten hoffen können. Und wenn er durch die Gnade Gottes ganz normale Erfahrungen machen konnte, an denen sich auch andere Kinder erfreuten, nun, dann war das umso besser.

Nicht lange danach gab es noch einen anderen Gottesdienst – eine Zusammenkunft am Sonntagabend in unserem Haus. Jetzt hatten wir also noch eine andere Möglichkeit gefunden, unser „Traumhaus" gut zu nutzen. Hunderte von Menschen strömten aus allen Teilen Ohios herbei. Nachdem sie auf dem Kirchengrundstück geparkt hatten, stiegen sie in Pendelbusse, die sie zu unserem Haus brachten. Die Männer unserer Gemeinde übertrafen sich mal wieder selbst und installierten eine Lautsprecheranlage unter einer großen Eiche auf einer offenen Rasenfläche neben unserem Haus. Pastoren verschiedener Kirchen hielten Kurzpredigten. Dann gab es noch einmal die Möglichkeit, sich über persönliche Erlebnisse auszutauschen. Wir hörten von vielen weiteren Wundern und guten Dingen, die im Leben von Menschen geschahen, weil Gott seine Liebe in Situationen bewies, die aus menschlicher Sicht als tragisch bezeichnet werden würden.

Alex blieb an diesem besonderen Abend im Hintergrund und hörte still zu. Er wurde gebeten, auch zu sprechen, aber das lehnte er ab. Schließlich werde dieser Gottesdienst nicht zu seiner Ehre gehalten, sagte er – es gehe allein um Gott. Das Richtige sei es, Gott sprechen zu lassen. Mein erstaunlicher Sohn saß im Hintergrund, wo er sich am wohlsten fühlte, und hörte zu – wie Gott es auch tat.

Von Alex

Anderen davon erzählen

Niemand soll dich gering schätzen, nur weil du jung bist.
Sei allen Gläubigen ein Vorbild in dem, was du lehrst,
wie du lebst, in der Liebe, im Glauben und in der Reinheit.

1. TIMOTHEUS 4,12

Meine Beziehung zu Jesus ist nicht anders als bei den anderen, die ihn kennen; er hat mir nur eine ganz besondere Erfahrung geschenkt.

Ich möchte den Menschen mitteilen, dass es Gott und den Himmel wirklich gibt. Gott ist mein Daddy im Himmel, und er versteht mich immer und in allem. So ist er mit allen seinen Kindern.

Eines Tages möchte ich Missionar werden. Ich möchte an verschiedene Orte reisen, wo Gott noch nicht so bekannt ist, und den Menschen vom Himmel erzählen und mir dabei von Gott helfen lassen. Ich möchte, dass die Menschen verstehen, dass der Himmel kein Ort ist, wohin man einfach kommt, weil man gute Dinge tut. Wir müssen Jesus als unseren Herrn in unser Leben einladen und ihn um Vergebung bitten.

Falls ich nicht in der Lage sein sollte, Missionar zu werden, möchte ich ein Catcher für die *Houston Astros*[4] sein. Houston ist eine coole Stadt. Ich könnte zu den Texas-Spielen gehen, und außerdem ist es im Winter warm dort. Und wenn ich kein Missionar und kein Baseballspieler sein kann, möchte

---

4 US-amerikanisches Baseballteam. Als „Catcher" oder „Fänger" nimmt der Spieler während des Baseballspiels eine besonders wichtige und zugleich sehr anstrengende Position ein.

ich Komiker werden. Ich lache gern, und ich besitze jedes Witzebuch, das es nur gibt.

Kapitel 8

Bedrohliche und friedliche Situationen

„Hallo, Daddy", sagte Alex schwach. „Ich werde bedroht."

Die Zeit wirkt still ihre Wunder – sie heilt, sie verleiht Weisheit und bietet Perspektiven.
Die Zeit tat ihre Arbeit, machte das zur Routine, was einst traumatisch war. Fahrten zum Krankenhaus waren nicht länger erschreckend. Alex kämpfte sich weiter vorwärts und machte auf vielen Gebieten große Fortschritte. Beth kümmerte sich um die Kinder. Ich begann wieder zu arbeiten und brachte meine Praxis zum Laufen. Unsere Familie fand langsam zu ihrem Rhythmus, und immer wieder konnten wir zwischendurch auch mal durchatmen. Aber ständigen Frieden kann man in diesem Leben nicht finden. So wird die nächste Welt aussehen, nicht diese. Hier müssen wir uns ständig mit Widrigkeiten abgeben. Spricht die Bibel nicht deshalb von der Notwendigkeit eines „Glaubensschildes"? Wir mögen es leicht vergessen, aber das ändert nichts an der Realität, von der in Epheser 6,12 die Rede ist: Es sind Kräfte am Werk, die versuchen, alles zu zerstören, was Gott mitten unter uns tun will. Und es gibt die „stille, kleine Stimme", die uns auffordert zu beten, wachsam zu sein, dem Teufel zu widerstehen.
Ich hatte über diese Dinge noch nicht so intensiv nachgedacht, als ich im August 2005 an einem warmen Sonntagmorgen im Gottesdienst saß. Damals dachte ich, die

schlimmsten Erfahrungen lägen hinter uns. Es war erfreulich, dass sich die Lage beruhigt hatte – dass die meisten wirklichen Überraschungen schon passiert waren. Unser Leben war verhältnismäßig normal, zumindest für uns. Alex war zwar wegen einer Lungeninfektion im Krankenhaus, aber die Ärzte sagten, sie hätten alles im Griff.

Ein Lächeln von Aaron erinnerte mich daran, dass er nur ein Jahr jünger war als Alex zur Zeit des Unfalls. Plötzlich hatte ich ein komisches Gefühl. Ein Gedanke schoss mir in den Sinn, so klar, als ob Pastor Brown ihn von der Kanzel gesprochen hätte: *Alex wird geheilt werden*. Ich versuchte, den Gedanken abzublocken, aber wie bei einem Telefon, das nicht aufhört zu klingeln, bis man es abnimmt, ging das nicht: *Alex wird geheilt werden*.

Dass Alex geheilt werden würde, war kaum etwas Neues. Ich hatte diese ernsthafte Überzeugung bei unzähligen Gelegenheiten von Freunden gehört. „Gott wird Alex *vollständig* heilen", sagten sie. „Ich weiß einfach, dass es wahr ist. Ich bin mir ganz sicher!"

Der Erste, der das gesagt hatte, war natürlich Dave gewesen, der Sanitäter, und dann Beth selbst am Tag des Unfalls. Viele Monate mit Ärzten, Krankenschwestern, Krankenwagen, Schleimblockaden und Beatmungsgeräten hatten Beths Überzeugung nicht gedämpft. Sie war sich sicher, dass das Wunder geschehen würde. Viele Freunde hatten in das Lied eingestimmt: *Gott wird Alex heilen. Es wird geschehen, glaub es einfach!*

Natürlich *gefiel* mir diese Aussicht, und ich hatte kein Problem damit, an Gottes Fähigkeit dazu zu glauben. Von Anfang an hatte Gott unseren Glauben an ihn wachsen lassen. Da lag der Schluss ganz nahe: Dass Gott Alex begleitete, ihm den Himmel zeigte, helfende Engel sandte und noch viel mehr tat, waren ganz klar Teile einer Entwicklung, die schließlich im großen Finale, nämlich der vollständigen

Heilung unseres Sohnes, gipfeln würde – wenn man offen für diese Art Denken war. So, wie die Dinge lagen, musste man, auch wenn man nicht an Gott glaubte, zumindest an Alex glauben. Sein Mut, seine Entschlossenheit und seine Hartnäckigkeit waren die Voraussetzung für den Sieg über Körper und Geist. Doch wir glaubten ja an Gott, und wir waren sicher, dass für ihn alle Dinge möglich sind.

Ich hörte auf meine eigene Art von Gott. Ich verbrachte täglich Zeit mit ihm, las in der Bibel und betete praktisch ununterbrochen. Aber ich war keine von diesen Personen, die prophetische Mitteilungen von Gott hörten – bis zu diesem Augusttag in der Kirche, als ich neben Aaron saß. Da nahm ich schließlich so eine Nachricht wahr.

Im einen Moment folgte ich genau den Worten des Pastors, und im nächsten hörte ich:

Alex wird völlig geheilt werden.

Ich ignorierte es und hörte wieder dem Pastor zu, doch ich nahm es immer wieder wahr:

Alex wird völlig geheilt werden.

Weil die Nachricht so hartnäckig war, wusste ich, dass sie nicht aus mir selbst heraus kam. Aber ich war auch nicht so richtig bereit, mich mit der Idee anzufreunden, dass ich „Stimmen hörte". Das war nichts, was zu meinem Erfahrungsbereich gehörte. Konnte es wirklich Gott gewesen sein, der da zu mir sprach? Es war ein großes Versprechen, die Art von Zusage, die einem das Herz bricht, wenn man sich drauf einlässt und sie sich dann als falsch erweist. Es war die Art Idee, bei der die Leute eben denken, dass man durchgedreht ist, wenn man herumläuft und jedem davon erzählt. Es war für mich in Ordnung, wenn so etwas meiner Frau und ihren Freunden passierte, aber ich hatte eine psychologische Ausbildung, eine wissenschaftliche Haltung. Etwas Derartiges passte nicht zu mir.

Aber der Überbringer der Nachricht war offensichtlich

entschlossen, sie mir unmissverständlich klarzumachen. Diese fünf Wörter nahmen eine eigene Kraft an und griffen die Festung meines Intellekts an. Es war wohl an der Zeit zu akzeptieren, was so viele bereits angenommen hatten: Gott wollte mich wissen lassen, dass er Alex heilen würde. War ich bereit, es anzunehmen?

Sollte ich Freude empfinden? Ich kann nicht sagen, dass ich es tat. Dieses Erlebnis war zu merkwürdig, zu erschreckend. *Alex wird geheilt werden.* Das war Beths Art zu glauben, nicht der abwartende, analytische Weg, den ich ging. Für sie war es wunderbar, für mich nicht. Aber plötzlich stand ich da und befand mich mit ihr in einer Grauzone des Glaubens.

Schränkte ich Gott durch meine intellektuelle Denkweise ein? Was hielt mich davon ab, eine wunderbare Zusage anzunehmen – Angst, Unglaube, Stolz? Und dann überwältigte die Gnade und Größe Gottes meinen Verstand und Gott schenkte mir den Glauben, den ich brauchte. Ich *wusste* einfach, dass Gott mir die Wahrheit sagte: *Alex wird geheilt werden.* Ich akzeptierte die Nachricht, glaubte sie, empfing sie, und als ich das tat, wurde mir eine neue Mitteilung aufs Herz gelegt:

Geh nach vorn und lass für dich beten.

Gott trug mir wörtlich auf, nach vorn in den Altarraum zu treten und für mich beten zu lassen. Ich berührte Aarons Arm und flüsterte: „Würdest du mit mir nach vorn kommen zum Beten?"

Er warf mir einen Blick zu. „Auf keinen Fall, Daddy! Die erdrücken uns dann!"

Ich grinste. Aaron kannte diese Gemeinde inzwischen ziemlich gut. Die Leute waren leicht zu begeistern und ganz wild darauf, mit jemandem zu beten. Für einen kleinen Jungen ist so ein Ansturm ein wenig furchterregend.

Gott wollte, dass ich betete; Aaron wollte nicht erdrückt

werden. Aaron schien aber auch viel daran zu liegen, bei mir zu sein. Ich überlegte eine Minute. „Aaron", flüsterte ich. „Wenn du mit mir nach vorn zum Beten kommst, essen wir nach dem Gottesdienst zusammen ein Eis."

Das Angebot (na gut, die Bestechung!) erwies sich als ausreichender Anreiz für einen kleinen Jungen, auch für einen, der damit rechnen musste, von begeisterten Betern geplättet zu werden. So waren wir bereit, als der Pastor fragte: „Würde irgendjemand gern nach vorn kommen und für sich beten lassen?" Wir standen auf.

Dave gehörte zum Gebetsteam unserer Gemeinde. Er wartete vor dem Altarraum, begrüßte diejenigen, die nach vorn kamen, und ermunterte sie, ihre Bitten vorzubringen. Als er meine Hand nahm, erzählte ich ihm: „Gott wird Alex heilen."

Er antwortete: „Ich weiß, dass er das tun wird", als ob es nichts Neues wäre. „Willst du dafür beten?"

Ich stammelte: „Er hat es mir gerade gesagt."

Wir begannen zu beten, und immer mehr Leute kamen nach vorn, um sich uns anzuschließen. Irgendwann rief jemand etwa acht Reihen hinter uns: „Habt ihr schon Gott um Schutz vor dunklen Mächten gebeten?"

Mir war nicht klar, dass diese Frage bald wichtig für Alex' Leben sein würde.

„Ich hab dir doch gesagt, sie erdrücken uns", sagte Aaron, nachdem es vorbei war. Aber er hatte ein breites Lächeln im Gesicht.

Ich lachte. „Lass uns gehen. Ich schulde dir ein Eis."

Während ich im Eiscafé am Tresen stand, sah uns der Mann, der die Bestellung annahm, aufmerksam an. Ich fühlte mich unbehaglich und erwiderte seinen Blick mit fragend erhobenen Augenbrauen.

„Sie erinnern sich nicht an mich, nicht wahr?", fragte er, während der ernste Ausdruck auf seinem Gesicht blieb.

Ich hasse es, wenn Leute das sagen. Höflich lächelnd bestätigte ich ihm, dass er recht hatte. Er machte weiter mit dem Ratespiel, was die Situation noch unangenehmer machte.

„Ich bitte Sie! Sind Sie sicher, dass Ihnen mein Gesicht nicht bekannt vorkommt?"

„Tut mir leid. Bei uns ist so viel passiert. Sie müssen mir helfen."

Er sagte: „Ich heiße Chris. Ich war am Unfallort neben Ihrem Auto … bei Ihrem Sohn. Ich habe dafür gebetet, dass mit ihm alles gut ausgeht."

„Das ist ja unglaublich! Sie waren dort?"

„Ja, das war ich."

Ich sah ihn an, erstaunt über Gottes Handeln. Das Eisessen am Sonntag war nicht geplant gewesen. Wenn Gott uns nicht an diesen Ort gebracht hätte, wäre ich Chris vielleicht nie begegnet. Aus menschlicher Perspektive passiert alles im Leben zufällig, und manchmal geht es eben gut aus. Aber ich weiß, dass Gott mir Chris an diesem Sonntag direkt über den Weg geführt hat.

*** Der Unfall ist etwas, an das ich nicht oft denke. Aber die Begegnung mit Alex war etwas, was man nicht jeden Tag erlebt – jemanden zu treffen, von dem man denkt, er sei gestorben.

An dem Sonntagmorgen, als sich der Unfall ereignete, arbeiteten meine Familie und ich gerade im Vorgarten. Plötzlich hörten wir Bremsen quietschen und ein Geräusch, das ich nie vergessen werde. Ich rief den Mädchen zu, einen Krankenwagen zu rufen, und rannte los zum Unfallort. Als ich auf den Rücksitz zu Alex kletterte, hing sein Kopf zur Seite herunter und er bekam keine Luft. Ich wollte ihm unbedingt helfen, aber mir war klar, dass ich ihn besser nicht berührte. Deshalb redete ich mit Alex und sagte ihm, er solle durchhalten, Hilfe sei auf dem Weg. Und dann sah ich, wie er seinen letzten Atemzug tat. Ich sah, wie sein Körper zitterte und sich dann entspannte, falls das das richtige Wort ist.

Als ich wegging, war ich sicher, dass Alex gestorben war. Ich ging zurück zu meiner Frau und den Kindern und sagte: „Wir müssen für diese Familie und diesen Jungen beten, denn morgen, glaube ich, werden wir seinen Namen in der Zeitung lesen." Ich dachte wirklich, er sei tot – er sei nun im Himmel.

Chris Leasure, Augenzeuge des Unfalls,
der zu Alex ins Auto stieg, bevor Dan Tullis ankam ***

Chris sah zu Aaron hinunter, seine Augen waren etwas feucht. „Ist … ist er das?"

„Nein", sagte ich sanft. „Das ist sein jüngerer Bruder Aaron. Alex liegt mit einer Lungeninfektion im Krankenhaus. Aber es geht ihm besser." Ich nahm seine Hand. „Es geht ihm besser, weil Menschen wie Sie da waren und gebetet haben. Danke, Chris. Danke fürs Beten an diesem Tag. Gott hat Ihre Gebete erhört."

Gott scheint nie damit aufzuhören, uns mit Verwunderung und Erstaunen zu füllen.

Eine bedrohliche Situation

Nachdem ich an diesem Nachmittag eine kurze Zeit zu Hause verbracht hatte, machte ich mich auf den Weg ins Krankenhaus. Ich würde die Nacht über bei Alex bleiben. Die Ereignisse des Tages gingen mir durch den Kopf: Gott, der mir gesagt hatte, dass Alex geheilt werde; der mich aufforderte, die Gemeinde für mich beten zu lassen; dann die Welle aus Kraft und Glauben, die ich fühlte, als alle die Hände auf uns legten und für uns beteten. Und nach dieser Gebetserfahrung hatten sich meine Wege noch mit einem wichtigen Unterstützer im Gebet vom Beginn der Reise gekreuzt. Was für ein erstaunlicher Tag! Ich konnte es gar nicht abwarten, Alex von alledem zu erzählen.

Ich war gut gelaunt, als ich lächelnd um die Ecke bog und Alex' Zimmer betrat. In dem Moment jedoch, als ich ihn sah, gefror mein Lächeln. Alex schien geradezu verzweifelt auf mich gewartet zu haben. Ich hatte ihn noch nie so gesehen.

„Wie geht's meinem Jungen?", fragte ich, während ich forschend in sein verzerrtes Gesicht schaute.

„Hallo, Daddy", sagte Alex schwach. „Ich werde bedroht."

Das Lächeln verschwand nun ganz aus meinem Gesicht.

„Was?", fragte ich. „Was meinst du damit?"

Alex sah blass aus, ausgelaugt und ängstlich. „Der Teufel – er bedroht mich. Er sagt furchtbare Dinge. Ich will, dass er weggeht."

Ich fühlte, wie sich ein Knoten in meiner Brust bildete. Alex hatte so etwas noch nie zuvor gesagt.

„Oh, Alex, Daddy ist bei dir. Und Gott ist auch da. Alles wird gut werden."

Zitternd, mit Tränen in den Augen und richtiggehend schmerzverzerrtem Gesicht schaute Alex mich an und sagte: „Ich kann seinen Namen nicht sagen, Daddy."

„Wessen Namen, Alex?"

Meine Gedanken rasten und ich versuchte zu verstehen, was er meinte. Er hatte doch schon den Namen des Teufels genannt. Und dann dämmerte es mir.

„Jesus? Es bereitet dir Schwierigkeiten, den Namen Jesus auszusprechen?"

Mit Verzweiflung in den Augen nickte Alex. Ein Gefühl der Panik überkam mich. Das war wieder neues Terrain für mich. Ich hätte alles getan, um meinem Sohn zu helfen, aber ich wusste nicht, was.

„Alex", meinte ich. „Würdest du gern mit jemandem beten? Wie wär's mit Jay?"

Jay war ein Freund von uns, ein Mann des Gebets, voller Weisheit in Glaubensdingen. Er wusste wirklich, wie man betet.

„Ja, Daddy, ruf Jay an."

Jay nahm zum Glück sofort ab.

„Jay, hier ist Kevin. Ich bin hier in einer schwierigen Situation mit Alex. Er wird vom Teufel bedroht, und er kann nicht mit Jesus sprechen. Würdest du bitte mit ihm beten?"

„Natürlich. Lass uns beten."

Ich hielt das Telefon an Alex' Ohr, und innerhalb von wenigen Augenblicken fand vor meinen Augen eine erstaunliche Veränderung statt. Die Spannung in Alex' Gesicht löste sich und schmolz dahin. Langsam kam wieder Farbe in seine Wangen. Die Angst in seinen Augen verschwand fast ganz.

Als ich mich bei Jay bedankte und den Hörer auflegte, lächelte Alex. Er sah mich an und sagte: „Ich kann seinen Namen jetzt wieder sagen. *Jesus, Jesus, Jesus!*"

Ich lachte, nahm seine Hand, und wir sagten Jesu Namen immer wieder. Kein Name hat je schöner geklungen! Wir entspannten uns, machten Späße und plauderten etwa 15 Minuten. Doch dann nahm das Ganze wieder eine bedrohliche Wendung. Die Angst war in Alex' Augen zurückgekehrt.

„Alex, was ist los? Ist es das Gleiche wie vorhin?"

Er signalisierte mir ein Ja.

Alex fragte mich, ob ich böse auf ihn sei, weil der Satan ihn bedrohte. Ich sagte ihm, dass der Teufel nur Leute belästigt, die eine Gefahr für ihn seien. Alex ist eine gewaltige Gefahr für den Teufel, und wir würden fortwährend für ihn beten.

PrayforAlex.com,
NOTIERT VON KEVIN MALARKEY AM 9. AUGUST 2005

„Soll ich Jay noch mal anrufen?"

„Nein, Daddy. Ich möchte, dass wir beide beten."

„Gut, dann machen wir das, Alex. Lass uns beten, in Ordnung?"

Etwa eine Stunde lang beteten wir beide eindringlich, redeten zwischendurch leise miteinander, beteten wieder ein wenig und redeten erneut. Gegen 22:15 Uhr an diesem Abend ging es Alex wieder gut, und wir schliefen beide friedlich ein.

Am nächsten Morgen klingelte das Telefon.

„Hallo, Kevin, hier ist Jay. Ich habe eine Frage. Hat der Teufel Alex gestern noch mal bedroht?"

„Allerdings, ja", antwortete ich. „Woher weißt du das?"

Er sagte: „Hörte es um 22:15 Uhr auf?"

„Genau zu der Zeit war es vorbei", erklärte ich. „Jetzt habe ich aber eine Gänsehaut! Woher weißt du das?"

„Nachdem Alex und ich am Telefon gebetet hatten", erzählte Jay, „hatte ich den Eindruck, dass ich weiterbeten sollte. Ich lag mit dem Gesicht nach unten auf dem Boden und trat im Gebet für Alex ein. Mindestens eine Stunde lang betete ich für Alex und bat Gott um Schutz vor dunklen Mächten. Im Geiste schaute ich nach oben und sah die Füße Gottes vor mir. Ich sah weiter hinauf und erkannte, dass Gott auf seinem Thron saß und ein Zepter hielt. Dann hörte ich eine Stimme sagen: ‚Es ist vorbei.' Da hörte ich auf zu beten und ging zu Bett. Da war es 22:15 Uhr."

Später ließ ich all die Ereignisse dieses Tages noch einmal Revue passieren, vom Gottesdienst am Morgen bis zur Intensität des geistlichen Ringens, mit dem ich im Krankenzimmer meines Sohnes konfrontiert worden war. Was, wenn ich die leise Stimme ignoriert hätte, die mir sagte, dass Alex geheilt werden würde und dass ich zum Altar gehen und die Gemeinde bitten sollte, für uns zu beten? Was, wenn nicht jemand vorgeschlagen hätte, Gott um Schutz vor dunklen

Mächten zu bitten? Die Folge war, dass wir die Kraft des Gebets der ganzen Gemeinde auf unserer Seite hatten, als wir mit diesen Mächten konfrontiert wurden. Als Jay, Alex und ich in dieser einen Stunde beteten, sagte Gott schließlich: „Es ist vorbei." Und das war es – für diesen Tag zumindest.

Was wäre gewesen, wenn ich an diesem Tag einfach mal ausgeschlafen hätte? Was, wenn irgendeiner von uns das Drängen in sich ignoriert hätte? Was, wenn unsere Gedanken woanders gewesen wären oder wenn wir einfach nicht mitbekommen hätten, was klar Gottes Stimme war? Wäre es schlechter für meinen Sohn ausgegangen? Ich weiß die Antwort auf diese Frage nicht, aber dieser Tag überzeugte mich davon, wie wichtig es ist, zuzuhören und zu gehorchen, wenn Gott einem etwas deutlich macht.

Praktische Hilfe

Auch als wir wieder nach Hause gezogen waren, wurde Tag für Tag liebevoll für uns gesorgt. Und es gibt kein besseres Beispiel als dieses: wie uns geholfen wurde, unsere „Festung", unser Zuhause, auszubauen.

Alex ins Haus herein- oder herauszubekommen, war problematisch. Es gab vier Stufen vor der Eingangstür und drei zur Garage. Alex dort hinüberzubewegen, so leicht er auch war, bedeutete, sowohl ihn als auch seinen Rollstuhl etwa 90 Zentimeter vom Boden hochzuheben.

Eine Rampe war die naheliegende Lösung, aber wir wussten nicht genau, wo wir sie hinbauen und wie wir sie genau konstruieren sollten. Wir fühlten uns auch etwas unwohl dabei, eine fest installierte Rampe zu akzeptieren – schließlich wirkte das, als hätten wir resigniert und uns damit abgefunden, dass Alex auf dem jetzigen Stand bleiben würde. Schließlich fanden wir ein Ja zu der Rampe, aber wir bezeichneten sie als „Fahrradrampe". Schließlich gab es keinen Zweifel daran, dass unsere Kinder sie auch dafür nutzen würden.

Hier kam unser Freund Wayne ins Spiel.

Wayne hatte eine sehr kreative Idee: Er überlegte sich, in welchem Winkel die Rampe vom Haus zur Auffahrt verlaufen müsste; sie sollte direkt links an einem großen Baum vorbeiführen.

Damit die Rampe für den Rollstuhl sicher war, musste sie einen Höhenunterschied von zehn Zentimetern pro Meter haben, was eine Gesamtlänge von zwölf Metern ergab. Als wir nachmaßen, entsprach die Länge von Waynes vorgeschlagenem Weg *genau* zwölf Meter – so als ob Gott beim ursprünglichen Bau des Hauses 30 Jahre zuvor schon darauf hingewirkt hätte, dass alles ganz genau passte. Ich persönlich glaube, dass er das tatsächlich gemacht hat.

Alex konnte jetzt ohne riesige Anstrengungen ins Haus hinein und wieder heraus. Das Nächste, was wir brauchten, war eine Möglichkeit, ihn in die untere Wohnebene unseres Hauses zu bringen. Das Problem war, dass der einzige Zugang zu dieser Etage eine Wendeltreppe war. Da wir einen Souteraineingang hatten, erschien es am besten, einen Weg zu bauen, der mit der Rampe an der Auffahrt verbunden wäre.

Wir hatten viel Spaß dabei. Es gibt in unserer ländlichen Gegend kaum Einschränkungen für den Bau eines Gehwegs. Wir kritzelten die Namen unserer Kinder und das Datum in den nassen Zement. Als Letztes schrieb Beth: „Bei Gott sind alle Dinge möglich."

Das glauben wir übrigens wirklich. Wir glauben, dass Alex eines Tages genau über diesen Vers auf dem Gehweg laufen wird.

Doch die Probleme wurden nicht weniger. Ein Freund von uns schaute nach den Rohrleitungen und war entsetzt über das, was er vorfand. Die Leitungen waren in einem schlechten Zustand, und er wollte die Rohrleitungen nicht ohne ein neues Wasser-Aufbereitungssystem herrichten, das ungefähr 5000 Dollar kosten würde.

Ich seufzte schwer und dachte an die nächste große Ausgabe. Anscheinend hatte ich meine Lektion immer noch nicht gelernt. Der Freund drückte mir ein Blatt Papier in die Hand. „Hier, ruf da an und such dir das System aus, das du möchtest", sagte er. „Kümmer dich nicht um den Preis."

„Was meinst du?", fragte ich.

„Also, ich habe wegen dieser Angelegenheit gebetet", antwortete er. „Ich habe den Eindruck, dass Gott mich bittet, das mit meiner Kreditkarte zu bezahlen. Und zwar die gesamte Summe." Er war zuversichtlich, dass Gott für das nötige Geld sorgen würde, wenn seine Kreditkartenabrechnung fällig war.

Das war ein weiteres überwältigendes Geschenk, eines, das äußerst wichtig für unsere täglichen Bedürfnisse war.

Wir trafen uns mit der Firma und wählten das einfachste Modell, das sie hatten. Unser Freund wollte das jedoch nicht akzeptieren. Er stornierte die Bestellung und orderte ein besseres Modell mit einigen Extras.

Er war sich ganz sicher, dass Gott genau das von ihm wollte. Und dann stellte sich heraus, dass ein Kunde genau dieses neu bestellte Modell zwei Tage nach dem Erwerb zurückgegeben hatte und wir es mit einem großen Preisnachlass erhalten konnten.

Ein paar Wochen später saß ich im Gottesdienst. Zwei der morgendlichen Ansagen betrafen Alex. Die erste beschrieb den Stand seiner Fortschritte und rief dazu auf, weiter für unsere Familie zu beten und uns zu unterstützen. Die zweite war die detaillierte Geschichte unseres Wasserrohrsystems. Es berührt einen schon irgendwie peinlich, wenn jedes Problem deines Familienlebens vor der Gemeinde ausgebreitet wird. Doch einer der besten Beweise von Gottes Existenz ist die Liebe, die wir unter seinen Leuten erleben.

Der Sprecher sagte: „Wie ihr wisst, haben die Malarkeys ein System installieren lassen, das ihr Wasser besser aufbereitet. Ein Freund aus Columbus legte 4200 Dollar vor und vertraute darauf, dass Gott innerhalb von 30 Tagen die Mittel für die Tilgung aufbringen würde. Letzten Freitag war die Rechnung fällig, und am vorangehenden Montag hatten wir erst 1300 Dollar gesammelt. Wir hatten nicht um Spenden gebeten, sondern einfach Gott vertraut, dass er sich darum kümmern würde. Bis Freitag hatten wir dann 5200 Dollar gesammelt. Die Rechnung der Firma konnte bezahlt werden, und was die Differenz anbelangt – Kevin, falls du heute hier bist, triff dich bitte nach dem Gottesdienst mit dem Pastor. Er hat einen Scheck für euch über 1000 Dollar."

Das Geld war ein weiteres Geschenk von Gott, das wir zum Bezahlen anderer Rechnungen nutzten. Wir waren dadurch auch endlich in der Lage, einen Elektro-Rollstuhl zu kaufen, der es Alex ermöglichte, selbst herumzufahren, indem er ihn über einen Hebel mit seinem Kinn bediente. Mit diesem Rollstuhl gewann Alex ein neues Gefühl der Selbstständigkeit, indem er sich endlich wieder bewegen konnte, ohne von anderen abhängig zu sein. Wenn er in ein anderes Zimmer wollte, konnte er das einfach tun. Wenn er zum Ende der Auffahrt fahren wollte, dann ging das jetzt.

Solange wir alle vorsichtig waren, war diese neue Freiheit eine wunderbare Sache für Alex.

Lasst uns losfahren!

Gott sorgte für alle unsere Bedürfnisse und für so viel mehr. Eines unserer Grundbedürfnisse jedoch, der Transport unserer Familie, blieb ein Balanceakt. Unser Familienleben mit seinen besonderen Erfordernissen machte es schwer, gemeinsam zum Gottesdienst zu gehen, wenn es überhaupt möglich war. Sosehr wir es uns wünschten, gemeinsam als Familie irgendwo hinzugehen, es funktionierte einfach nicht.

Als der nächste Ostersonntag kam und wir mal wieder nicht in der Lage waren, als Familie den Gottesdienst zu besuchen, war ich sehr entmutigt. Ostersonntag ist mein liebster Tag des Jahres, aber wir hatten keine Möglichkeit, Alex zur Kirche zu transportieren. So toll sein Elektro-Rollstuhl auch war – man brauchte dafür einen Van mit genügend Platz und spezieller Ausstattung, um den Rollstuhl während der Fahrt zu sichern.

Während ich also am Ostersonntag unglücklich zu Hause saß, klingelte das Telefon. Beth nahm ab, und ich hörte sie sagen: „Hallo, Suzanne."

Suzanne, eine Logopädin, hatte einige Monate zuvor einen Schlucktest mit Alex gemacht. Zu diesem Zeitpunkt war es ein Jahr her gewesen, dass Alex das letzte Mal selbstständig etwas gegessen hatte. Die Ärzte hatten uns erzählt, dass er das nie mehr tun würde, da er nicht in der Lage war zu schlucken. Also war dies ein weiteres Ziel – ein weiterer Bereich, in den Gott eingreifen und die Aussagen der Ärzte widerlegen konnte.

Alex, Beth und ich hatten eine Liste mit den ersten 50 Dingen ausgearbeitet, die Alex essen würde, wenn er es wieder könnte. Das Erste war Mr Sullivans Bratensoße. Mr Sullivan war ein Freund von uns, und seine Soße war unübertroffen lecker. Ich hatte also einen Klecks davon auf Alex' Zunge gegeben und dann wieder abgewischt. Es war ein erster Schlucktest, einer, den er schaffte, und er hatte Suzanne zur Heldin unserer Familie gemacht.

Während Beth nun also mit Suzanne sprach, begannen plötzlich Tränen über ihre Wangen zu laufen. Was war los? Weinte Beth wegen des Schlucktests?

Nachdem sie aufgelegt hatte, erklärte sie, was geschehen war.

Suzanne hatte ihrem Pastor Robin Ricks von der *Christ Our King*-Gemeinde erzählt, dass sie eine Familie kenne, die einen Van brauchte. An diesem Morgen, bevor der Ostergottesdienst begann, hatte Robin Ricks auf der Bühne gestanden und gesagt: „Freunde, Gott hat heute Morgen, während ich betete, zu mir gesprochen. Wollt ihr wissen, was er mir aufs Herz gelegt hat? Es geht um einen kleinen Jungen, den ich noch nie getroffen habe. Er heißt Alex Malarkey, und er wurde bei einem Autounfall sehr schlimm verletzt. Dieser Junge liebt Gott, aber er kann keinen Gottesdienst besuchen, weil er einen bestimmten Van braucht, um seinen Rollstuhl zu transportieren. Es gibt auch andere Orte, die er besuchen müsste und nicht kann. Während ich heute Morgen betete, sah ich vor meinem geistigen Auge ein Bild von Alex, wie er auf dem Weg zum Gottesdienst aus dem Fenster des Vans schaute. Ich hatte auch den starken Eindruck, dass ich nicht mehr ruhigen Gewissens durch die Windschutzscheibe meines eigenen Autos blicken würde, wenn ich mich nicht sofort darum kümmere, dass das Geld zusammenkommt, um für diesen kleinen Jungen und seine Familie einen Van zu kaufen. Es ist für mich ganz klar, was Gott an diesem Morgen von uns möchte. Lasst uns dieser Familie das Auto kaufen, das sie braucht."

Er erklärte, dass diese spezielle Sammlung nicht die reguläre Kollekte der Gemeinde ersetze – sie solle zur gewohnten Zeit gesammelt werden, und die Leute sollten ihren Zehnten und ihre Spenden geben wie immer. Spenden für Alex' Van könnten zusätzlich gemacht werden. Die Sammlung für den Van begann, und innerhalb von fünf Minuten hatte eine Gruppe von weniger als 400 Leuten 18000 Dollar gespendet. Kein Einziger von ihnen hatte Alex je getroffen – soweit ich weiß.

Ich erzähle anderen oft, wie die Christ Our King-Gemeinde am Ostersonntag in weniger als 30 Minuten das Geld für einen Van für Alex sammelte. Sie kannten den Jungen noch nicht einmal; auch war ihnen nicht klar, dass der Unfall genau vor ihrer Kirche passiert war.

Dr. William Malarkey, Kevins Vater

Bei dieser Aktion passierten viele wunderbare Dinge. Ein junger Mann, der 15-jährige Eric, hatte für Freunde seiner Eltern gearbeitet, aber seinen Lohn noch nicht erhalten. Nachdem er Pastor Ricks Aufruf gehört hatte, suchte er die Frau auf, für die er gearbeitet hatte, und bat sie, seinen Scheck als Beitrag für die Van-Sammlung auszustellen. Es gab viele andere Geschichten darüber, wie Menschen wirklich von Herzen spendeten. Als wir das Geld erhielten, waren wir völlig überwältigt, und wir danken Gott immer noch dafür.

Gemeindewechsel

Es war unglaublich schön, aus dem Fenster zu blicken und den neuen Van in unserer Einfahrt zu sehen. Was für ein tolles Geschenk von Gott durch seine Leute! Beth und ich wollten unbedingt den Pastor treffen, mit dem Gott über uns gesprochen hatte. Er nahm unsere Einladung an und kam zu uns nach Hause. Nachdem wir einander etwas kennengelernt hatten, stellte ich die typische Frage: „Wo genau liegt Ihre Kirchengemeinde?"

„An der Kreuzung der Bundesstraßen 47 und 9."

Mein Herz setzte kurz aus. „Dort ist der Unfall passiert!"

Seine Augen wurden tellergroß. Vielleicht dachte er, dass die Sache jetzt eine merkwürdige Wendung nehmen und uns verletzen würde. Aber so war es natürlich nicht. Wir verfluchen diesen Ort nicht, sondern wir sehen ihn als eine Stelle, wo Gottes Plan mit unserem Leben eine neue Richtung nahm – eine Wendung, die zwar durch Schmerzen und Kämpfe gekennzeichnet ist, aber auch das Ziel verfolgt, dass noch mehr Menschen Gott begegnen und ihm Großes zutrauen. Und letztendlich hat sie das Ziel, unsere Familie zu segnen.

*** Als ich Alex das erste Mal traf, wurde mir klar, dass er ein Kind mit einem ausgeprägten Wissen über das Wesen Gottes ist. Es war wirklich offensichtlich, dass sein Glaube sehr stark war. Ich habe ihn nie bedauert. Während ich mit ihm redete, konnte ich die Gegenwart Gottes in seinem Lächeln und in seinen Fragen spüren – und er hatte wirklich viele Fragen!
Robin Ricks, Pastor der Christ Our King-*Gemeinde* ***

Pastor Ricks sprach lange mit Alex. Die beiden verstanden sich blendend. Ich war fasziniert und um ehrlich zu sein auch ein wenig eingeschüchtert durch die Art und Weise, wie die beiden über die unsichtbare Welt sprachen – über die Welt der Engel und Dämonen und über das, was dort vor sich geht. Es war klar, dass die beiden Seelenverwandte waren, die mit dieser Welt einige Erfahrung hatten.

Wir fühlten uns mit diesem Mann erstaunlich verbunden. Bevor er schließlich ging, fragte er, ob er noch mit uns beten könne. Das ist eigentlich die normale Art, einen Pastorenbesuch abzuschließen. Aber bei diesem Gebet war nichts normal. Pastor Ricks sprach mit einer unglaublichen Vertrautheit mit Gott, die die Beziehung widerspiegelte, die er offensichtlich zu ihm hatte. Seine Worte ließen gleichzeitig Autorität und Demut erkennen. Es war eines der erstaunlichsten Beispiele von geistlicher Gemeinschaft mit Gott, die ich je erlebt hatte.

Wir waren hocherfreut darüber, einen neuen Freund zu haben, der unseren Glauben teilte, besonders jemand, der uns in diesen herausfordernden Zeiten und im Bereich des geistlichen Neulands beistehen konnte. Wir sahen Pastor Ricks erst eine ganze Weile später wieder, als wir die *Christ Our King*-Gemeinde wegen einer Kinderaktion am Samstagnachmittag besuchten. In dem Moment, als wir die Kirche betraten, war die Anwesenheit des Heiligen Geistes deutlich spürbar. Beth und ich spürten das Gleiche, und bevor wir an diesem Nachmittag wieder gingen, sah ich Beth an und begann: „Wollen wir …?"

„Ja!", sagte sie schnell mit einem breiten Grinsen.

Am nächsten Morgen gingen wir zum Gottesdienst in der *Christ Our King*-Gemeinde, und seitdem sind wir dort regelmäßige Besucher. Wir sind weiterhin in Verbindung mit unserer „alten" Gemeinde – diese wunderbaren Menschen werden ein Leben lang unsere Freunde sein –, aber Gott hat uns weitergeschickt, uns in einer neuen Schule angemeldet, wenn man so möchte. Im Laufe der Zeit stellt uns Gott immer wieder in verschiedene Umgebungen mit unterschiedlichen Gruppen von Menschen. Er wusste wohl, dass die Dynamik der *Christ Our King*-Gemeinde genau das war, was wir an diesem Punkt in unserem Leben brauchten. Und natürlich hofften wir, dass wir den Leuten dort ebenfalls dienen konnten.

* * *

Kurz vor Weihnachten 2008 besuchte uns ein Team der *Christ Our King*-Gemeinde, um in Alex' Schlafzimmer einen neuen Fußboden zu verlegen. Irgendwann während des Tages kam einer der Arbeiter auf mich zu und sagte: „Du kennst mich nicht, aber lass uns mal zurückdenken ... etwa vier Jahre."

Meine Gedanken wirbelten durcheinander, während ich versuchte, ihn einzuordnen.

„Sind wir uns schon mal begegnet?"

Er streckte seine Hand aus. „Dan Tullis", sagte er, als er die meine schüttelte und nickte. „Nun ja, du erinnerst dich wahrscheinlich nicht daran. Es war am Tag eures Unfalls. Wir waren noch nicht lange nach dem Gottesdienst heimgekommen, als wir das ohrenbetäubende Krachen hörten. Ich rannte zur Kreuzung, die nur etwa hundert Meter von unserem Haus entfernt ist. Als ich dort ankam, kletterte ich zu Alex auf den Rücksitz. Ich betete für ihn und versuchte ihn zu trösten, auch wenn ich nicht wusste, ob er noch lebte. Ich blieb dort, bis die Sanitäter kamen. Er atmete nicht, das konnte ich sagen."

„Und jetzt bist du vier Jahre später hier und arbeitest in meinem Haus und erzählst mir das. Sagtest du eben, du seist damals Mitglied der *Christ Our King*-Gemeinde gewesen?"

„Ja. Als unsere Gemeinde half, den Van zu kaufen, hatte ich keine Ahnung, wem das Geld zugute kommt, bis du dann später in unsere Gemeinde kamst."

„Dann gehen wir also schon seit einer ganzen Weile in dieselbe Gemeinde, aber du bist mit dieser Geschichte nie auf mich zugekommen?"

„Es schien mir genau jetzt der richtige Zeitpunkt dafür zu sein."

„Dan, vielen Dank, dass du dich damals um Alex gekümmert hast."

„Klar doch."

Jetzt hatte ich schon zwei Menschen getroffen, die von Gott zum Unfallort geschickt worden waren und für Alex gebetet hatten. Ich diene einem wunderbaren Gott!

Himmlische Sprachen

Wenn es für Alex Zeit zum Schlafen ist, legen wir oft ein Laken über sein Gesicht. Er schläft gern in völliger Dunkelheit. Eines Abends, als Alex schon eine Weile geschlafen hatte, hörten wir unter dem Laken merkwürdige Geräusche. Ich blickte von meiner Lektüre auf und lachte. War das Alex' Art zu sagen: „Könntet ihr mir bitte den Vorhang aufmachen?" Als ich das Laken zurückzog, war ich erstaunt zu sehen, dass Alex offensichtlich noch schlief. Die merkwürdigen Geräusche waren jedoch immer noch zu hören. War das eine neue Art des Schnarchens? Ich begann, genauer hinzuhören. Es gab ein Muster, einen Rhythmus bei den Geräuschen, die er machte, wie ein entfernter Traum oder ein Murmeln in einer anderen Sprache.

Er schien keine körperlichen Probleme zu haben, deshalb weckte ich ihn nicht. Das Murmeln hielt an. Etwa zehn Minuten später öffnete Alex seine Augen ganz weit.

„Daddy, ich habe gerade mit Gott im Himmel gesprochen."

„Wirklich, Alex?", sagte ich. „Das ist ja cool, denn wir haben dich gehört – es hörte sich komisch an!"

„Ihr konntet mich hören?", fragte er erstaunt.

„Ja, es klang wie eine Sprache, die ich nicht verstehe."

Ein paar Minuten später schlief er wieder ein, und die merkwürdigen Geräusche begannen erneut. Der siebenjährige Aaron kam ins Zimmer. Ein Blick auf Alex, und er begann zu lachen. Dann begriff er, dass Alex schlief.

Nach kurzer Zeit war Alex wieder wach, und Aaron setzte sich neben ihn.

„Was hast du da eben gemacht?", fragte Aaron etwas unsicher.

„Ich habe mit Gott im Himmel geredet", sagte Alex. „Ich spreche dann in einer anderen Sprache."

Kürzlich hatte Alex eine andere überraschende Ankündigung gemacht: „Hier im Schlafzimmer ist ein Geistwesen, aber ich kann nicht sagen, welche Sorte."

Seit seinen Erfahrungen mit der unsichtbaren Welt hatte Alex immer einen Engel von einem Dämon unterscheiden können. Aber diesmal war es anscheinend anders.

„Nun, wie sieht es denn aus?", fragte ich.

„Wie du", antwortete er.

Das überrumpelte mich, deshalb lachte ich. „Dann muss es wohl ein Engel sein", sagte ich lächelnd.

Aber Alex lachte nicht. Er runzelte die Stirn.

„Warum benutzt du nicht deine Himmelssprache und fragst nach?", schlug Aaron vor.

Alex dachte einen Moment darüber nach, drehte sich dann zu Aaron und sagte: „Versprichst du, nicht zu lachen?"

Aaron gab sein feierliches Indianerehrenwort. Ich schüttelte erstaunt den Kopf über diese ziemlich ungewöhnliche Unterhaltung zwischen einem Neun- und einem Elfjährigen.

„Würdest du bitte mein Gesicht zudecken?", fragte Alex seinen Bruder.

Bald nachdem Aaron das Laken über sein Gesicht gelegt hatte, war die Sprache von Alex' früherem Erlebnis im Schlaf wieder zu hören. Er sprach immer weiter in seiner „Himmelssprache", wie Aaron es genannt hatte, und dann verstummte er. Kurz darauf bat uns Alex mit seiner normalen Stimme, das Laken wegzuziehen.

„Das war ein Engel", sagte Alex. „Er war hier, um mich zu trösten. Er hat meinen Kopf berührt."

Engel gehen ein und aus

Solche besonderen Abenteuer passierten von Zeit zu Zeit, aber die Anwesenheit von Engeln war eine permanente Realität in unserem Haus. Alex sagt, dass die Engel uns seit der Zeit des Unfalls regelmäßig besuchen. Bis er 8 Jahre alt war, also während der Zeit seiner schlimmsten körperlichen Probleme, gab es eine bestimmte Gruppe von Engeln, die sein Bett in unserem Elternschlafzimmer stets umringten.

Alex kannte sie alle beim Namen, und er unterhielt sich mit ihnen. „John", „Vent" und „Ryan" waren Namen, die er häufig erwähnte. Eine typische Reaktion ist nun natürlich zu denken, dass ein Junge, der am Beatmungsgerät hängt und einen kleinen Bruder namens Ryan hat, diesen Namen auch einem imaginären Freund gibt. Wir alle wissen, dass Kinder sich oft solche „Freunde" ausdenken, um sich in neuen und schwierigen Situationen nicht allein zu fühlen. Wenn man viele langweilige Stunden im Rollstuhl zubringt, ohne sich bewegen zu können, regt das sicher die Fantasie eines Kindes an, und so denkt es sich eben etwas aus, damit es mit der Situation besser umgehen kann. Könnte das die merkwürdigen Engelabenteuer wie auch die verdächtig vertrauten Namen erklären? Ich habe mich mit diesen Fragen lange herumgeschlagen.

Wenn das, was wir sehen, hören oder lesen, etwas schwer zu glauben scheint, müssen wir am Ende entscheiden, ob wir es für wahr halten oder nicht. Es ist nicht meine Aufgabe, Sie zu überzeugen. Es gibt für die Glaubwürdigkeit von Alex' Erzählungen durchaus gute Argumente. Wenn man einen Baum sieht, der sich heftig im Wind bewegt, weiß man, dass dahinter eine mächtige Kraft stecken muss. Der Ausdruck, der sich auf Alex' Gesicht breitmacht, wenn er Engel sieht, verrät auf ähnliche Weise, dass er sich in unsichtbarer, aber sehr realer Gesellschaft befindet.

Unsere Freundin Margaret, die im Krankenhaus war, als wir uns das erste Mal Alex' himmlischer Besucher bewusst wurden, schrieb nach dieser erstaunlichen Erfahrung die folgenden Worte auf unsere Webseite: „Ich wünschte, dass jeder, der dies liest, Alex' Gesicht hätte sehen können. Es strahlte wahrhaftig!"

Ja – es war tatsächlich wie bei Stephanus, dessen Gesicht so leuchtete wie das eines Engels, als der Heilige Geist ihn erfüllte (Apostelgeschichte 6,15). Die Wege vieler Menschen haben unseren während dieser Monate und Jahre gekreuzt – insgesamt haben im Lauf der Zeit sicher hundert Menschen mitbekommen, wenn Alex himmlischen Besuch hatte. Ich habe keine einzige Person getroffen, die daran zweifelte, dass Alex die Wahrheit sagte, oder die den Eindruck hatte, er sei nicht ganz bei sich, wenn er von den Engeln oder seiner Zeit im Himmel sprach.

Einmal, als unser Freund Laryn bei uns war, fragte ich: „Laryn, du hast gehört, wie Alex seine Besuche im Himmelreich beschreibt. Was ist deine ehrliche Meinung dazu?"

„Kevin, ich habe keine irdische Erklärung für das, worüber der Junge redet. Aber der tiefste Teil meines Herzen, der sich Gottes Existenz bewusst ist, *schreit auf*, wenn sich Alex' Lippen bewegen."

Das ist schon eine Aussage. Ich weiß genau, was er meint: Alex' Erfahrungen haben etwas Unmittelbares an sich. Man *fühlt*, worüber er redet.

Ich kann Ihnen schlecht sagen: „Sie hätten dabei sein müssen", und dann davon ausgehen, dass das ausreicht. Ich kann nur hoffen, dass Gottes Geist durch unsere Worte in diesem Buch zu Ihnen spricht, sodass Sie sich vorstellen können, wie es ist, in einem Zimmer mit meinem Sohn zu sein.

Wir glauben inzwischen, dass um unsere Familie immer Engel sind. Die Bibel weist auf „Schutzengel" hin. So lesen wir zum Beispiel in Psalm 91,11: „Denn er befiehlt seinen

Engeln, dich zu beschützen, wo immer du gehst." Und Jesus sagte einmal über Kinder: „Denn ich sage euch, dass ihre Engel im Himmel meinem himmlischen Vater stets besonders nahe sind" (Matthäus 18,10). Ein Engel beschützte Daniel vor den Löwen (Daniel 6,23-24), und als Petrus durch übernatürliche Weise aus dem Gefängnis freikam, hörten seine Freunde danach seine Stimme an der Tür und sagten: „Es muss wohl sein Engel sein" (Apostelgeschichte 12,15). In der Bibel wird klar, dass Engel oft den Menschen Botschaften überbringen, ihnen helfen und sie beschützen. Ob es für jeden Christen einen lebenslangen Beschützer gibt, wissen wir nicht.

Wir haben ein bestimmtes Muster beobachtet, wie sich die Engel um unsere Familie kümmern. Wenn Alex' Leben ruhig verläuft, dann sind die Engel still und unaufdringlich, wenn nicht gar abwesend. Wenn Alex mit besonderen Schwierigkeiten fertigwerden muss, dann werden sie aktiver. Während seines ersten Jahres zu Hause, als wir oft zwischen dem Krankenhaus und unserem Haus hin- und herpendelten, war täglich die Rede von Engeln. Dieses Muster untergräbt die Idee, dass die Engel der Fantasie eines gelangweilten Kindes entspringen. Unsere Engel kommen immer zusammen mit Problemen und Aufregung. Jedes Mal, wenn Alex im Krankenhaus war, hörte ich von ihnen. Wenn er zu Hause ist und es ihm gutgeht, können Wochen vergehen, ohne dass er sie erwähnt.

Ich weiß eins ganz sicher: dass wir mehr Mut und weniger Angst empfinden, wenn uns versichert wird, dass Engel auf uns achtgeben. Wir fühlen uns dann beschützt und sicher.

Aber es gibt auch andere Besucher, und die sind nicht gerade freundlich.

Von Alex

Dämonen

*Denn wir kämpfen nicht gegen Menschen aus Fleisch und Blut,
sondern gegen die bösen Mächte und Gewalten
der unsichtbaren Welt, gegen jene Mächte der Finsternis,
die diese Welt beherrschen,
und gegen die bösen Geister in der Himmelswelt.*

EPHESER 6,12

Einmal wollte ich meinem Daddy etwas Wichtiges erzählen. Ich sagte ihm, er müsse versprechen, nicht traurig zu sein. Es sei nichts Trauriges, sondern etwas Schönes, sagte ich. Nachdem er sich einverstanden erklärt hatte, erzählte ich ihm, dass es zwei Tage gibt, auf die ich mich am meisten im Leben freue.

Der eine ist der Tag, an dem ich sterbe. Wissen Sie, ich kann es gar nicht abwarten, nach Hause zu kommen. Es ist aber nicht so, dass ich jetzt schon sterben möchte. Ich bin nicht traurig oder so.

Es ist auch nicht so, dass ich die Nase voll von allem habe und weg möchte. Aber der Himmel ist einfach mein Zuhause. Ich möchte dahin zurück.

Der zweite ist der Tag, wenn der Teufel in den Feuersee geworfen wird. Ich kann es nicht abwarten, dass er für immer verschwindet.

Ich erinnere mich, wie der Teufel mir nach dem Autounfall eine Lüge erzählte: „Dein Daddy ist tot, und es ist deine Schuld!" Er ist der Vater der Lügen, und ich bin so froh, jetzt zu wissen, dass er ein Lügner ist.

Manchmal habe ich Besucher, die ich nicht haben will. Mein Daddy erkennt am Klang meiner Stimme, wenn das passiert, und er kommt dann, um mit mir zu beten.

Aber ich brauche ihn nicht immer, denn er hat mir beigebracht, wie ich beten soll. Die Dämonen verschwinden, wenn sie den Namen Jesus hören. Daddy hat mir gesagt, was Jesus seinen Freunden beigebracht hat: „Ich habe euch Vollmacht über den Feind gegeben" (Lukas 10,19).

Deshalb sage ich: „Teufel – oder Dämonen –, verlasst in Jesu Namen mein Zimmer und dieses Haus. Weil Jesus für uns am Kreuz gestorben ist, befehle ich euch zu gehen. Lasst mich in Ruhe."

Einmal beendete mein Bruder Aaron so ein Gebet mit: „Und tschüss, alte Schlange!"

Manchmal weiß mein Daddy nicht, ob die bösen Geister das Zimmer verlassen haben – aber ich weiß es immer! Dann herrscht wieder Frieden.

Daddy hat mich gefragt, wie es ist, wenn so ein Dämon da ist. Na ja, es ist böse, beängstigend und hässlich! Sie beschuldigen mich, wecken Zweifel in mir, machen mich traurig und wollen mir weismachen, dass ich nie geheilt werde und dass Gott mich nicht beschützt.

Ich weiß, dass diese Dinge furchtbar klingen, aber ich weiß auch noch etwas viel Besseres: „Der Geist, der in euch lebt, ist größer als der Geist, der die Welt regiert" (1. Johannes 4,4).

Mein Gott ist wahr und treu und liebevoll. Er ist perfekt!

Kapitel 9

Ende und Neubeginn

Ich wünschte, Sie könnten seine Augen sehen, seine Stimme hören und durch diesen kleinen, unschuldigen Jungen den Duft des Himmels wahrnehmen – alles vermittelt durch ein paar einfache Worte und die Art und Weise, wie er sie mitteilt.

Der Junge, der aus dem Himmel zurückkehrte, war der Sohn, den wir kannten, aber noch mehr. Er hatte „seinen jetzigen Körper verlassen (...) und war daheim beim Herrn" gewesen (2. Korinther 5,8), und diese Erfahrung hat ihn für immer verändert. Es dauerte eine Weile, bis wir das begriffen hatten.

Als Alex im Januar 2005 aus dem Koma erwachte, schloss er sich allmählich wieder unserer Welt an. Es war, wie jemanden zu beobachten, der sich langsam durch einen Nebel kämpft, der zwei verschiedene Welten trennt. Er war anwesend, ohne bei vollem Bewusstsein zu sein. Wie ein neugeborenes Baby musste er erst lernen, diese Welt zu verstehen.

Während die Tage vergingen, lernte Alex, mit seinen Sinnen die Informationen um ihn herum richtig zu deuten. Sein Bewusstsein machte sich wieder an die Arbeit. Er lernte zu kommunizieren, indem er sehr einfache Zeichen für Ja und Nein gebrauchte. Dann war er in der Lage, mit seinem Mund Wörter zu formen, was ihm den Zugang zur Welt komplexerer Ideen und Ausdrücke ermöglichte.

So einfach seine Mitteilungen in diesem ersten Stadium auch waren, er konnte uns klarmachen, dass er an Orten gewesen war und Dinge gesehen hatte, die wir uns einfach nicht vorstellen konnten.

Aus unserer Perspektive war unser Sohn ein schlafender sechsjähriger Junge im Krankenhausbett gewesen. Unsere Gebete konzentrierten sich darauf, ihn ins Leben zurückzubringen, seine Augen aufgehen zu sehen und ihm sagen zu können, dass wir ihn liebten. In dem Wissen, dass wir zu einem liebenden Gott gehören, wagten wir zu hoffen, dass der Alex, den wir kannten und großgezogen hatten, unser einzigartiger Alex, zu uns zurückkommen würde.

Der Aufenthalt in der unsichtbaren Welt hatte Alex' geistlichen Sinn in einer Weise geschärft, die für einen kleinen Jungen mehr als ungewöhnlich war. Er behielt für immer die Sehnsucht zurück, wieder mit Jesus, seinem Freund und Retter, zusammen zu sein, ob nun im Alltagsleben oder im Geist. Es stattete ihn auch mit einem ganz neuen Sinn für Humor aus, der einer inneren Freude entsprang.

Auch bevor Alex aus dem Koma erwachte, kamen Menschen nach dem Beten aus seinem Zimmer und erzählten uns, dass sie eine besonders eindrückliche Erfahrung mit Gott gemacht hatten, indem sie einfach an seinem Bett gebetet hatten. Heute werden noch viel mehr Menschen durch Alex und sein Leben verändert. Er hat längst nicht alles von dem weitergegeben, was er gesehen und gelernt hat. Es gibt immer noch Dinge, über die er nicht redet – in einigen Fällen sind das Details über den Himmel, über die zu reden ihm untersagt worden ist, wie er erklärt.

Am Ende des Jahres 2006 und zu Beginn des Jahres 2007 erzählte uns Alex mehr über Engel, Dämonen und den Himmel selbst. Wir hatten bereits ein Grundverständnis für seine Erfahrungen gewonnen – seine Reise in den Himmel, sein Zusammentreffen mit geistlichen Wesen und Ähnlichem.

Wir wussten, dass er das erlebt hatte, was man allgemein eine „Nahtoderfahrung" nennt, und uns war klar, dass er nicht der Erste war, der mit so einem Bericht zurückkehrte. Es ist wahr, dass er immer wieder von Engeln sprach, als er langsam aus seinem Koma erwachte. Und wir wussten, dass bereits Wunder passiert waren. Seine Halswirbel waren ohne medizinischen Eingriff wieder an ihre normale Position gerückt, um nur eine Sache zu nennen.

Zu dieser Zeit wussten wir jedoch nicht, dass das nur die Spitze eines riesigen, erstaunlichen Eisbergs war. Als Alex die Fähigkeit wiedererlangte, mehr als einsilbige, angestrengt herausgepresste Wörter zu sagen, konnte er uns weit mehr erzählen. Zum Beispiel, dass der Himmel nicht die „nächste" Welt ist, sondern schon *jetzt* existiert. Der Himmel ist nicht „oben" oder das Firmament. Er ist überall und nirgendwo. Alex sagt, dass es schwer zu erklären sei.

*** Ich bin überrascht über Alex' Nähe zu Jesus. An einem Tag hatte sein Vater Kevin eine Frage:

„Jami, ich will nicht, dass das falsch rüberkommt, aber … nun, ich frage mich, ob Alex so etwas wie eine prophetische Gabe hat. Ich weiß, es klingt etwas merkwürdig, aber …"

„Prophetische Gabe?", unterbrach ich. „Das musst du mir nicht erklären. Vor zwei Jahren nach dem Gottesdienst stand ich im Foyer und zog meinen Mantel an.
Ich sah Alex in seinem Rollstuhl und entschied mich, ihm Hallo zu sagen. Wir redeten ein bisschen, und dann, als ich mich umdrehte, um zu gehen, sagte Alex: ‚Jami, du solltest nach Hause gehen und 5. Mose 18 lesen.'

‚In Ordnung, Alex, das mache ich. Kannst du mir sagen, warum ich 5. Mose 18 lesen soll?'

‚Gott hat mir aufgetragen, dir zu sagen, dass dein Sohn nach Hause kommt.'

Ich starrte ihn nur an, Kevin. Wie konnte er irgendetwas über meinen verlorenen Teenagersohn wissen, der in einer anderen Stadt bei seinem Vater lebte? Ich hatte mir so sehr gewünscht, dass er nach Hause kommt, und ständig für ihn gebetet. So, wie wir die Unterhaltszahlungen arrangiert hatten, war das ausgeschlossen, ganz davon abgesehen, dass er bei seinem Vater leben *wollte*. Aber da war Alex und erzählte mir, mein Sohn werde nach Hause kommen. Ich war etwas geschockt, das zu hören, aber andererseits sagt Alex ja viele überraschende Dinge. Ich verabschiedete mich, eilte nach Hause, setzte mich in einen Sessel und schlug in der Bibel 5. Mose 18 auf. Der erste Vers spricht davon, wie das levitische Priestertum in Israel durch den Stamm Levi etabliert wird. Es verschlug mir die Sprache. Levi ist der Name meines Sohnes. Zwei Wochen später zog Levi wieder bei mir ein und lebt seitdem bei mir."

*Jami Kreutzer,
eine Freundin der Familie aus der Gemeinde* ***

Mit unserem menschlichen Denken ist es schwer, einen „Ort" zu erfassen, der kein Ort ist, und sich eine „Zeit" ohne Vergangenheit, Gegenwart oder Zukunft vorzustellen, die nur das ewige Jetzt ist. Die Erde, der Himmel, der Kosmos und die Zeit sind Dinge, die Gott geschaffen hat. Sie sind das Zuhause, das er für uns gemacht hat, und er tritt dort auch in Erscheinung und interagiert mit uns, aber er selbst lebt nicht in Raum oder Zeit. Die Zeit wird enden, und sogar dieses Universum wird enden. Aber Gott, seine Engel und wir, die sein Geschenk annehmen, werden für immer im Himmel leben.

Wir sahen diese „außerirdischen" Dinge ehrlich gesagt nicht als besonders ungewöhnlich an. Für uns war die gesamte Zeit an sich ungewöhnlich. Unseren Sohn sieben Wochen bewusstlos zu sehen – das war unnormal. Unser Alltag war total auf den Kopf gestellt worden, und auf gewisse Art gab es kein *gewöhnlich* mehr – nicht für uns. Wenn das Leben aus seiner normalen Bahn geworfen wird, erwarten wir das Unerwartete. Was mit Alex geschah, war also wahrscheinlich weniger überraschend für uns, als es Ihnen jetzt scheinen mag.

Die Jahre, die auf Alex' Rückkehr in unser Haus folgten, waren voller Abschiede und Neuanfänge – das Ende von Alex' Koma und unserer Abhängigkeit vom Krankenhaus. Aber auch der Anfang einer neuen, herausfordernden Art von Familienleben. Darüber hinaus spürten wir, dass wir immer mehr begannen, ein Bewusstsein für diese andere Welt zu entwickeln, diese mächtige Realität, die weiterhin das Leben unseres Sohnes bestimmte.

„Ich darf dir das nicht erzählen"

„Ich darf dir das nicht erzählen." Ich glaube, ich habe diesen Satz während der letzten fünf Jahre mehrere hundert Male gehört. Wissen Sie, ich neige dazu, Alex mit allerlei Fragen zu löchern. Wer würde das nicht tun? Wenn jemand in Ihrem Haushalt erklären würde, er habe den Himmel besucht, Engel getroffen und Dämonen fliehen gesehen, würde das Ihr Interesse vermutlich auch fesseln. Aber Alex schätzt keine Fragen, die nur die Neugier befriedigen sollen, anstatt uns zu helfen, Gott näherzukommen. Ich bin immer neu fasziniert davon, welche Art Fragen Alex beantwortet und welche nicht. Die Details, die er verrät, sind oft überraschend und unvorhersehbar. Zum Beispiel wenn Alex sagt, dass der Teufel drei Köpfe habe, wenn er sich ihm zeigt, oder dass die Engelsflügel wie Masken aussähen. Solche Vorstellungen stammen ganz eindeutig nicht aus Bilderbüchern, Filmen oder Videospielen.

Alex wusste genau, wo seine Grenzen lagen, über welche Themen er nicht reden sollte. Aber es gibt noch andere Gründe, weshalb er es vorzieht, über etwas nicht zu sprechen. Alex sagt oft: „Daddy, es geht hier nicht um mich."

Alex will aus dem, was er gesehen hat, kein großes Aufhebens machen. Ich glaube, als er sich das erste Mal mitteilte, hatte er keine Ahnung, wie groß die Wirkung – über seinen Daddy und seine Mama hinaus – sein würde. Er ist ein schüchterner Junge, und für ihn ist die Angelegenheit vergleichbar mit einem Kieselstein, der in einen See geworfen wird und der Kreise erzeugt, die sich viel weiter ausbreiten, als er es je erwartet hätte. Er ist nicht gerade versessen auf diese ganze Aufmerksamkeit.

Er ist sich auch sehr wohl bewusst, dass andere nicht sehen können, was er sieht.

Ich weiß, er wünschte, sie könnten es. Vermutlich ist es für ihn merkwürdig zu wissen, dass er als Einziger sozusagen die Augen hat, um bestimmte Dinge zu sehen. Es heißt, unter den Blinden ist der Einäugige König. Alex hat mit Sicherheit eine Sichtweise, die die meisten von uns nicht haben, aber er genießt es nicht, dieser „König" zu sein.

Wenn ich versuche, mit Alex über Himmelsthemen zu reden, fühlt er sich fast immer unwohl. Über einige Einzelheiten darf er wie gesagt nicht reden, und manchmal müht er sich ab, um die richtigen Worte zu finden. Es kann schwer für ihn sein zu entscheiden, was in den eingeschränkten Bereich gehört und was er offenlegen darf.

Es gibt noch einen anderen Grund, weshalb Alex manchmal zögert, alles mitzuteilen, was er im Himmel gesehen hat: Wenn man so will, hat er wohl das Gefühl, dass er allen erzählt, was sich unter dem Papier ihrer Weihnachtsgeschenke verbirgt. Alex hat den großen Weihnachtstag erlebt. Er hat einen Blick auf all die wundervollen, glänzenden Geschenke erhascht, auf denen für die anderen „Nicht vor Weihnachten öffnen!" steht. Er will die große Freude nicht verderben, die uns alle erfüllen wird, wenn wir selbst im Himmel ankommen und Geschenkpapier und Schleifen entfernen.

Als ich über dieses Argument nachdachte, fragte ich: „Und

was ist mit dir, Alex? Ist dir durch deine Erfahrung mit dem Himmel irgendetwas weggenommen worden, wenn du eines Tages für immer dorthin gehen wirst?"

Ein breites Lächeln erschien auf seinem Gesicht. „Auf keinen Fall. Ich kann es nicht abwarten, für immer dorthin zu gehen." Dieser wundervolle Tag übt auf ihn eine unglaublich große Anziehungskraft aus. Ich wandte ein, wenn der Himmel sowieso zu schön sei, als dass irgendetwas für ihn die Freude darauf verderben könne, dann müsste es doch bei uns anderen auch so sein. Also, warum sollte man *uns* nicht vor Weihnachten erzählen, was in ein paar von diesen Päckchen ist?

Er verstand, worauf ich hinauswollte, und wurde langsam etwas großzügiger mit seinen Einzelheiten. Aber einige Themen bleiben tabu. Seine Lippen sind diesseits der Ewigkeit versiegelt.

Eines Tages, als wir über all das redeten, sagte Alex: „Daddy, bist du sicher, dass wir dieses Buch wirklich schreiben sollen?"

„Na ja, ich habe deswegen viel gebetet und mit Gott darüber gesprochen, Alex", sagte ich, „aber wenn du dich unwohl dabei fühlst und Gott dir nicht eindeutig grünes Licht gibt, dann werden wir es nicht veröffentlichen. Kannst du mir sagen, was dir zu schaffen macht?"

„Ich möchte nicht, dass die Leute aus mir eine große Sache machen."

„Nun, da stimme ich mit dir überein. Weißt du, egal was wir tun oder sagen, manche werden das einfach trotzdem tun. Aber was wir mitzuteilen haben, ist auch ermutigend für andere. Wir möchten ihnen helfen, auf eine neue Art und Weise über Gott nachzudenken, und wir möchten ihm Ruhm und Ehre bringen. Auch wenn einige Leute eine große Sache aus dir machen – ist es das nicht wert, wenn viel, viel mehr Menschen deswegen eine große Sache aus Jesus machen?"

Alex blieb still und zeigte ein zunehmendes Unbehagen.

„Alex", begann ich, während ich versuchte, ihm das Gesamtbild vor Augen zu malen. „Einige Leute in der Bibel haben ebenfalls den Himmel gesehen. Nimm zum Beispiel Johannes. Gott sandte einen Engel, der Johannes Dinge über die Zukunft verkündete. Auf diese Weise sah er Erstaunliches, das er für Abermillionen Menschen niederschrieb. Die Menschen werden ermutigt, wenn sie vom Himmel lesen, denn sie bekommen eine Ahnung, wie unglaublich groß Gott ist, und sie werden daran erinnert, dass der Himmel ein realer Ort ist. In Offenbarung 4 erzählt uns Johannes, wie er Engel mit sechs Flügeln sah …"

„Ich hab die auch gesehen!", grinste Alex.

Ich bat ihn, mehr zu erzählen – und Sie haben seinen Bericht darüber in diesem Buch gelesen. Wir hoffen, dass auch Sie dadurch eine Ahnung bekommen, wie Gott ist, und dass Sie Jesus immer besser kennenlernen und ihm immer mehr von Herzen nachfolgen.

Alex ist immer hocherfreut zu entdecken, wenn etwas, was er gesehen hat, auch in der Bibel beschrieben ist. Selbstverständlich wissen Beth und ich genau, was er aus der Bibel weiß und was nicht, da wir ja diejenigen waren, die ihm seit seiner Geburt alles erzählt und beigebracht haben. Und Alex hat unendlich viele Details des Himmels beschrieben, von denen wir ganz sicher wissen, dass er sie nicht vorher aus der Bibel kannte. Wir haben ihm zum Beispiel nie etwas aus der Offenbarung erzählt oder vorgelesen. Wir haben allerdings viel Zeit damit verbracht, ihm Geschichten aus dem Johannesevangelium vorzulesen.

„Daddy, ich bin nur ein Kind!", sagt Alex. „Ich kenne ja nicht alles, was in der Bibel steht. Ich weiß nur das, was Jesus mir gezeigt hat."

Alex' Himmelsreisen gehen weiter

Vielleicht ist inzwischen klar, dass Alex mehrmals im Himmel war, aber die erste Reise am Tag des Unfalls war anders als die danach. Zur Zeit des Unfalls ging Alex durch einen Lichttunnel und hatte eine Reihe von Begegnungen mit Engeln und mit Gott. Zu dieser Zeit konnte er die Vorgänge auf der Erde sehen, zum Beispiel, was am Unfallort (auch nachdem der Hubschrauber seinen Körper schon weggebracht hatte) und in der Notaufnahme geschah, als er und Jesus beobachteten, wie die Ärzte seinen Körper behandelten. Er erinnert sich an Diskussionen, ob er im Himmel bleiben oder zur Erde zurückkehren solle. Viele dieser Erzählungen scheinen seltsam, aber sie sind nicht so ungewöhnlich im Zusammenhang von Nahtod-/Nachtod-Erfahrungen. Andere, die im Himmel waren, haben Erlebnisse geschildert, die Alex' Erfahrungen ähneln.

Alex' Geschichte unterscheidet sich jedoch in einer Sache gewaltig von den anderen: Er besucht immer noch regelmäßig den Himmel! Wann das passiert? Meist, wenn er schläft. Gelegentlich passiert es auch, wenn er wach im Bett liegt. Es gibt beim Ablauf dieser Besuche eine gewisse Regelmäßigkeit: Er kommt immer innerhalb des Tores an. Dann redet er mit den Engeln, die Wache halten. Diese Engel sprühen jedes Mal vor Vorfreude auf den Tag, an dem Jesus zur Erde zurückkehrt. Und jedes Mal sagen sie zu Alex, dass er sich nicht fürchten solle.

„Alex, warum sagen dir die Engel immer, dass du dich nicht fürchten sollst? Was meinen sie damit?"

„Ich glaube, die Engel meinen, dass ich mich nicht vor der Herrlichkeit Gottes fürchten muss."

Diese Antwort steht in Einklang mit der Bibel. Diese mächtigen Engel wissen, dass sie mit einem Menschen reden, der die umwerfende Pracht und ungefilterte Herrlichkeit Gottes nicht gewohnt ist – die Bibel nennt das *Schechina*. Gott gewährte Mose einmal die Bitte, diese unglaubliche Herrlichkeit Gottes zu sehen, aber er wies Mose an, sich in einem Felsspalt zu verbergen, als seine Herrlichkeit vorüberzog, und Gott schützte ihn mit seiner Hand. Mose konnte Gott nicht ansehen und danach weiterleben. Als Mose vom Berg Sinai zu seinem Volk zurückkam, da leuchtete sein Gesicht und reflektierte Gottes Herrlichkeit. Die Bibel berichtet uns, als die Israeliten „das Leuchten auf Moses Gesicht sahen, hatten sie Angst, sich ihm zu nähern" (2. Mose 34,30).

Oder denken Sie an die Hirten, die in der Nacht ihre Schafe hüteten, als Jesus geboren wurde: „Plötzlich erschien ein Engel des Herrn in ihrer Mitte. Der Glanz des Herrn umstrahlte sie. Die Hirten erschraken" (Lukas 2,9). In der Bibel werden viele Engelsbesuche beschrieben, bei denen die Menschen zunächst einmal sehr erschraken. Kein Wunder, dass die Engel im Himmel sich darum sorgten, wie ein kleiner Besucher wohl auf die Herrlichkeit Gottes reagieren würde.

*** Gott weiß, wie er uns Menschen begegnen muss, um uns zu unterstützen. Er hat so seine Art, aus jeder Situation etwas Gutes zu machen. Deshalb glaube ich nicht, dass es so unglaublich ist, wenn ein liebender Gott, wenn Jesus Christus in seiner Gnade das Leben eines kleinen Jungen berührt und ihm gewisse Dinge zeigt.

Gleichzeitig glauben wir, dass die Bibel unfehlbar ist. Das Wort Gottes hat die letztgültige Autorität, und alle Dinge müssen durch dieses Wort gefiltert werden. Wenn Alex also sagt, er habe den Himmel gesehen, dann müssen wir die Bibel aufschlagen und fragen: „Hat jemand anders den Himmel gesehen?" Und wenn die Antwort Ja ist, und da Jesus derselbe heute, morgen und in Ewigkeit ist, dann kann es auch heute geschehen. Das ist die Grundlage, auf der wir jede Offenbarung bewerten – ob wir skeptisch sind oder daran glauben, wir beurteilen jede Offenbarung vom Wort Gottes her. Wenn Gott etwas schon einmal getan hat, kann er es wieder tun.

Robin Ricks, Pastor der Christ Our King*-Gemeinde* ***

Als Nächstes betritt Alex dann immer den Tempel und redet mit Gott selbst. Auf dem Weg spricht er manchmal noch mit anderen Engeln.

„Alex, wenn du dich im Himmel bewegst …"

„Im Himmel kann ich prima mit meinen eigenen Beinen laufen", lächelte er. „Auf der Erde kann ich nicht laufen oder mich bewegen, aber im Himmel ist das anders."

Wie wunderbar zu wissen, dass Gott Alex in seiner Gnade einen Ort anbietet, wo er die Bewegungsfreiheit hat, mit der er geschaffen wurde, und wo er einen Vorgeschmack auf die Vollkommenheit erhält, die er eines Tages wieder genießen kann!

Auch im Himmel hat Alex noch nicht den perfekten „Auferstehungsleib", den Paulus im Neuen Testament beschrieben. Er ist ein Besucher, der immer noch seinen irdischen Körper hat. Er ist dort einfach nur frei von irdischen Verletzungen. Alex sehnt den Tag herbei, an dem er für immer im Himmel bleiben kann und seinen himmlischen Körper bekommt.

Jeder hat eine Bestimmung, und Alex' Bestimmung ist es, Gottes Wort zu verbreiten … Ich habe für eine Weile meinen Spielkameraden verloren, aber das ist es wert, wegen all der Leute, die Jesus kennenlernen.

AARON MALARKEY, ALEX' BRUDER

Alex unterhält sich mit Gott, bis dieser ihm sagt, dass der Besuch nun vorbei sei. Manchmal sind andere Engel bei dem Treffen dabei, manchmal sind nur Gott und Alex zusammen.

„Alex, vermisst du Gott, wenn du wieder hier bist?"

„Nein, Daddy, das ist anders. Ich vermisse Gott, wenn ich *bei* ihm bin, weil ich weiß, dass ich wieder gehen muss, und ich will nie von ihm weg. Es ist so ähnlich wie jetzt, Daddy. Du machst dich für die Arbeit fertig, und ich fange schon an, dich zu vermissen. So ist es, wenn ich bei Gott bin. Ich kann es nicht abwarten, bis ich einfach dort bleiben kann. Du kannst dir nicht vorstellen, wie das ist, bei Gott zu sein und zur selben Zeit zu wissen, dass du gleich wieder weg musst. Deshalb weine ich auch so oft, wenn ich vom Himmel zurückgekehrt bin."

Alex hält auch eine permanente Verbindung zum Himmel, indem er ständig betet. Vor einigen Jahren, als mich ein bestimmtes Thema umtrieb, tat ich, was ich immer tue: Ich betete. Kurz bevor ich zur Arbeit ging, sagte ich zu Alex: „Wenn du heute betest, kannst du daran denken, für mich zu beten?"

Alex sah mich mit durchdringendem Blick an und sagte: „Daddy, ich bete doch sowieso immer; ein Teil von meinem Kopf ist nur für Gespräche mit Gott reserviert. Mein Mund ist dafür da, um mit Menschen zu reden."

Meine Gedanken wanderten gleich zu dem Vers in der Bibel, in dem es heißt, dass man nicht aufhören soll zu beten (1. Thessalonicher 5,17). Ich hatte immer gedacht, es bedeute, dass wir *viel* beten sollten, aber Alex' Erklärung brachte mich dazu, die ununterbrochene Art der Kommunikation besser zu begreifen, zu der uns dieser Vers aufruft.

Meine Begegnung mit einem Engel

Durch Alex waren Gespräche über die Anwesenheit von Engeln, Dämonen und dem Teufel etwas Alltägliches bei uns zu Hause; es war nichts, was uns beunruhigte. Etwa um die Mitte des Jahres 2006 dachte ich, ich hätte nun alles über die unsichtbare Welt gehört und begriffen und nichts könne mich mehr überraschen. Wir nahmen diese Besuche immer noch ernst, aber sie lösten kein maßloses Erstaunen mehr aus.

Dann, eines warmen Sommerabends im Jahr 2006, sagte Alex: „Daddy, da ist ein Engel im Haus, und er möchte mit dir sprechen."

Ich gebe zu: Das erwischte mich doch unvorbereitet – schon wieder, zum tausendsten Mal.

Ich bin zu Alex gegangen, um etwas über Gott zu lernen.
ROBIN RICKS, PASTOR DER *Christ Our King*-GEMEINDE

Unsicher, wie ich reagieren sollte, lachte ich etwas nervös und sagte: „Moment mal, Alex, du bist doch der Engelfreund, nicht ich!"

Alex sah mich nüchtern an und ignorierte mein Ausweichmanöver: „Es ist der Engel John, der nach dir fragt."

„Er heißt John? Kannst du mir sonst noch irgendetwas über ihn erzählen?"

„Na ja, du hast ihn in gewisser Weise schon getroffen. Er hat den anderen Engeln geholfen, dich bei dem Unfall aus dem Auto zu ziehen. Es waren fünf Engel, die dich trugen, und John war einer von ihnen. Er ist derjenige, der deinen Kopf hielt."

„Das wusste ich nicht, Alex. Und er ist jetzt zurückgekommen?"

„Eigentlich nicht. Er ist dauernd hier. Er folgt dir ziemlich oft."

Immer noch etwas nervös sagte ich: „Was soll ich deiner Meinung nach jetzt tun, Alex?"

„Halte Ausschau nach ihm, Daddy! Er ist gerade hier."

„Alex, ich kann die Engel nicht so sehen wie du." Alex' Erfahrungen mit Engeln sind so vertraut für ihn, dass er das alles für selbstverständlich hält und oft vergisst, dass andere nicht so klar sehen können wie er.

Er runzelte seine Stirn, und ich konnte förmlich sehen, wie seine kleinen Gehirnzellen arbeiteten.

„Daddy, wie heißt noch mal dieses Wort, das bedeutet, dass man durch etwas durchsehen kann?"

„Äh … *transparent*?"

„Ja, Daddy, das ist es. Versuch einfach, innendrin transparent zu sein. Dann wirst du den Engel sehen."

Ach so, das war also alles, was ich tun sollte: einfach innerlich transparent sein! Für Alex war das wohl wirklich ganz einfach. Aber was bedeutete das?

Ich gab mir alle Mühe, meinen Geist für das zu öffnen, was Alex mir erklärt hatte, aber nach ein paar Minuten intensiver Konzentration konnte ich noch immer nur das sehen, was jeder andere Mensch beim Betreten des Hauses auch wahrgenommen hätte: ein Wohnzimmer mit normalen Möbeln.

Ich fühlte mich unfähig und glaubensschwach. Mein Sohn funktionierte körperlich nicht, aber ich war in der unsichtbaren Welt behindert. Wer hatte wohl die größere Behinderung?

Ein starkes Gefühl der Enttäuschung machte sich in mir breit. Ich hatte gelernt, Alex zu vertrauen, wenn er diese Art von Ankündigungen machte, aber irgendetwas hinderte mich daran, dass auch ich das empfangen konnte, was Gott für mich bereithielt.

„Alex, ich muss die Mülltonnen rausstellen. Ich komme in ein paar Minuten wieder."

Alex, der mein Gesicht sehr genau beobachtet hatte, merkte, wie enttäuscht ich war.

„Daddy, versuch weiter, John zu sehen, okay?"

Alex wollte immer, dass Beth und ich mit ihm die unsichtbare Welt betraten – damit wir erlebten, was er erlebte und sahen, was er sah.

„Ich werde es gleich weiter versuchen", versprach ich. „Ich gebe mein Bestes."

Die Mülltonnen unserer Familie zur Straße zu bringen, ist mühsam, denn unsere Auffahrt ist sehr lang. Nachdem ich zum Ende der Auffahrt gelaufen war, machte ich in der einsetzenden Dämmerung eine Pause. Es war ein wunderschöner Abend. Ich wartete und lauschte und hörte … einen Grillen-Chor.

Ich versuchte es wirklich, denn ich glaubte Alex absolut, was er sah. Zu viele Male hatte er exakt Passendes für die Situation von Menschen gesagt, zu viele Male hatte er direkte Erfahrungen mit Engeln gemacht, zu viele Wunder waren geschehen, um daran zu zweifeln, dass Gott Alex ein seltenes Fenster in den Himmel geöffnet hatte. Wenn ein Engel mir eine Nachricht von Gott überbringen wollte, müsste ich doch die Fähigkeit haben, ihn zu sehen oder zu hören! Ich öffnete ganz langsam und bewusst mein Herz und meine Hände für Gott. „Gott, ich bin hier. Wenn du mir durch einen deiner Engel etwas sagen möchtest, dann bin ich bereit für jede Erfahrung, die ich deiner Meinung nach machen soll."

Einige Menschen sind körperlich gehandicapt; ich bin übernatürlich gehandicapt. Alex musste mir unendlich weit voraus sein. Ich sah zurück in Richtung Haus und sog tief die Abendluft ein. Dann nahm ich einen Satz wahr: „Ich habe dich mit einer Nachricht der Hoffnung erfüllt."

Wo kam das denn her? Ein plötzlicher Schauer lief mir über den Rücken, während ich mich umsah. Es gab nichts Ungewöhnliches zu sehen, aber jemand hatte gerade im Geist zu mir gesprochen. Eine Art Beben in meinem Inneren vermittelte mir, dass noch mehr kommen würde. Wie ein Funksignal, das die richtige Frequenz finden muss, war es zunächst abgerissen und undeutlich. Mein Herz raste in meiner Brust. Gott teilte mir seinen Willen für mich mit! Ich rannte los, die Auffahrt entlang, und platzte zur Tür hinein. Mit ungeschickten Händen wühlte ich am Küchentresen und im Schreibtisch und suchte nach Schreibzeug:

Ich habe dich mit einer Nachricht der Hoffnung erfüllt ...
für die Kirche ...
    die Gemeinschaft der Christen ...
    und diejenigen, die in dieser Gemeinschaft sein werden ...
    Damit er erhöht und in seiner wahren Herrlichkeit gesehen wird ...
    Dies sind die Worte Gottes, die dir durch den Engel John gegeben sind.

Ich ließ den Stift fallen und las, was ich gerade eben geschrieben hatte.

„Alex! Alex!"

Als sie meine freudige Erregung sahen, kamen Beth und Aaron zu mir und hörten mit Erstaunen, was ich berichtete.

„Er hat zu mir gesprochen ... Gott ... unten an der Auffahrt. Der Engel John sprach zu mir und sagte ..." Und ich las die Mitteilung, die ich gerade empfangen hatte.

Beth und Aaron saßen sprachlos vor Staunen da, aber Alex war nicht im Geringsten durcheinander. Wenn ich ihm erzählt hätte, dass heute Abend die Grillen zirpten, hätte er wohl ähnlich reagiert – das ist *nichts Besonderes, das geschieht doch dauernd.* Ich war völlig verzückt, aber für ihn war es ein alter Hut. Als wir anderen noch in dieser außergewöhnlichen geistlichen Erfahrung schwelgten, sagte Alex: „Es gibt noch mehr. Du solltest noch mal rausgehen."

Ich ging wieder genau zu derselben Stelle – bei dieser Erfahrung wollte ich bloß nichts falsch machen. Binnen Kurzem kam die Stimme wieder:

Rede von mir, für mich und über mich
Nimm Alex zu Hilfe, um zu zeigen, wer ich bin
Ich habe ihn als Leinwand gewählt, auf der ich mich zeigen werde
Ich bin eine Einheit, die Trinität, ein vollendeter Kreis,
Durch eure Geschichte werden Menschen mich loben und anbeten, Menschen werden zu einem Leben mit mir eingeladen werden
Deine Rechnungen sind meine kleinste Sorge
Ich werde mit dir sein, jeden Tag deines Lebens
Ich werde zu dir sprechen
Ich werde dich leiten
Ich bin in dir
Ich bin um dich, sei du um mich
Meine Liebe ist bedingungslos
Meine Rache ist eingeschränkt gegenüber den Heiligen
Meine Apostel sind für mich gestorben, würdest du für mich sterben?
Ich bin das Alpha und das Omega, der Erste und der Letzte.

Als ich wieder im Haus war, schrieb ich wieder alles ganz aufgebracht nieder, bevor ich in Alex' Zimmer eilte. Er war fest eingeschlafen. Der Morgen schien Tage entfernt. Ich brannte so sehr darauf, ihm mitzuteilen, was ich gerade erlebt hatte.

Als Alex am nächsten Tag endlich aufwachte, las ich ihm alles vor, was ich aufgeschrieben hatte.

Er sagte nur ganz locker: „Du hast alles mitgekriegt."

Für ihn war das Routine, aber ich fühlte mich, als ob ich einmal auf den Kopf gestellt und bis in die Grundfesten meiner Seele durchgeschüttelt worden wäre. Bedenken Sie, dass ich nicht aus einem geistlichen Hintergrund komme, in dem übernatürliche Einbrüche in unsere Welt als normal angesehen werden. Meine Glaubenserfahrungen waren bisher ganz konservativ. Aber sogar während ich an diesem Buch arbeite, merke ich, dass das, was Gott mir offenbart hat, sich zu erfüllen beginnt.

Der Glaube meines Enkels und meines Sohnes an Jesus Christus hat eine Widerstandskraft in ihnen geschaffen, die diese Tragödie in eine Geschichte mit wunderbarer Bedeutung und Zielsetzung verwandelt hat – für mich, meine Familie und viele andere.

DR. WILLIAM MALARKEY, KEVINS VATER

Vielleicht löst die Auseinandersetzung mit einer anderen, übernatürlichen Welt bei Ihnen Unbehagen aus. Wenn das so ist, dann sind Sie in guter Gesellschaft – ich fühle mich dabei auch äußerst unwohl. Es ist eine Sache, wenn andere Leute solche Erfahrungen machen, aber etwas völlig anderes, wenn man selbst der Empfänger ist. Mir ist noch nie im Leben etwas auch nur annähernd Ähnliches passiert. Mein Verstand musste sich gewaltig anstrengen, um mit meinem Geist mitzuhalten. Falls Sie keine nette theologische Schublade haben, in der Sie all diese Dinge bequem ablegen können, machen Sie sich keine Sorgen; die habe ich auch nicht. Diese Ereignisse sind, was sie sind. Ich berichte nur, was passiert ist. Glücklicherweise haben wir die Bibel als unfehlbare Richtschnur, um alles, was wir erleben, zu überprüfen.

Die wahren Engel

Während einige Menschen Schwierigkeiten damit haben, sich auf die unsichtbare Welt einzulassen, scheinen andere eine ungesunde Faszination für himmlische Dinge zu hegen.

Das kann so weit gehen, dass man es vermeidet, auf Gott zu reagieren, wenn er uns etwas durch die Bibel deutlich macht. Oder man umgeht es, Aufgaben im gewöhnlichen Alltag zu erfüllen, die Gott uns gegeben hat und die unser Leben ausmachen. Kennen wir nicht alle Zeiten, in denen wir wünschten, wir müssten nicht das Badezimmer putzen? Bei aller Liebe zu meiner Familie – es gibt Tage, an denen ich mir nichts Schöneres vorstellen kann, als meinen Pflichten zu entfliehen und an einem sonnigen Strand zu liegen und über Engel nachzusinnen!

Der Himmel, Engel und Wunder sind wunderbar und faszinierend. Aber wenn alles, was Alex und ich über die Geschehnisse in unserem Leben erzählt haben, nur einen kurzzeitigen Nervenkitzel bewirkt, dann haben wir jämmerlich versagt. Die Bibel spricht sich klar gegen die Menschen aus, die die Schöpfung mehr verehren als den Schöpfer. Auf gleiche Weise können wir uns in die Boten verlieben und den Gott übergehen, der sie geschaffen und gesendet hat.

Engel sind ganz sicher keine süßen kleinen Cherubim, die in den Ästen von Weihnachtsbäumen leben. Sie sind mächtige Wesen, die die Aufgaben Gottes erledigen. Die Bibel beschreibt die Engel immer als Gottes Boten und besondere Bevollmächtigte, die in die physische Welt überwechseln, um seine Aufträge auszuführen. Die Bibel sagt uns auch, dass wir gastfreundlich sein sollen, denn es könnte sein, dass wir eines Tages Engel bewirten, ohne es zu merken – wie es anderen schon passiert ist (Hebräer 13,2).

Wenn ich ein bescheidenes Wort der Ermahnung anbringen darf: Der Teufel ist ein Betrüger, der sich als Engel des Lichts verkleidet. Wir müssen alle wachsam gegenüber verfälschten Wahrheiten sein. Alles, was nicht mit der Bibel übereinstimmt, ist falsch. Alex' Engel handeln nie außerhalb der Parameter, die wir in der Bibel finden – unser Maßstab für Glaubwürdigkeit.

Sie müssen nicht mit Engeln sprechen oder sie sehen, um ein Leben zu führen, das Gott die Ehre gibt, die ihm zusteht. Lassen Sie sich bei Ihrer Sinnsuche nicht dadurch irritieren, dass Sie nach einem übernatürlichen Erlebnis streben. Suchen Sie Gott durch seinen Sohn Jesus Christus – und er wird sich von Ihnen finden lassen!

Alex' Hoffnung ist, dass Sie, wenn Sie hören, wie Gott in seinem Leben gewirkt hat, auch zu dem Einzigen gezogen werden, der wahre Hoffnung anbietet.

Von Alex

Ich besuche den Himmel immer noch

Als ich dann aufschaute,
sah ich im Himmel eine Tür offen stehen.

OFFENBARUNG 4,1

Ich mag im Moment wirklich nicht mehr so viel über den Himmel sprechen. Es hat mir besser gefallen, meiner Mama und meinem Daddy darüber zu erzählen, als es für mich noch eine neue Erfahrung war. Ich war so aufgeregt und wollte allen mitteilen, was ich erlebt hatte. Ich weiß, Gott verfolgt eine bestimmte Absicht mit meinem Autounfall und mit dem, was er mir im Himmel gezeigt hat. Mir ist auch klar, dass das alles anderen Menschen helfen kann. Aber es ist schwer, über himmlische Dinge zu sprechen. Sie sind viel schwerer zu beschreiben als die Dinge auf der Erde. Ich habe nicht all die Worte dafür, die ich bräuchte.

Wenn Daddy mir jetzt Fragen stellt, dann rolle ich gewöhnlich mit den Augen und versuche, schnell zur letzten Frage zu kommen. Wenn wir fertig sind, hoffe ich auf ein Videospiel oder einfach etwas Zeit, in der Daddy mit mir spielt.

Gestern Abend hat mir Daddy gesagt, Gott wolle manchmal, dass wir mit anderen teilen, was wir erleben, und manchmal wolle er, dass wir es für uns behalten. Er erzählte mir, dass der Apostel Paulus nicht erzählen sollte, was er im Himmel gesehen hatte[5]. Daddy hat mir auch gesagt, dass Johannes das Gegenteil sagte: dass er alles aufschreiben sollte, was ihm vom Himmel gezeigt wurde – oder zumindest einen Teil

---

5 (2. Korinther 12)

davon. Das fand ich gut. Ich glaube, dass bei mir beides zutrifft. Ich weiß, dass ich einiges, was ich im Himmel gesehen habe, mit anderen teilen soll, und ich weiß auch, dass Gott mir gesagt hat, dass ich andere Dinge für mich behalten soll. Ich darf meinen Eltern einige Dinge erzählen, die sie nicht weitersagen dürfen, und einige Dinge berichte ich noch nicht einmal ihnen.

Gott weiß genau, was er mir zumuten kann. Er weiß, wie viel ich verstehen kann, und er weiß, was zu schwer für mich zu behalten wäre. Er ist perfekt!

Eines Abends sagte mein Daddy, er glaube, ich werde nur 10 Prozent von dem schreiben, was ich im Himmel gesehen hätte. Ich musste grinsen.

Dennoch war ich nicht sicher, ob ich das alles in einem Buch erzählen sollte. Ich habe meinem Daddy gesagt, dass ich nicht möchte, dass die Leute ein großes Aufhebens um mich machen. Aber ich habe mich entschieden, dass es in Ordnung ist, ein paar Dinge mitzuteilen, denn schließlich sind der Himmel und die Engel auch ein Teil der Botschaft der Bibel. Ich hoffe, dass es Leute näher zu Gott bringt.

Deshalb werde ich noch ein bisschen mehr erzählen.

Wenn ich den Himmel besuche, dann sehe ich Engel um den Thron Gottes fliegen. Sie singen, während sie fliegen.

Ich dachte erst, dass die zwei Flügel über den Gesichtern der Engel Masken seien, aber später, als Daddy und ich darüber redeten, wurde mir klar, dass es Flügel sein mussten.

Steht in der Bibel, wie der Engel Michael neben dem Thron sitzt und aufschreibt, was die Menschen auf der Erde tun?

Ich weiß, ich bin bei Gott, wenn ich den Himmel besuche, aber man kann Gott auf seinem Thron nicht sehen – die Engel flattern so schnell, dass sie die Sicht auf ihn versperren.

Niemand kann Gottes Gesicht sehen, das kommt erst später.

Kapitel 10

Der Weg, den wir noch vor uns haben

Wenn Leute mich fragen, ob mein Glaube erschüttert wurde, weil Alex nicht völlig geheilt ist, antworte ich mit einem überzeugten Nein. Während der vergangenen zwei Jahre wurden wir ganz neu und auf erstaunliche Weise daran erinnert, dass wir uns immer noch fest in Gottes Händen befinden.

Nach all den zuversichtlichen Behauptungen über Alex' völlige Heilung, wäre es da nicht großartig, das Buch mit einer Geschichte enden zu lassen, in der Alex eines Morgens aufwacht, auf wundersame Weise geheilt ist, aus dem Bett springt und in den Garten rennt, um mit Aaron Fußball zu spielen oder mit Gracie auf Bäume zu klettern? Aber die Wirklichkeit ist komplizierter – und irgendwie auch schöner als das.

Während Alex' Verletzungen ihn auf gewisse Art einschränken, hat er dieselben Ziele, Träume und Sehnsüchte, die jeder junge Mensch hat, dessen Herz Gott gehört. Und er ist entschlossen, ihnen nachzugehen.

Die neue Normalität

Für Alex bedeutet das harte Arbeit – sowohl körperlich als auch geistig, jeden Tag. Alex arbeitet nach Kräften mit. Beth führt ihn jeden Morgen und Abend durch ein einstündiges

Dehnprogramm, um seine Glieder und seinen Rumpf einigermaßen in Form zu halten. Beth bereitet alles für die Dehnübungen vor, und sie säubert während der Stunde auch Alex' Luftröhrenschlauch-Anlage. Zweimal pro Woche kommt ein Physiotherapeut, um mit Alex verschiedene Körperbewegungen zu üben. Er benutzt dazu anspruchsvolle Geräte, von denen einige Laufbewegungen simulieren.

Wir unterrichten unsere Kinder zu Hause, wie wir es auch schon vor dem Unfall gemacht hatten. Alex liebt es zu lesen und verbringt einen Teil jedes Schultags damit, sich durch mehrere Lektionen einer öffentlichen Online-Fernschule zu arbeiten. Er benutzt seinen Mund, um die Maus zu kontrollieren, während er sich durch den Mathekurs und andere Fächer arbeitet. Der Unfall hatte Alex lerntechnisch ein Jahr zurückgeworfen, aber er hat diese Zeit inzwischen schon wieder wettgemacht und ist nun auf dem Stand der seinem Alter entsprechenden Klasse.

Alex liebt es, in die Kirche zu gehen, und singt sogar im Chor. Wenn es ihm gutgeht, wird man ihn jeden Sonntagmorgen in der *Christ Our King*-Gemeinde finden. Er ist sehr gesellig und lässt nie eine Gelegenheit aus, mit Menschen zusammen zu sein. Alex spielt den Leuten gern verbale Streiche und genießt den Ruf, immer das letzte Wort zu haben.

Seinen Rollstuhl kann Alex bedienen, indem er das Kinn bewegt. Er spielt gern Kreisspiele oder Verstecken. (Er übernimmt meist das Suchen, aber wenn er dran ist mit Verstecken, dann bedecken wir ihn an einem geeigneten Ort mit Decken und Kissen.) Er spielt auch gern Videospiele. Meist sind Aaron und ich dann die „Hände" und Alex ist das „Gehirn": „Da abbiegen, nein, langsamer! Genau, jetzt rechts!" Alex spielt auch mit uns Nerfs[6]. Wir setzen ihm dann eine Schutzbrille auf, legen ihm einen Brustschutz an und eine

---

6 Spielzeugwaffen, mit denen man Schaumstoffpfeile abfeuert.

Nerf-Waffe quer über seinen Schoß, und er versucht, die anderen Spieler mit seinem Rollstuhl umzufahren.

Wie schon erwähnt, ist Alex ein totaler Sportfan und kann mit jedem Experten mitreden. Er ist ein erbitterter Verfechter seiner Lieblingsteams und verpasst nie ein Spiel. Als Alex hörte, dass US-Präsident Obama *Georgetown* ausgewählt hatte, um die *Bucks* 2010 beim Männer-Basketball-Turnier zu schlagen, hatte er einiges dazu zu sagen. Aber was will man erwarten von einem Kind, dessen Vater alles drangesetzt hatte, damit sein Sohn in dem Krankenhauszimmer mit dem besten Blick auf das *Buckeyes*-Stadion geboren würde?

*** Wenn schwierige Situationen eintreten – „Wer auf den Herrn vertraut, erleidet vieles" (Psalm 34,20) –, dann schenkt Gott uns seine Gnade proportional zu unseren Bedürfnissen. Jesus Christus nimmt sich jedes Menschen an, der ihm vertraut.

Ich denke an das, was der Apostel Paulus sagte, nachdem er einige der Dinge aufgezählt hatte, die er ertragen musste – er hat einen Tag und eine Nacht im Meer treibend zugebracht, er hatte mit Leuten zu tun, die sich fälschlich als Christen ausgaben, er wurde ausgepeitscht –, aber dann sagte er: „Und nun bin ich zufrieden mit meiner Schwäche, damit die Kraft von Christus durch mich wirken kann" (2. Korinther 12,9). Warum sollte Paulus sich an seiner Schwäche freuen? Weil sich genau darin die Kraft Gottes zeigte. In all seinen Problemen konnte er ein größeres Maß der Gnade Gottes erleben.

Deshalb lautet die entscheidende Frage nicht: „Wie ist es, im Rollstuhl zu sitzen?" Sondern die Frage lautet: „Wie handelt Gott, wenn du im Rollstuhl sitzt?"

Robin Ricks, Pastor der Christ Our King*-Gemeinde* ***

Manchmal sagt jemand zu Beth oder mir: „Wie schafft ihr das bloß? Ich könnte das nie." Na ja, wenn Gott einem etwas aufträgt, dann macht man es einfach – und man wächst an seinen Aufgaben. Was anderen fremd und kompliziert vorkommt, ist für uns normal. Jeder von uns wird manchmal auf die eine oder andere Art mit einer „neuen Normalität" im Leben konfrontiert. Wenn wir uns darauf einlassen, statt uns dagegen zu wehren, sind wir meist viel glücklicher.

Unsere Familie hat neue tägliche Rhythmen entwickelt, und wir genießen Spiel und Spaß so wie andere. Aber das bedeutet nicht, dass wir uns mit der jetzigen Lage einfach abgefunden haben. Gott ist immer noch am Werk und bringt seine Ziele mit unserer Familie und Alex' Leben voran. Während der vergangenen zwei Jahre wurden wir ganz neu und auf erstaunliche Weise daran erinnert, dass wir uns immer noch fest in Gottes Händen befinden.

St. Louis

Während Alex' Geschichte sich weiter entfaltet, können wir Gott nur danken für das fortwährende Interesse und die Unterstützung, die es ihm ermöglicht hat, große Schritte zu machen. Beth hat in Bezug auf Alex' Möglichkeiten unglaublich viel recherchiert. Es war ein seit Langem bestehender Traum von uns, für ihn einen Platz im Kennedy-Krieger-Institut (KKI) in Baltimore zu bekommen, um dort an einem Zwei-Wochen-Programm teilzunehmen. Das KKI ist die erste Adresse in der Welt für die Behandlung von Kindern wie Alex. Diese Einrichtung bot dieselbe Art von Therapie und Behandlung an, die auch Christopher Reeve erhielt. Es gab nur ein großes Hindernis: die 15000 Dollar Kosten für die Behandlung. Für Gott ist das nicht viel Geld, aber für uns war es eine Hürde, die zu hoch schien, um sie zu überwinden.

Wenn Alex zum KKI gehen sollte, dann müsste Gott dafür sorgen.

Während Beth alle Informationen einholte, traf sie Patrick Rummerfield, der für das *International Center for Spinal Cord Injury* (Internationales Zentrum für Rückenmarksverletzungen) am KKI arbeitet. Patricks Interesse an der Forschung rund um das Rückenmark hat einen persönlichen Hintergrund: 1974 überlebte er einen Autounfall und war seitdem querschnittsgelähmt. Er machte ein unglaubliches Programm mit jeder nur denkbaren Form von Krankengymnastik mit und konnte schließlich seine Glieder wieder vollständig normal bewegen. Tatsächlich ist er der einzige völlig geheilte Querschnittsgelähmte der Welt. Heute läuft Patrick überall auf der Welt Marathons.

Beth hatte unermüdlich daran gearbeitet, Alex möglichst bald nach dem Unfall zum KKI zu bringen, und Patrick hat sich von Anfang an für uns eingesetzt.

Im Juli 2009 wurde unser KKI-Traum durch die Großzügigkeit vieler Menschen dann endlich Realität. Unser größter Unterstützer war Eric Westacott. 1993 war Eric während eines College-Softball-Spiels mit dem Kopf voran ins Tor geflogen und danach querschnittsgelähmt. Das hielt Eric nicht auf. Heute ist er Rechtsanwalt und der Präsident der *Eric Westacott Foundation*. Er fährt selbst Auto, arbeitet Vollzeit und – noch viel wichtiger– ist ein wunderbarer Mensch. Seine positive Sicht auf das Leben ist beeindruckend und die Art, wie er unermüdlich für andere arbeitet, ist wirklich inspirierend.

Jedes Jahr veranstaltet Erics Stiftung ein Golfturnier in St. Louis, dessen einziger Zweck es ist, Geld zusammenzubringen, das der Rückenmarksforschung zugutekommen soll. 2009 waren die Erlöse des Turniers für Alex' Rehabilitationsmaßnahmen bestimmt, besonders dafür, ihn zum KKI zu schicken.

Eric und Patrick arbeiteten zusammen, um das Golfturnier und eine „stille Auktion" für Alex vorzubereiten. Die *Eric Westacott Foundation* sandte uns dann das nötige Geld, um für eine Woche nach St. Louis zu fahren. Das war für uns alle sehr aufregend. Wir waren seit 2004 nicht mehr verreist oder hatten eine Nacht außerhalb unseres Zuhauses verbracht (vom Krankenhaus abgesehen). Wir fuhren in dem von unserer Gemeinde bezahlten Van, hinter uns ein Wohnwagenanhänger, den wir uns von einer Familie geliehen hatten, deren Sohn mit Rückenmarksverletzung kürzlich gestorben war, und in der Tasche das Geld, das uns von der Westacott-Stiftung zur Verfügung gestellt worden war.

Als wir in St. Louis ankamen, schenkten uns Eric und Patrick Tickets für ein Baseballspiel der *Cardinals* am folgenden Tag. Alex und Aaron lieben Baseball. Es war das erste Mal, dass wir die Gelegenheit hatten, Alex zu einem Spiel mitzunehmen. Und wir hatten sehr viel Spaß! Wir gingen schon zwei Stunden früher hin, um die Schlagübungen anzusehen, und wir gaben unser Bestes, um den Rekord an Imbissbuden-Ausgaben während eines einzigen Spieles zu brechen.

Am Samstag besuchten wir dann das 16. *EWF Golf-Classic*-Turnier, das als Fundraiser für Alex dienen sollte. Die Leute reisen aus den gesamten USA an, um daran teilzunehmen. Wir hatten keine direkte Verbindung zu irgendeinem dieser Menschen, und es berührte uns, all den Aufwand zu beobachten, der betrieben wurde, um Alex zu helfen.

Während des Banketts und der „stillen Auktion" hatten wir große Freude daran zu sehen, wie die Leute sich gegenseitig für Alex zu überbieten versuchten. Unser Sohn wurde vorgestellt und bekam stehende Ovationen. Patrick und Beth hielten kurze Ansprachen. Schließlich wurde ein großer Scheck gebracht und Alex überreicht. Die *Eric Westacott Foundation* hatte doppelt so viel Geld zusammengebracht, wie für einen zweiwöchigen Aufenthalt am KKI nötig war!

Alex konnte also an zwei Zwei-Wochen-Programmen teilnehmen.

Meine Familie und ich waren an diesem Abend nur Zuschauer. Wir waren diejenigen, die von dem Tag profitierten, aber wir befanden uns eigentlich unter Fremden. Es war erstaunlich, dass Menschen, die uns noch nicht einmal kannten, so großzügig waren! Ihre Haltung entsprach der riesigen Herzlichkeit, die wir von der Gemeinde erfahren hatten. Gott kann jeden gebrauchen, um seine Absichten umzusetzen. Jesus zeigt sich in jeder Situation, wenn wir nur gewillt sind, es zu sehen.

Zusätzlich zu all seinen Bemühungen gemeinsam mit Eric und seiner Stiftung kontaktierte Patrick auch die Christopher-und-Dana-Reeve-Stiftung und bat sie, uns ebenfalls zu helfen. Wir hatten seit einigen Jahren versucht, ein spezielles Reha-Fahrrad für Alex zu erstehen. Lorraine Valentini, eine US-amerikanische Radsportlerin, und ihr Mann Chris Reyling hatten genau das Fahrrad, das Alex brauchte, an die Reeve-Stiftung gespendet. Das „RT300-Rad für Funktionelle Elektrostimulation (FES)" ist so konzipiert, dass es elektrische Impulse zu Elektroden sendet, die an den Beinmuskeln des Fahrers befestigt sind und eine Kontraktion verursachen, sodass man damit quasi den Muskel passiv trainieren kann. Patrick half uns, dass wir dieses Fahrrad für Alex bekamen. Wieder waren wir von seiner selbstlosen Großzügigkeit total berührt. Gott ist einfach großartig.

Übernatürlicher Weckruf

Alex' Reise in den Himmel und das Erleben der beeindruckendsten und friedlichsten Realität, die uns alle einmal erwartet, erfolgte, als er erst sechs Jahre alt war. Seitdem ist er wie in einem Fantasy-Film immer wieder zwischen den absolut unbeschwerten Aufenthalten im Himmel und seinem irdischen und sehr begrenzten Familienleben mit uns hin- und hergependelt – bevor sich dann in der Schlussszene irgendwann der Kreis schließen wird.

Gott hat Alex besonders viel Schönes erfahren lassen, damit er seine eigene Pilgerreise ertragen und eine unglaublich schöne und reine Beziehung zu ihm aufbauen konnte. Alex' Körper ist nicht so weit, wie wir es uns wünschen, aber sein Geist ist jenseits dessen, was wir uns je hätten vorstellen können, als wir bei seiner Geburt dafür beteten, dass unser Sohn Gott kennenlernen und in einer engen Beziehung zu ihm leben würde.

Verstehen Sie mich nicht falsch. Das bedeutet nicht, dass Alex ein entrückter kleiner Heiliger ist. Er ist ein normaler Zwölfjähriger, der Witze und Sport liebt, gelegentlich frech zu seinen Eltern ist und zufällig im Rollstuhl sitzt.

*** Eine Unterhaltung mit Alex kann das Denken einer Person und die Sicht auf das Leben völlig verändern.
Das ist ein Beweis dafür, was Gott in besonderem Maße durch Alex' Leben bewirkt, und auch für Alex' persönliche Leidenschaft für Jesus. Ich habe einige Gespräche mit diesem jungen Mann geführt, und ich fühlte mich dabei, als sei mein Glaube irgendwo hinter dem vom zweifelnden Thomas einzuordnen! Alex' Glaube ein inspirierender Glaube. Aber so tiefsinnig Alex auch ist – und ich könnte den ganzen Tag damit verbringen, mit ihm über Gott und seine Erfahrungen zu reden –, es ist erfrischend zu wissen, dass er sich ansonsten wie jeder andere Zwölfjährige benimmt, der erzogen werden muss und so weiter.

Will Zell,
Evangelisationspastor der Christ Our King-*Gemeinde* ***

Superman und eine Operation

2003 implantierte der weltbekannte Chirurg und Forscher Dr. Raymond Onders ein kleines Hilfsmittel bei dem berühmten (und ebenfalls querschnittsgelähmten) Schauspieler Christopher Reeve, das es ihm ermöglicht, ohne Beatmungsgerät zu atmen. Im Januar 2009 hatte Alex einen Termin für diese sogenannte Christopher-Reeve-Operation.

Christopher Reeve hatte diesen Weg für Erwachsene gebahnt. Alex würde dasselbe für Kinder tun, da er das erste Kind der Welt war, das sich Dr. Onders' bahnbrechender Operation unterzog. Bei der Operation wird ein kleines Gerät eingesetzt, das es gelähmten Patienten ermöglicht, ohne Beatmungsgerät klarzukommen, indem die Muskeln und Nerven stimuliert werden, die durch das Zwerchfell laufen. Im Juni 2008 ließ die Arzneimittelbehörde, die *Food and Drug Administration (FDA),* das Gerät für Erwachsene zu. Das Universitätskrankenhaus in Cleveland erhielt von der Behörde die spezielle Erlaubnis, diese Operation auch bei Alex durchzuführen.

Mr Matt, wenn Sie und mein Vater die Leute treffen,
die das Buch veröffentlichen, sagen Sie ihnen,
dass ich ein ganz normales Kind bin.
Sagen Sie denen auf jeden Fall, dass ich ganz normal bin.
ALEX MALARKEY AN MATT JACOBSON, LITERATURAGENT

Kurz vor der Operation erhielten wir einen Anruf von der Pressestelle des Krankenhauses mit der Anfrage, ob die Presse dabei sein könne. „Klar", sagten wir zustimmend und erwarteten eine Pressemitteilung oder vielleicht eine Geschichte in der Lokalzeitung. Gern würden wir ein kleines Interview geben, nach allem, was man für uns getan hatte. Wir hatten allerdings die Aufmerksamkeit, die Alex' Operation erregen würde, ein kleines bisschen unterschätzt.

Beth, Alex und ich kamen am Abend vor der Operation in Cleveland an, um uns im Krankenhaus um die Vorbereitungen zu kümmern. Wir füllten Formulare aus und durchliefen mit Alex die Routinetests, die vor einer Operation anfallen. Bald waren einige Reporter angerückt sowie einige TV-Sender. Wir sprachen mit den Reportern, aber vor lauter Tamtam fragten wir uns gar nicht: *Warum kommt die Presse eigentlich am Abend vor Alex' Operation?*

Am nächsten Morgen blätterte ich durch die letzten Seiten der Zeitung, um zu schauen, ob da ein Artikel über uns drin war. Da ich nichts fand, faltete ich die Zeitung zusammen und warf sie auf den Tresen – nur um dann zweimal hinzusehen: Da war eine große Geschichte über Alex auf der Titelseite der Zeitung. Auf der Titelseite?! Er war doch noch gar nicht operiert worden!

Der Artikel war gut gemacht, obwohl alle unsere Bezüge auf Gott, die wir während des Interviews gemacht hatten, rausgenommen worden waren. (Der Autor entschuldigte sich später bei mir dafür. Im Originalartikel, den er der Zeitung übermittelt hatte, war das Interview so gewesen, wie es stattgefunden hatte. Ein Redakteur der Zeitung hatte die Stellen mit Gott gestrichen. Ich hoffe, er oder sie liest dieses Buch!)

Christopher Reeve bahnte den Weg

Chris brachte den Mut auf, sich als einer unserer ersten Patienten einer sogenannten Schlüsselloch-Operation am Zwerchfell zu unterziehen; damit bahnte er den Weg für ein erfolgreiches ambulantes Programm, bei dem ein Zwerchfell-Schrittmacher es Querschnittsgelähmten ermöglicht, nach und nach ohne Beatmungsgerät auszukommen.

DR. RAYMOND ONDERS,
ZITIERT AUF WWW.SYNAPSEBIOMEDICAL.COM/NEWS/REEVE

Als wir später am Morgen zum Krankenhaus fuhren, nahm ich eine falsche Abzweigung. Das verzögerte unsere Ankunftszeit um ein paar Minuten und gab den Journalisten mehr Zeit, sich zu versammeln. Als wir durch die Tür vor dem OP-Bereich gingen, entdeckten wir, dass etwa 20 Personen eines Fernsehteams mit aufwändigen Beleuchtungsanlagen ihre Ausrüstung aufgebaut hatten und bereit zum Filmen waren. Der Morgen begann mit einer Runde von „Vor-OP"-Interviews mit Beth, Dr. Onders und mir. Irgendwann ging ich raus in die Eingangshalle, um mir einen Kaffee zu holen. Ich hatte kaum die Halle betreten, als eine Frau zu mir sagte: „Cleveland betet für Ihren Sohn!" Ich fühlte mich überrumpelt und war mir immer noch nicht des enormen Interesses an Alex' Operation bewusst.

„Oh", sagte sie. „Wissen Sie, dass Sie heute Morgen in allen Nachrichtensendern waren?"

„Nein, das wusste ich nicht."

„Nun, so ist es aber. Jeder redet darüber. Meine ganze Gemeinde betet für Alex."

Inmitten all des Medienrummels und der ganzen Geschäftigkeit, die mit einer großen Operation einhergeht, ließ ich Alex nicht aus den Augen. Ich sah, dass er nach den OP-Vorbereitungen ein bisschen nervös war. Dr. Onders bemerkte das auch. Er ist ein großartiger Arzt, der sich ganz auf seine Patienten einstellt. Bald unterhielten sich Alex und Dr. Onders über Football. Alex vertrat die Meinung, dass seine *Steelers* besser als Dr. Onders *Browns* seien. Ein paar Minuten später wurde Alex dann in den OP-Raum gefahren.

Beth und ich durften einen gewissen Grenzbereich nicht übertreten, aber ein Kameramann war zugelassen. Er filmte die ganze Operation, während sich immer mehr Medienvertreter in der Eingangshalle versammelten. Den Großteil der 90 Minuten, die Alex im OP war, gaben Beth und ich Interviews. Eigentlich war das eine gute Ablenkung. Während wir mit den endlosen Fragen der Reporter beschäftigt waren, hatten wir kaum Zeit, uns um Alex zu sorgen. Gegen Ende der Operation bemerkte ich, dass eine Reporterin etwas abseits stand und betete. Beth und ich gingen zu ihr. Bald beteten wir alle drei zusammen.

Endlich verließen ein paar Personen den OP-Saal, und kurz danach wurde Alex herausgefahren.

Er sah eigentlich ganz gut aus, abgesehen von dem Draht, der aus seinem oberen Brustbereich hervorschaute und an dem das neue Gerät angeschlossen werden sollte. Es war schon seltsam, unser Kind so verdrahtet für einen elektrischen Anschluss zu sehen!

Wir waren gespannt auf Dr. Onders Meinung zur Operation.

„Alles ist sehr gut verlaufen. Die Operation ist ein Erfolg", begann er. „Als ich das Gerät im OP-Raum für einen Testlauf anschloss, machte Alex sogar einen so tiefen Atemzug, dass seine Brust fast geplatzt wäre! Normalerweise testen wir dieses System für fünf Minuten. Bei Alex haben wir es volle fünfzehn Minuten getestet. Es hat alles sehr gut geklappt."

Wir waren begeistert.

Alex wurde in den Aufwachraum geschoben, wo die Reporter schon voller Erwartung ausharrten. Noch bevor Alex wieder bei Bewusstsein war, lieferten einige Nachrichtensprecher schon einen Live-Bericht für ihre Sender. Beth und ich standen lächelnd neben seinem Bett und folgten den Anweisungen, zu Alex zu schauen, während der Reporter über ihn redete.

Die Kameras liefen noch, als Dr. Onders zu uns hinüberging und sagte: „Während der ganzen Operation habe ich gesagt: ‚Vorwärts, *Browns!*'"

Alex war noch nicht bei vollem Bewusstsein. Trotzdem war er wach genug, um mit schwacher Stimme zu flüstern: „Die *Steelers* sind im Entscheidungsspiel, nicht die *Browns*."

Das ist typisch Alex. Immer schnell mit einem Spruch dabei, auch wenn er nur halb bei Bewusstsein ist!

In dem hektischen Medientreiben wussten wir nicht, was als Nächstes kam, deshalb waren wir etwas überrascht, als uns ein Zeitplan in die Hand gedrückt wurde – unser Presseterminplan, um es genau zu sagen. Alex würde ein paar Stunden brauchen, um sich zu erholen, erklärte man uns. In der Zwischenzeit sollten wir noch mehr Interviews geben. Wir hätten doch unsere Zustimmung gegeben, oder? *Associated Press* um 14 Uhr, der *Cleveland Plain Dealer* um 14.30 Uhr und so weiter. Ich fragte mich, was merkwürdiger war: dass die Operation, die meinem Sohn half, selbst zu atmen, ambulant gemacht wurde oder dass unsere Entlassungszeit von unserem Presseterminplan abhing.

Die Interviews verliefen gut, aber nicht ohne mindestens einen peinlichen Moment. Eine Fernsehjournalistin nutzte die Gelegenheit, um ein direktes Interview mit Alex zu machen.

„Also, Alex, jetzt, wo dein Beatmungsgerät zeitweilig entfernt werden kann und du mit diesem neuen Gerät atmen kannst, fühlst du dich da normaler?"

Alex sah sie erstaunt an, während sich auf seinem Gesicht Verwirrung breitmachte.

„Was meinen Sie?" Er hielt einen Moment inne und sagte dann: „Ich *bin* doch normal."

Die Reporterin war beschämt, dass sie in ein Fettnäpfchen getreten war, und entschuldigte sich mehrfach. Alex verbrachte die nächsten Minuten damit sicherzustellen, dass es *ihr* wieder besser ging.

Ein anderer Reporter von der *Associated Press* hörte geduldig zu, während seine Interviewzeit mit Kommentaren meines noch halb bewusstlosen Sohnes über die Mannschaft der *Pittsburgh Steelers* draufging. Dem Reporter schien das nichts auszumachen. Er sagte etwas, das mich völlig unvorbereitet traf: „Sie sollten ein Buch schreiben."

„Meinen Sie wirklich?"

„Ja."

„Haben Sie irgendeinen speziellen Rat, wie ich vorgehen soll?", fragte ich.

„Ja, arbeiten Sie hart und lassen Sie sich nie entmutigen. Das ist alles."

Ein guter Rat für fast alles im Leben, dachte ich. An diesem Tag entschied ich mich wirklich dazu, ein Buch über Alex und seine Erfahrungen zu schreiben. Ich hatte daran schon vorher mal gedacht, aber der Zuspruch des Reporters war der Startschuss zu dem Buch, das Sie nun in den Händen halten.

Wir gaben noch ein weiteres Zeitungsinterview. Dann eilten wir raus zu unserem Van. Die Reporterin dieses letzten Interviews begleitete uns und versicherte uns, dass sie unsere Aussagen über den Glauben in ihrem Artikel einbauen werde, da sie wisse, dass dies ein wesentlicher Bestandteil der Geschichte sei.

Der große Zeitungsartikel über Alex erschien am nächsten Tag – viele gefüllte Spalten und mehrere exzellente Fotos. Gott? Nein. Er wurde nicht erwähnt.

Wir machten uns auf den Rückweg ins Hotel. Das Telefon klingelte. Es war meine Mutter.

„Hallo, Mum, schön, dass du anrufst. Es hat alles gut geklappt. Alex ist ein Held."

„Ja, ich weiß", sagte sie. „Alex sieht großartig aus."

„Du bist 360 Kilometer entfernt – woher weißt du das?"

„Oh, die Fotos von der Operation und danach sind überall im Internet. Er sieht wirklich gut aus. Vielleicht kannst du gleich im Hotel mal nach ihm googeln, dann siehst du, was ich meine."

Sagt das nicht alles über die Zeiten, in denen wir leben? Wir waren noch nicht einmal vom Krankenhaus zu Hause, und meine Eltern, die hunderte Kilometer entfernt waren, hatten schon vor mir gesehen, was im OP-Saal passiert war!

Als wir im Hotel ankamen, gab ich Alex' Namen gleich bei Google ein. Es gab über vier Seiten mit Einträgen. Unglaublich!

Wir wollten eigentlich am nächsten Tag nach Hause fahren, aber wir waren eingeschneit und deshalb gezwungen, einen weiteren Tag in Cleveland zu bleiben. Während das einerseits schön war, weil wir drei noch einen Tag zusammen hatten, an dem wir einfach nur entspannen konnten, machte es andererseits die Fahrt nach Hause etwas hektischer. Denn wir *mussten* rechtzeitig zu Hause sein wegen des Entscheidungsspiels der *Steelers* gegen die *San Diego Chargers!*

Das Rückgrat stärken: Der junge Mann Alex

Jeder, der mit Alex gesprochen hat, wird bezeugen, dass es ihm an einer Sache nicht fehlt: an Rückgrat. Sein körperliches Rückgrat litt allerdings an verkümmerten Muskeln und war schlimm verbogen. Aber wenn es um das Rückgrat geht, das wirklich zählt – nämlich geistige Stärke –, fehlte es Alex an nichts. Diese Tapferkeit, gepaart mit dem, was er erlebt hatte und weiterhin in der unsichtbaren Welt erfuhr, hatte aus Alex einen dynamischen Christen geformt, der bei jeder Gelegenheit von seinem Gott erzählt. Wenn man Alex trifft, dann hört man unweigerlich eine Menge über Jesus Christus und über das, was er für uns getan hat.

Alex ist wirklich ein erstaunliches Kind. Man denkt, er brauche sicher Ermutigung, da er an einen Rollstuhl gefesselt ist.
Man beginnt also eine Unterhaltung mit ihm,
und dann ist es sofort andersherum. Alex baut einen auf!
Er ermutigt einen! So ist Alex einfach.

Dan Tullis

Damit Alex aufrechter in seinem Stuhl sitzen und besser von Dr. Onders' Christopher-Reeve-Operation profitieren konnte, beschlossen seine Ärzte, dass seine Wirbelsäule mit Stahlstäben stabilisiert werden müsste. Am 1. Dezember 2009 füllten Beth und ich unseren 15-Personen-Van mal wieder mit Alex' medizinischer Ausstattung und mit Beths Koffer. Wir rechneten damit, dass die beiden nach der Operation zwei Wochen in Cleveland bleiben würden, bis Alex sich von der Operation erholt hatte.

Am Abend vor der Operation war Alex in guter Verfassung. Wir hatten viel Spaß miteinander, witzelten herum und hingen im Hotel ab. Aber am nächsten Morgen, als wir die Vorbereitungen für die Operation trafen, wurde Alex zunehmend nervöser. Er stellte eine Menge Fragen, was bei der Operation genau gemacht werde. Dann drehte er sich zu mir, und nackter Schrecken stand ihm ins Gesicht geschrieben. Er sagte: „Daddy, ich habe Angst, dass ich sterben werde."

Ich hatte die ganze Woche dieselbe Befürchtung gehabt, hatte mir aber ihm gegenüber natürlich nicht das Geringste anmerken lassen. Wie sollte ich jetzt Worte finden, um ihn zu trösten?

Ich sammelte mich und sagte: „Alex, wenn das passieren sollte, dann bist du zu Hause, und wenn nicht, dann machen wir weiter mit unserem Leben."

Es ist kaum verwunderlich, dass ihn meine Aussage nicht besonders beruhigte. Während wir Alex über den Flur schoben, war er sehr unruhig und sprach ganz verzerrt. Die Krankenschwestern versicherten uns, er werde sich nicht mehr an die Fahrt über den Flur erinnern.

Man sagte uns, die Operation werde zwischen 5 und 8 Stunden dauern. Beth wollte die Zeit im Wartesaal verbringen. Ich lief unruhig durch die Außenanlagen des Krankenhauses. Beth hatte einen Pager, ich hatte ein Handy. Wir waren beide total nervös. Alex' Wirbelsäule war in einem

89-Grad-Winkel verbogen. Sein Rücken musste von seinem Nacken bis zur Hüfte aufgeschnitten werden.

Die Chirurgen informierten uns einige Male über den aktuellen Stand. Sie waren nach etwa vier Stunden fertig. Dr. Onders kam irgendwann zu uns und sagte, dass er gerade nach Alex geschaut habe. Drei Leute nähten Alex jetzt zu, erklärte er, und das werde etwa eine Stunde dauern. Als die Operation beendet war, wurde uns gesagt, dass sie ein Riesenerfolg gewesen sei. Alex' Wirbelsäule war jetzt wieder gerade, und er lag nun auf der Aufwachstation.

Als wir ihn das erste Mal sahen, war er wach, aber er war ziemlich neben sich. Beth blieb bei ihm auf der Intensivstation, ich fuhr zurück zum Hotel. Am Morgen kam ich zurück, um nachzuschauen, ob es Beth und Alex so weit gut ging, dann machte ich mich auf den Weg nach Hause zu unseren anderen drei Kindern.

Wegen einiger Komplikationen musste Alex drei Wochen auf der Intensivstation bleiben. Während dieser Zeit blieb Beth ständig bei ihm und verließ kaum das Zimmer. Was Alex in diesen Tagen durchmachte, spottet jeglicher Beschreibung. Alex' Gebetsteam lief zur Höchstform auf. Es war ein Kraftakt gigantischen Ausmaßes. Eine Zeit lang verlor Alex sein Sehvermögen. Dann hatte er starke Probleme damit, Luft zu bekommen. Sein Blutdruck wechselte zwischen extremen Höhen und extremen Tiefen. Alex' Stimme war nur noch ein schwaches Flüstern. Mehrere Male war er sicher, dass sich seine Angst, dass er sterben würde, jetzt bewahrheitete.

So herausfordernd diese Zeit auch für Alex war, wir waren relativ zuversichtlich, dass er es schaffen würde. Die Ärzte und Krankenschwestern taten alles, um ihn zu stabilisieren, auch wenn es einige Tage gar nicht besser mit ihm wurde. An einem Punkt während dieser Zeit versammelten sich die Ärzte und Krankenpfleger – 8 Leute – um Alex' Bett, um sich zu beraten. Alex' Körper lag flach auf dem Bett, er war extrem schwach und sein Gesamtzustand war instabil. Er hatte weiterhin Atemprobleme. Doch in dieser misslichen Lage hatte Alex nur eines im Sinn: Er richtete seine müden Augen auf das Medizinerteam, und mit schwacher Stimme fragte er: „Hat irgendeiner von Ihnen eine persönliche Beziehung zu Gott?"

„Ja, ich", sagte jemand. Der Rest von ihnen tauschte schnelle Blicke aus.

Dann begann Alex diesen Mitgliedern des medizinischen Teams von Jesus zu erzählen. Sich selbst oder seine eigenen Umstände erwähnte er kein einziges Mal. Es ging ihm nur um die anderen Menschen und ihre Beziehung zu Gott. Weil er so schlecht atmen konnte, lehnte sich Beth zu ihm und hörte zu, um als „Übersetzerin" zu fungieren. Als er fertig war, lächelte einer der Mediziner und sagte: „Alex, du bist unglaublich."

Alex antwortete: „Gott ist unglaublich. Ich bin nur ein Kind."

Jedes Mal, wenn ich von Alex weggehe,
nachdem ich mit ihm geredet habe, frage ich mich:
„Wieso tut er mir eigentlich nie leid?"
RACHAEL, EINE FREUNDIN DER MALARKEYS

Im Laufe der nächsten Woche hielt mich Beth darüber auf dem Laufenden, wie Alex praktisch mit jeder Person, die seinen Raum betrat, über Gott redete.

Einmal kam eine Krankenschwester herein. Alex sah sie an und wollte mit ihr reden. Aber er war zu müde, um zu sprechen. Er sah seine Mutter an und sagte: „Erzähl du es ihr."

Als Alex schließlich nach fast vier Wochen und einer 290 Kilometer langen Autofahrt nach Hause kam, fragte ich: „Alex, hast du jedem, den du getroffen hast, von Jesus erzählt?"

Alex lächelte und sagte: „Daddy, bitte! Natürlich hab ich das!"

Das ist der Grund, warum ich mit einem festen Nein antworte, wenn mich Menschen fragen, ob mein Glaube erschüttert wurde, weil Alex nicht völlig geheilt ist. Alex wird auf jeden Fall ganz gesund werden, ob nun hier auf der Erde oder im Himmel. Wie das genau vor sich geht, ist Gottes Entscheidung. Doch ich bin völlig überzeugt, dass seine Heilung in diesem Leben geschehen wird.

Weil Gott durch Alex' Erfahrungen so viele Leben berührt und so viel Gutes hervorgebracht hat, weiß ich, dass Gott dieses Projekt nicht nur leitet, sondern auch dessen Zeitplan. Darauf beruht unsere zuversichtliche Hoffnung.

Und ... es ist noch nicht vorbei!

„wird laufen"

Nachwort

Alex beantwortet Fragen über den Himmel

Alex, was weißt du über den jetzigen Himmel und den zukünftigen Himmel auf Erden?
Ich weiß, dass es einen anderen Ort gibt als den, wohin ich gehe. Ein Engel hat mir gesagt, dass der zukünftige Himmel das ist, wo man den neuen Körper bekommt. Er wünschte sich, er hätte auch einen dieser Körper.

Spricht man dort, wo du bist, über den neuen Himmel?
Der andere Himmel ist jetzt schon da, aber an einem anderen Ort.

Ist der Garten Eden und/oder der Baum des Lebens im jetzigen Himmel?
Keine Ahnung.

Gibt es im Himmel Städte?
Ja. Dagegen wirkt New York City klein! Die Skyline ist fantastisch.

Wie fühlte sich dein Körper im Himmel an?
Ich habe dort nie so auf meinen Körper geachtet. Ich hab nie runtergeschaut oder über mich nachgedacht. Ich war zu sehr fasziniert von allem anderen. Ich weiß aber, dass ich im Himmel laufen konnte.

Was denkst du darüber, dass Gott Paulus sagte, er solle nicht über das reden, was er vom Himmel gesehen hatte, Johannes aber solle es mit anderen teilen?

Das finde ich gar nicht so merkwürdig, wenn ich darüber nachdenke. Ich bin eine Mischung von den beiden. Einige Dinge kann ich sagen, andere nicht.

Hast du je die Hölle gesehen – vom Himmel aus oder sonst irgendwann?

Nein, ich habe die Hölle nicht gesehen. Es gibt ein Loch im äußeren Himmel, vom dem ich euch erzählt habe. Ich weiß, dass man in der Hölle landet, wenn man durch dieses Loch geht. Das macht mich sehr traurig.

Wie wird Gott im Himmel angebetet?

Gott wird immer angebetet. Die Engel haben Versammlungen, in denen sie Gott preisen. Sie gehen zu bestimmten Zeiten zu seinem Thron. Ich habe gesehen, wie die Ältesten niederknieten und „Heilig, heilig, heilig" sagten. Aber das Schönste sind die Engel hinter den Ältesten. Es sind mehr, als man zählen kann.

Welche Menschen hast du im Himmel gesehen?

Ich habe Menschen aus der Bibel gesehen. Mehr kann ich nicht sagen.

Ist der Himmel ein physischer Ort?

Wie hätte ich dort sein können, wenn er es nicht wäre?

Wenn du zu einer Gruppe von jungen Menschen über das Gebet sprechen solltest, was würdest du ihnen erzählen?

Es würde mir Spaß machen, und ich würde ihnen die Wahrheit sagen: Gott liebt uns, und er ist immer da. Dann würde ich Gottes Liebe und seine Gegenwart beschreiben.

Ich würde sie wissen lassen, dass er uns hört, wenn wir beten, und dass er uns liebt.

Was würdest du den Leuten über Situationen erzählen, in denen sie geistlich um etwas ringen müssen?
Ich hätte nur drei Hauptpunkte: 1. Satan ist ein Verlierer, und er hat bereits verloren. 2. Dämonen versuchen die ganze Zeit, den Menschen in die Quere zu kommen. 3. Wir brauchen Jesus in unserem Herzen, um gegen die Dämonen anzukämpfen.

Wenn du den Präsidenten der Vereinigten Staaten am Telefon hättest, was würdest du ihm sagen?
Lassen Sie sich von Gott leiten. Leben Sie Ihr Leben mit Gott und versuchen Sie, auch andere Menschen dazu zu bringen, Jesus in ihr Leben einzuladen. Wenn Sie das tun, kann Ihnen nichts Böses etwas anhaben.

Was würdest du jemandem sagen, der Sorgen oder Angst hat?
Wenn das so ist, würde ich einfach sagen: „Bitte Gott um Hilfe."

Dank

Wie könnten Alex und ich irgendjemandem danken, bevor wir nicht unserem Gott im Himmel Dank sagen, der unser beider Leben am 14. November 2004 gerettet hat! Er ist der Grund, der unserem Leben Sinn und Hoffnung gibt.

Ich danke Beth, die in ihrem Weitblick sah, wie Alex' Geschichte anderen helfen könnte. Ihr unermüdlicher Einsatz für Alex ist unbeschreiblich. Ich danke Aaron, Gracie und Ryan, die ihr immer bemüht wart, Verständnis für die viele Aufmerksamkeit zu haben, die Alex erhält. Ihr wisst auch, dass ihr Gott, eurer Mutter und mir ebenso viel bedeutet wie euer Bruder.

Mein Dank gilt all den Abertausenden von Menschen, die über viele Jahre täglich für unsere Familie gebetet haben. Ihr habt eine enorm wichtige Rolle gespielt, was wir versuchen, in unserer Geschichte zu zeigen. Denkt daran: Eure Gebete sind Schätze im Himmel. Ich danke Pastor Brown, Pastor Ricks und all den anderen erstaunlichen Menschen, die so viel Aufwand betrieben haben, um unserer Familie zu helfen.

Mein Dank geht an all die unglaublichen Mitarbeiter von *Tyndale House*, die unsere Geschichte nicht nur zu einem Buch machten, sondern auch selbst zu entscheidenden Personen wurden, die Alex und den Rest unserer Mannschaft im Gebet unterstützten. Alex möchte seinen Weggefährten Stephen Vosloo extra erwähnt haben, der an den Bildern für das Buch gearbeitet hat und der Alex seit ihrem ersten Treffen unentwegt zum Lachen bringt. Ich danke Lisa Jackson, Kim Miller und Jan Long Harris dafür, dass ihr uns geholfen habt, unsere Geschichte vernünftig zu gliedern. Vielen Dank auch an Rob Suggs für die Hilfe mit dem Manuskript.

Mein Dank gilt Matt Jacobson für – was hast du nicht alles getan? – das Beten, Schreiben, Redigieren und dafür, dass du uns als Agent und – noch wichtiger – als Freund geholfen hast.

Ich möchte auch meinen Eltern dafür danken, dass sie mir den Gott nahegebracht haben, für den ich lebe. Ich danke auch Beths Eltern, die mir während schwerer Zeiten viel über Mut und Gnade beibrachten.

Zuletzt möchte ich meinem Sohn Alex danken. Du bist mein Held und der Mensch, dem ich in meinem Leben ähnlich werden möchte.

Anhang:

Bibelstellen

Engel

Denn er befiehlt seinen Engeln, dich zu beschützen, wo immer du gehst. Auf Händen tragen sie dich, damit du deinen Fuß nicht an einen Stein stößt.

PSALM 91,11-12

Genauso herrscht Freude bei den Engeln Gottes, wenn auch nur ein einziger Sünder bereut und auf seinem Weg umkehrt.

LUKAS 15,10

Denn Engel sind nur Diener. Sie sind Geister, die Gott als Helfer zu denen sendet, welche die Rettung erben werden.

HEBRÄER 1,14

Denn an einer Stelle in der Schrift heißt es: „Was ist der Mensch, dass du an ihn denken, und der Sohn des Menschen, dass du für ihn sorgen solltest? Für eine kurze Zeit hast du ihn geringer als die Engel gemacht und hast ihn mit Herrlichkeit und Ehre gekrönt."

HEBRÄER 2,6-7

Vergesst nicht, Fremden Gastfreundschaft zu erweisen, denn auf diese Weise haben einige Engel beherbergt, ohne es zu merken!

HEBRÄER 13,2

Es wurde ihnen gesagt, dass sich das nicht zu ihrer Zeit ereignen würde, sondern viele Jahre später, in eurer Zeit. Und nun wurde euch diese Botschaft durch diejenigen verkündet, die in der Kraft des Heiligen Geistes, der vom Himmel gesandt wurde, zu euch gepredigt haben. Und sogar die Engel sehnen sich danach, etwas davon zu sehen.

1. Petrus 1,12

Und alle Engel standen rings um den Thron und um die Ältesten und die vier lebendigen Wesen. Und sie fielen vor dem Thron nieder und beteten Gott an. Sie riefen: „Amen! Lob und Herrlichkeit und Weisheit und Dank und Ehre und Macht und Stärke gehören unserem Gott für immer und ewig. Amen!"

Offenbarung 7,11-12

Gottes Fürsorge für seine Kinder

Aber Gott horte das Schreien des Jungen und der Engel Gottes rief Hagar vom Himmel aus zu: „Hagar, was ist mit dir? Hab keine Angst! Gott hat das Weinen deines Sohnes gehört, der dort liegt. Steh auf, nimm den Jungen und halte ihn fest an der Hand, denn ich werde seine Nachkommen zu einem großen Volk machen."

1. Mose 21,17-18

Bewahrt die Gebote, die ich euch heute gebe, in eurem Herzen. Schärft sie euren Kindern ein. Sprecht über sie, wenn ihr zu Hause oder unterwegs seid, wenn ihr euch hinlegt oder wenn ihr aufsteht. Bindet sie zur Erinnerung um eure Hand und tragt sie an eurer Stirn, schreibt sie auf die Pfosten eurer Haustüren und auf eure Tore.

5. Mose 6,6-9

Kinder und Säuglinge hast du gelehrt, dich zu loben.
Sie bringen deine Feinde zum Schweigen, die auf Rache aus
waren.

PSALM 8,3

Denn er wird mich aufnehmen, wenn schlechte Zeiten
kommen, und mir in seinem Heiligtum Schutz geben.
Er wird mich auf einen hohen Berg stellen, wo mich niemand
erreichen kann.

PSALM 27,5

Wir wollen diese Wahrheiten unseren Kindern nicht
vorenthalten, sondern der nächsten Generation von den
wunderbaren Taten des Herrn erzählen, von seiner Macht
und den großen Wundern, die er vollbrachte.

PSALM 78,4

Wie sich ein Vater über seine Kinder zärtlich erbarmt,
so erbarmt sich der Herr über alle, die ihn fürchten.

PSALM 103,13

Kinder sind ein Geschenk des Herrn, sie sind ein Lohn aus
seiner Hand.

PSALM 127,3

Lehre dein Kind, den richtigen Weg zu wählen,
und wenn es älter ist, wird es auf diesem Weg bleiben.

SPRÜCHE 22,6

Ich kannte dich schon, bevor ich dich im Leib deiner Mutter
geformt habe. Schon vor deiner Geburt habe ich dich dazu
bestimmt, dass du den Völkern meine Botschaften überbringst.

JEREMIA 1,5

Danach sprach Jesus das folgende Gebet:

„O Vater, Herr des Himmels und der Erde, ich danke dir,
dass du die Wahrheit vor denen verbirgst, die sich selbst für
so klug und weise halten. Ich danke dir, dass du sie stattdessen
denen enthüllst, die ein kindliches Gemüt haben.
Ja, Vater, so wolltest du es!"

MATTHÄUS 11,25-26

Etwa zu dieser Zeit kamen die Jünger zu Jesus und fragten ihn:
„Wer ist der Größte im Himmelreich?" Da rief Jesus ein
kleines Kind zu sich und stellte es vor sie hin. Dann sagte er:
„Ich versichere euch: Wenn ihr nicht umkehrt und werdet wie
die Kinder, werdet ihr nie ins Himmelreich kommen.
Deshalb: Wer so gering wird wie dieses Kind, der ist der Größte
im Himmelreich. Und wer ein solches Kind in meinem Namen
aufnimmt, der nimmt mich auf. Wer aber eines dieser Kinder,
die mir vertrauen, vom rechten Glauben abbringt,
für den wäre es besser, er würde mit einem schweren Mühlstein
um den Hals ins Meer geworfen werden."

MATTHÄUS 18,1-6

Die obersten Priester und die Schriftgelehrten sahen diese
Wunder und hörten, wie die kleinen Kinder im Tempel riefen:
„Lobt Gott für den Sohn Davids!" Das erregte ihren Unwillen
und sie fragten Jesus: „Hörst du, was die Kinder da rufen?"
„Ja", erwiderte Jesus. „Habt ihr noch nie in der Schrift gelesen?
Dort steht geschrieben: ‚Kinder und Säuglinge hast du gelehrt,
dich zu loben.'"

MATTHÄUS 21,15-16

Eines Tages brachten einige Eltern ihre Kinder zu Jesus, damit
er sie berühren und segnen sollte. Doch die Jünger wiesen sie ab.
Als Jesus das sah, war er sehr verärgert über seine Jünger und

sagte zu ihnen: „Lasst die Kinder zu mir kommen. Hindert sie nicht daran! Denn das Reich Gottes gehört Menschen wie ihnen. Ich versichere euch: Wer nicht solchen Glauben hat wie sie, kommt nicht ins Reich Gottes." Dann nahm er die Kinder in die Arme, legte ihnen die Hände auf den Kopf und segnete sie.

MARKUS 10,13-16

All denen aber, die ihn aufnahmen und an seinen Namen glaubten, gab er das Recht, Gottes Kinder zu werden.

JOHANNES 1,12

Niemand soll dich gering schätzen, nur weil du jung bist. Sei allen Gläubigen ein Vorbild in dem, was du lehrst, wie du lebst, in der Liebe, im Glauben und in der Reinheit.

1. TIMOTHEUS 4,12

Und habt ihr die ermutigenden Worte völlig vergessen, die Gott zu euch sprach? „Mein Sohn, lehne dich nicht dagegen auf, wenn der Herr dich zurechtweist und lass dich dadurch nicht entmutigen! Denn der Herr weist die zurecht, die er liebt, und er straft jeden, den er als seinen Sohn annimmt." Wenn ihr Schweres ertragen müsst, dann erkennt darin die Zurechtweisung Gottes; denkt daran, dass Gott euch als seine Kinder behandelt. Wer hätte je von einem Sohn gehört, der nie bestraft wurde? Wenn Gott euch nicht zurechtweist, wie er es doch bei allen Menschen tut, dann heißt das, dass ihr nicht seine rechtmäßigen Kinder seid. Unsere leiblichen Väter erzogen uns mit Strafe, und wir hatten trotzdem Achtung vor ihnen. Sollten wir uns da nicht umso bereitwilliger der Erziehung unseres himmlischen Vaters unterordnen, damit wir leben?

HEBRÄER 12,5-9

Der Himmel

Du wirst mir den Weg zum Leben zeigen und mir die Freude deiner Gegenwart schenken. Aus deiner Hand kommt mir ewiges Glück.

Psalm 16,11

Deine Güte und Gnade begleiten mich alle Tage meines Lebens, und ich werde für immer im Hause des Herrn wohnen.

Psalm 23,6

In dem Jahr, als König Usija starb, sah ich den Herrn. Er saß auf einem hohen Thron und war erhöht und der Saum seines Gewandes füllte den Tempel. Über ihm schwebten Seraphim, jeder hatte sechs Flügel. Mit zwei Flügeln bedeckten sie ihre Gesichter, mit zweien ihre Füße und mit dem dritten Paar flogen sie. Sie riefen einander zu: „Heilig, heilig, heilig ist der Herr, der Allmächtige! Die Erde ist von seiner Herrlichkeit erfüllt!"

Jesaja 6,1-3

So sollt ihr beten: „Unser Vater im Himmel, dein Name werde geehrt. Dein Reich komme bald. Dein Wille erfülle sich hier auf der Erde genauso wie im Himmel."

Matthäus 6,9-10

Sammelt keine Reichtümer hier auf der Erde an, wo Motten oder Rost sie zerfressen oder Diebe einbrechen und sie stehlen können. Sammelt eure Reichtümer im Himmel, wo sie weder von Motten noch von Rost zerfressen werden und vor Dieben sicher sind. Denn wo dein Reichtum ist, da ist auch dein Herz.

Matthäus 6,19-21

Jesus erwiderte: „Das Reich Gottes wird nicht durch sichtbare Zeichen angekündigt. Ihr werdet nicht sagen können: ‚Hier ist es!', oder: ‚Es ist dort drüben!' Denn das Reich Gottes ist mitten unter euch."

LUKAS 17,20-21

„Habt keine Angst. Ihr vertraut auf Gott, nun vertraut auch auf mich! Es gibt viele Wohnungen im Haus meines Vaters, und ich gehe voraus, um euch einen Platz vorzubereiten. Wenn es nicht so wäre, hätte ich es euch dann so gesagt? Wenn dann alles bereit ist, werde ich kommen und euch holen, damit ihr immer bei mir seid, dort, wo ich bin. Ihr wisst ja, wohin ich gehe und wie ihr dorthin kommen könnt. (…) Ich bin der Weg, die Wahrheit und das Leben. Niemand kommt zum Vater außer durch mich."

JOHANNES 14,1-4.6

Alles auf Erden wurde der Vergänglichkeit unterworfen. Dies geschah gegen ihren Willen durch den, der sie unterworfen hat. Aber die ganze Schöpfung hofft auf den Tag, an dem sie von Tod und Vergänglichkeit befreit wird zur herrlichen Freiheit der Kinder Gottes. Denn wir wissen, dass die ganze Schöpfung bis zu diesem Augenblick mit uns seufzt, wie unter den Schmerzen einer Geburt. Und selbst wir, obwohl wir im Heiligen Geist einen Vorgeschmack der kommenden Herrlichkeit erhalten haben, seufzen und erwarten sehnsüchtig den Tag, an dem Gott uns in unsere vollen Rechte als seine Kinder einsetzen und uns den neuen Körper geben wird, den er uns versprochen hat.

RÖMER 8,20-23

Was ich damit sagen will, liebe Brüder, ist, dass Fleisch und Blut das Reich Gottes nicht erben können. Der vergängliche Körper, den wir jetzt haben, kann nicht ewig leben. Aber lasst

*mich euch ein wunderbares Geheimnis sagen, das Gott uns
offenbart hat. Nicht jeder von uns wird sterben, aber wir
werden alle verwandelt werden. Das wird in einem kurzen
Moment geschehen, in einem einzigen Augenblick, wenn die
letzte Posaune ertönt. Beim Klang der Posaune werden die
Toten mit einem unvergänglichen Körper auferstehen, und wir
Lebenden werden verwandelt werden, sodass wir nie mehr
sterben. Denn unser vergänglicher irdischer Körper muss in
einen himmlischen Körper verwandelt werden, der nicht mehr
sterben wird.*

1. KORINTHER 15,50-53

*Denn wir wissen: Wenn dieses irdische Zelt, in dem wir leben,
einmal abgerissen wird – wenn wir sterben und diesen Körper
verlassen –, werden wir ein ewiges Haus im Himmel haben,
einen neuen Körper, der von Gott kommt und nicht von
Menschen. Deshalb sehnen wir uns danach, diesen
vergänglichen Körper zu verlassen, und freuen uns auf den Tag,
an dem wir unseren himmlischen Körper anziehen dürfen wie
ein neues Gewand. Denn wir werden nicht nackt sein, sondern
einen neuen himmlischen Körper erhalten. In unserem
sterblichen Körper seufzen wir, denn wir möchten lieber gleich
unseren neuen Körper anlegen und vom vergänglichen in das
ewige Leben überwechseln. Gott selbst hat uns darauf
vorbereitet und uns als Sicherheit seinen Heiligen Geist gegeben.
Deshalb bleiben wir zuversichtlich, obwohl wir wissen,
dass wir nicht daheim beim Herrn sind, solange wir noch in
diesem Körper leben. Denn wir leben im Glauben und nicht
im Schauen. Ja, wir sind voll Zuversicht und würden unseren
jetzigen Körper gern verlassen, weil wir dann daheim beim
Herrn wären.*

2. KORINTHER 5,1-8

*Aber unsere Heimat ist der Himmel, wo Jesus Christus, der
Herr, lebt. Und wir warten sehnsüchtig auf ihn, auf die
Rückkehr unseres Erlösers. Er wird unseren schwachen,
sterblichen Körper verwandeln, sodass er seinem verherrlichten
Körper entspricht. Dies wirkt er durch dieselbe Kraft, mit der
er sich überall alles unterwirft.*

PHILIPPER 3,20-21

*Nein, ihr seid zum Berg Zion gekommen, zur Stadt des
lebendigen Gottes, dem himmlischen Jerusalem, wo Tausende
von Engeln sich zu einem Fest versammelt haben.*

HEBRÄER 12,22

*Ich hörte eine laute Stimme vom Thron her rufen: „Siehe, die
Wohnung Gottes ist nun bei den Menschen! Er wird bei ihnen
wohnen und sie werden sein Volk sein und Gott selbst wird bei
ihnen sein. Er wird alle ihre Tränen abwischen, und es wird
keinen Tod und keine Trauer und kein Weinen und keinen
Schmerz mehr geben. Denn die erste Welt mit ihrem ganzen
Unheil ist für immer vergangen."*

OFFENBARUNG 21,3-4

*Da nahm [einer der sieben Engel] mich im Geist auf einen
großen, hohen Berg und zeigte mir die heilige Stadt, Jerusalem,
die von Gott aus dem Himmel herabkam. Sie war ganz von der
Herrlichkeit Gottes erfüllt und funkelte wie ein kostbarer
Edelstein, kristallklar wie Jaspis. Ihre Mauern waren breit und
hoch und hatten zwölf Tore, die von zwölf Engeln bewacht
wurden. Und auf den Toren standen die Namen der zwölf
Stämme Israels geschrieben. An jeder Seite – im Osten, Norden,
Süden und Westen – befanden sich drei Tore. Die Mauer der
Stadt hatte zwölf Grundsteine, auf denen die Namen der zwölf
Apostel des Lammes geschrieben standen. (...) Die Mauer
bestand aus Jaspis, und die Stadt war reines Gold, so klar wie*

Glas. Die Mauer der Stadt war auf zwölf Grundsteinen erbaut, die mit zwölf Edelsteinen geschmückt waren: Der erste war ein Jaspis, der zweite ein Saphir, der dritte ein Chalzedon, der vierte ein Smaragd, der fünfte ein Sardonyx, der sechste ein Karneol, der siebte ein Chrysolith, der achte ein Beryll, der neunte ein Topas, der zehnte ein Chrysopras, der elfte ein Hyazinth, der zwölfte ein Amethyst. Die zwölf Tore bestanden aus zwölf Perlen – jedes Tor aus einer einzigen Perle! Und die Hauptstraße war reines Gold, so klar wie Glas.

OFFENBARUNG 21,10-14; 18-21